BuddhAll

All is Buddha.

BuddhAll.

BuddhAll

Buddhall

解深密經
密意

談錫永 著

Saṃdhinirmocana Sūtra

目 錄

彌勒菩薩

總序

一 說密意

　　本叢書的目的在於表達一些佛家經論的密意。甚麼是密意？即是「意在言外」之意。一切經論都要用言說和文字來表達，這些言說和文字只是表達的工具，並不能如實表出佛陀說經、菩薩造論的真實意，讀者若僅依言說和文字來理解經論，所得的便只是一己的理解，必須在言說與文字之外，知其真實，才能通達經論。

　　《入楞伽經》有偈頌言——

　　　　由於其中有分別　名身句身與文身
　　　　凡愚於此成計著　猶如大象溺深泥[1]

　　這即是說若依名身、句身、文身來理解經論，便落於虛妄分別，由是失去經論的密意、失去佛與菩薩的真實說。所以在《大涅槃經》中，佛說「四依」（依法不依人、依義不依語、依智不依識、依了義不依不了義），都是依真實而不依虛妄分別，其中的「依義不依語」，正說明讀經論須依密意而非依言說文字作理解。佛將這一點看得很嚴重，在經中更有頌言——

---

[1] 依拙譯《入楞伽經梵本新譯》，第二品，頌172。台北：全佛文化，2005。下引同。

> 彼隨語言作分別　　即於法性作增益
> 以其有所增益故　　其人當墮入地獄[2]

　　這個頌便是告誡學佛的人不應依言說而誹謗密意，所以在經中便有如下一段經文——

> 世尊告言：大慧，三世如來應正等覺有兩種教法義（dharma-naya），是為言說教法（deśanā-naya）、自證建立教法（siddhānta-pratyavasthāna-naya）。

> 云何為言說教法之方便？大慧，隨順有情心及信解，為積集種種資糧而教導經典。云何為觀修者離心所見分別之自證教法？此為自證殊勝趣境，不墮一異、俱有、俱非；離心意意識；不落理量、不落言詮；此非墮入有無二邊之外道二乘由識觀可得嚐其法味。如是我說為自證。[3]

　　由此可知佛的密意，即是由佛內自證所建立的教法，只不過用言說來表達而已。如來藏即是同樣的建立，如來法身不可思議、不可見聞，由是用分別心所能認知的，便只是如來法身上隨緣自顯現的識境。所以，如來法身等同自證建立教法，顯現出來的識境等同言說教法，能認知經論的密意，即如認知如來法身，若唯落於言說，那便是用「識觀」來作分別，那便是對法性作增益，增益一些識境的名言句義於法性上，那便是對佛密意的誹謗、對法性的損害。

　　這樣，我們便知道理解佛家經論密意的重要，若依文解

2　同上，第三品，頌34。
3　同上，第三品，頁151。

字，便是將識境的虛妄分別，加於無分別的佛內自證智境上，將智境增益名言句義而成分別，所以佛才會將依言說作分別看得這麼嚴重。

二 智識雙運

由上所說，我們讀經論的態度便是不落名言而知其密意，在這裡強調的是不落名言，而不是屏除名言，因為若將所有名言都去除，那便等於不讀經論。根據言說而不落言說，由是悟入經論的密意，那便是如來藏的智識雙運，亦即是文殊師利菩薩所傳的不二法門。

我們簡單一點來說智識雙運。

佛內自證智境界，名為如來法身。這裡雖說為「身」，其實只是一個境界，並非有如識境將身看成是個體。這個境界，是佛內自證的智境，所以用識境的概念根本無法認知，因此才不可見、不可聞，在《金剛經》中有偈頌說 ——

若以色見我　以音聲求我
是人行邪道　不能見如來

色與音聲都是識境中的顯現，若以此求見如來的法身、求見如來的佛內智境，那便是將如來的智境增益名言，是故稱為邪道。

如來法身不可見，因為遍離識境。所以說如來法身唯藉依於法身的識境而成顯現，這即是依於智識雙運而成顯現。經論的密意有如如來法身，不成顯現，唯藉依於密意的言說而成顯現，這亦是依於智識雙運而成顯現。如果唯落於言說，那便

有如「以色見我，以音聲求我」。當然不能見到智境、不能見
到經論的密意。不遣除言說而見密意，那便是由智識雙運而
見，這在《金剛經》中亦有一頌言（義淨譯）——

> 應觀佛法性　即導師法身
> 法性非所識　故彼不能了

是即不離法性以見如來法身（導師法身），若唯落識境
（言說），即便不能了知法性，所謂不離法性而見，便即是由
智識雙運的境界而見，這亦即是不二法門的密意，雜染的法與
清淨的法性不二，是即於智識雙運的境界中法與法性不二。

然而，智識雙運的境界，亦即是如來藏的境界，我常將
此境界比喻為螢光屏及屏上的影像，螢光屏比喻為如來法身，
即是智境；法身上有識境隨緣自顯現，可比喻為螢光屏上的影
像，即是識境。我們看螢光屏上的影像時，若知有螢光屏的存
在，那便知道識境不離智境而成顯現（影像不離螢光屏而成顯
現），因此無須離開影像來見螢光屏（無須離開言說來見密
意），只須知道螢光屏唯藉影像而成顯現（密意唯藉言說而成
顯現），那便可以認識螢光屏（認識經論的密意）。這便即是
「應觀佛法性，即導師法身」，也即是「四依」中的「依義不
依語」、「依智不依識」、「依了義不依不了義」。

簡單一點來說，這便即是「言說與密意雙運」，因此若
不識如來藏，不知智識雙運，那便不知經論的密意。

三 略說如來藏

欲知佛的密意須識如來藏，佛的密意其實亦說為如來
藏。支那內學院的學者呂澂先生，在〈入楞伽經講記〉中說
——

> 此經待問而說，開演自證心地法門，即就眾生與
> 佛共同心地為言也。
>
> 自證者，謂此心地乃佛親切契合而後說，非臆測
> 推想之言。所以說此法門者，乃佛立教之本源，
> 眾生入道之依處。[4]

由此可見他實知《入楞伽經》的密意。其後更說 ——

> 四門所入，歸於一趣，即如來藏。佛學而與佛無
> 關，何貴此學，故四門所趣必至於如來藏，此義
> 極為重要。[5]

所謂「四門」，即《入楞伽經》所說的「八識」、「五
法」、「三自性」及「二無我」，呂澂認為這四門必須歸趣入
如來藏，否則即非佛學，因此他說 ——

> 如來藏義，非楞伽獨倡，自佛說法以來，無處不
> 說，無經不載，但以異門立說，所謂空、無生、
> 無二、以及無自性相，如是等名，與如來藏義原
> 無差別。[6]

佛說法無處不說如來藏、無經不載如來藏，那便是一切

---

[4] 《呂澂佛學論著選集》卷二，頁 1217，齊魯書社，1991。下引同。
[5] 同上，頁 1261。
[6] 同上。

經的密意、依內自證智而說的密意;由種種法異門來說,如說空、無生等,那便是言說教法,由是所說四門實以如來藏為密意,四門只是言說。

呂澂如是說四門——

> 前之四法門亦皆說如來藏,何以言之?八識歸於無生,五法極至無二,三性歸於無性,二空歸於空性,是皆以異門說如來藏也。

這樣,四門實在已經包括一切經論,由是可知無論經論由那一門來立說,都不脫離如來藏的範限。現在且一說如來藏的大意。

認識如來藏,可以分成次第——

一、 將阿賴耶識定義為雜染的心性,將如來藏定義為清淨的心性,這樣來理解便十分簡單,可以說心受雜染即成阿賴耶識,心識清淨即成如來藏心。

二、 深一層次來認識,便可以說心性本來光明清淨,由於受客塵所染,由是成為虛妄分別心,這本淨而受染的心性,便即是如來藏藏識。本來清淨光明的心性,可以稱為如來藏智境,亦可以稱為佛性。

三、 如來藏智境實在是一切諸佛內自證智境界,施設名言為如來法身。如來法身不可見,唯藉識境而成顯現。這樣,藉識境而成顯現的佛內自證智境便名為如來藏。

　　關於第三個次第的認識，可以詳說──

　　如來法身唯藉識境而成顯現，這個說法，還有密意。一切情器世間，實在不能脫離智境而顯現，因為他們都要依賴如來法身的功能，這功能說為如來法身功德。所以正確地說，應該說為：如來法身上有識境隨緣自顯現，當這樣說時，便已經有兩重密意：一、如來法身有如來法身功德；二、識境雖有如來法身功德令其得以顯現，可是還要「隨緣」，亦即是隨著因緣而成顯現，此顯現既為識境，所依處則為如來法身智境，兩種境界雙運，便可以稱為「智識雙運界」。

　　甚麼是「雙運」？這可以比喻為手，手有手背與手掌，二者不相同，可是卻不能異離，在名言上，即說二者為「不一不異」，他們的狀態便稱為雙運。

　　如來法身智境上有識境隨緣自顯現，智境與識境二者不相同，可是亦不能異離，沒有一個識境可以離如來法身功德而成立，所以，便不能離如來法身而成立，因此便說為二者雙運，這即是智識雙運。

　　如來法身到底有甚麼功能令識境成立呢？第一，是具足周遍一切界的生機，若無生機，沒有識境可以生起，這便稱為「現分」；第二，是令一切顯現能有差別，兩個人，絕不相同，兩株樹，亦可以令人分別出來，識境具有如是差別，便是如來法身的功能，稱為「明分」，所謂「明」，即是能令人了別，了了分明。

　　智境有這樣的功能，識境亦有它自己的功能，那便是「隨緣」。「隨緣」的意思是依隨著緣起而成顯現。這裡所說的緣起，不是一般所說的「因緣和合」，今人說「因緣和

合」，只是說一間房屋由磚瓦木石砌成；一隻茶杯由泥土瓷釉經工人燒製而成，如是等等。這裡說的是甚深緣起，名為「相礙緣起」，相礙便是條件與局限，一切事物成立，都要適應相礙，例如我們這個世間，呼吸的空氣，自然界的風雷雨電，如是等等都要適應。尤其是對時空的適應，我們是三度空間的生命，所以我們必須成為立體，然後才能夠在這世間顯現。這重緣起，說為甚深秘密，輕易不肯宣說，因為在古時候一般人很難瞭解，不過對現代人來說，這緣起便不應該是甚麼秘密了。

這樣來認識如來藏，便同時認識了智識雙運界，二者可以說為同義。於說智識雙運時，其實已經表達了文殊師利法門的「不二」。

四　結語

上來已經簡略說明密意、智識雙運與如來藏，同時亦據呂澂先生的觀點，說明「無經不載如來藏」，因此凡不是正面說如來藏的經論，都有如來藏為密意，也即是說，經論可以用法異門為言說來表達，但所表達的密意唯是如來藏（亦可以說為唯是不二法門），因此我們在讀佛典時，便應該透過法異門言說，來理解如來藏這個密意。

例如說空性，怎樣才是空性的究竟呢？如果認識如來藏，就可以這樣理解：一切識境實在以如來法身為基，藉此基上的功能而隨緣自顯現，顯現為「有」，是即說為「緣起」，緣起的意思是依緣生起，所以成為有而不是成為空。那麼，為甚麼又說「性空」呢？那是依如來法身基而說為空，因為釋迦將如來法身說為空性，比喻為虛空，還特別聲明，如來法身只

能用虛空作為比喻,其餘比喻都是邪說,這樣一來,如來法身基(名為「本始基」)便是空性基,因此在其上顯現的一切識境,便只能是空性。此如以水為基的月影,只能是水性;以鏡為基的鏡影,只能是鏡性。能這樣理解性空,即是依如來藏密意而成究竟。

以此為例,即知凡說法異門實都歸趣如來藏,若不依如來藏來理解,便失去密意。因此,本叢書即依如來藏來解釋一些經論,令讀者知經論的密意。這樣來解釋經論,可以說是一個嘗試,因為這等於是用離言來解釋言說,實在並不容易。這嘗試未必成功,希望讀者能給予寶貴意見,以便改進。

談錫永

2011年5月19日七十七歲生日

引言

引言

一、《解深密經》在佛典中所處的位置

　　《解深密經》的結集流通是在《般若經》系列經典之後。介乎《般若經》與《解深密經》之間，還有一系列經典是以說「如來藏」為主。這系列經典即是《勝鬘經》等。《勝鬘經》系列經典不但為了義，而且還由此開出《解深密經》一系列經典。

　　《般若經》的主旨是說一切法空。那麼，知道空性之後，又怎樣進入成佛之道呢？

　　《勝鬘經》一系列經典所說者即是成佛的機理，且將這機理名之為「如來藏」。必須先明白這機理，然後才談得上怎樣成佛。此系列經典既說成佛的機理，當然也便說到成立眾生的機理。眾生的心識狀態恆常受貪瞋癡污染，這種狀態即名之為藏識（阿賴耶識）。正由於藏識的作用，才有六道輪廻，眾生即由是成立。

　　學佛的人都是眾生，佛的本懷在於教導眾生如何成佛，因此便須教導學人如何暸解自己的心識，進一步則教導學人如何清淨自己的心識。由是便有《解深密經》一系列經典。

　　此系列經典詳細分析眾生的心識。眾生的心識功能在於認知、了別一切法，當眾生一旦能了別認識時，卻將所認知、所分別的概念執之為實，這樣一來，心識即受污染，由此便入輪廻。

　　《解深密經》之所以重要，即正在於能教凡夫如何藉此而修道，從而步入成佛之道。光知道「如來藏」，對凡夫沒有用處，因為既使在知見上能瞭解佛智，凡夫亦不能因此成佛。必須知道自己的心識狀態，同時知道如何清淨自己的心識，凡夫才能瞭解須要如何修持。對凡夫來說，《解深密經》一系列經典實在比《勝鬘經》系列還要重要。前者是實際指引，後者仍屬知見。在這層意義上，可以強調《解深密經》是了義經典。

　　如上所述，為藏密甯瑪派的觀點。甯瑪派屬「瑜伽行中觀派」，他們並不是想調和「中觀」與「唯識」，只是以中觀見來修瑜伽行，是故亦稱為「瑜伽行中觀師」。印度祖師無垢友尊者說修證般若波羅蜜多，處處廣引《解深密經》及《現觀莊嚴論》。釋《心經》內義，主要依據《解深密經》所說的修證次第。不敗尊者於《廣說如來藏》中所說之四理（相依理、法性理、作用理、證成理），是大乘瑜伽行古學依據《解深密經》所演的教法而建立。《辨中邊論》所發揚的「五法」、「三自性」、次第離諸粗重等教法，皆脫胎自《解深密經》及《入楞伽經》，由此可知此經的重要。

　　印度佛學分三大流派，即彌勒建立的瑜伽行，以《解深密經》為其根本經典；龍樹建立的中觀，以《般若經》為其根本經典；文殊建立的瑜伽行中觀（亦即如來藏），根本的經是《入楞伽經》，以及《維摩經》等文殊不二法門的經典。這三系列經典，其實都含密意。

二、《解深密經》與彌勒瑜伽行

「瑜伽行」即是大乘行人的修學。彌勒所說的修學系統，即名為彌勒瑜伽行。

彌勒瑜伽行派有古學與今學之分。所謂今學即是由玄奘法師傳入漢土的唯識學派。此學派由陳那論師創立，由護法繼承及發展。瑜伽行古學由真諦三藏傳入漢土，論師包括無著、世親（陳那為其弟子），以及世親其餘弟子，如安慧等。

古學與今學的分野在於今學家不談如來藏，而古學家則幾乎無人不以如來藏為修證果。這即是說，古學家以法相為基、以唯識為道、以如來藏為果；今學家則將唯識學深化，另行建立自己的基道果。

《解深密經》中多處觀點與唯識今學所講不同，雖然唯識今學亦以此經作為自己的根本經典，可是對它諸多批評，認為於讀此經時，要懂得分別古學與今學，勿作混淆。因為若完全依止古學，有些唯識家的觀點便難以說得通。

所以，唯識今學學人便將本經視為唯識思想形成初期的經典，這等於是認為陳那的思想比《解深密經》更加成熟。依此立場，他們說，本經雖然重要，但其重要性卻無非是提供了一些資料，使人能瞭解唯識思想的來龍去脈。

實質唯識今學與瑜伽行並非同義詞。唯識今學是理論，所以是一門學術；瑜伽行則是依心識修證的修學，所以是種種修習道。

瑜伽行古學與唯識學派有著許多根本差異，此從二者對《解深密經》的解讀可看出端倪。前者以「如來藏」為究竟，

後者則以「唯識」為究竟；前者以「三無自性」超越「三自性」，後者則視「三無自性」與「三自性」同一層次，只是三自性有三無性。

唯識學派著重依阿賴耶識、種子等學說，解釋如何轉捨污染而依得清淨之機理，是故便視唯識為究竟。瑜伽行古學則著重於次第顯露本具的如來藏清淨心。因此所說的「轉依」，便有所不同。唯識學派是轉捨阿賴耶識而依真如；瑜伽行古學是無所捨離而見如來藏。

於觀修，唯識學派特別重視「四正加行」的離能取所取次第以證入「圓成自性」，而瑜伽行古學則著重「離相四加行」之圓證究竟無分別智次第；前者範圍較窄，後者則範圍為廣大，所以後者實已包括前者。

如是由兩重「轉依」義及兩重「四加行」義，應更易釐清瑜伽行古學與唯識今學之關係與差別。

彌勒瑜伽行據《解深密經》而建立，此為三轉法輪說教。經中說之為「無上無容非諍論立足處」，故為了義。其了義，非但說唯識，以其立基於法相，證果為如來藏，唯識僅為道上之所依，如是基道果井然，然後始能說為了義。故知法相即是瑜伽行的了義基，亦可說三性、三無性為此了義基之基。

瑜伽行中觀是以瑜伽行為道，《解深密經》的重點亦在於建立觀修道之次第修證，可是它亦是分基道果來講。第一品序品是等於前行，正行從第二品開始至第八品便分成基道果來講。

三、《解深密經》的標題、主旨及結構

　　「深密」在梵文叫做samdhi。Samdhi的意思可以解釋為一個竹節、一個竹節，一段一段這麼接下來，是故真諦譯作《解節經》。求那跋陀羅譯作《相續解脫經》。相續之意，正是從竹子一節一節地相續這意義來繙譯，易與佛家講心的相續、身的相續混淆，而且用「解脫」一詞過於嚴重。

　　「解」即解釋、解明，不能說是解脫。菩提流支譯作「密義」，以示佛的密意。佛的密意等於一個竹的結，前面我們很容易通，可是到了結就難通了。所以這就等於佛所講的密意。

　　密意的意思就是語言之外所含之意，沒有明白地講出來，他雖然用語言來表達，但讀者卻須理解言外之意。這個Samdhi，真諦繙譯的經就講四個節，有一個「令入節」，就是所說的東西是不究竟的，可是為了讓你入這個解脫道，因此我就這麼講，吸引你來。等於佛說有甚麼福報，你聽見福報就相信佛教，就想學佛。佛說有福報的意思是令你進到佛道來，如此而已，這是他的密意。像這樣一舉例，你就曉得甚麼叫節。節的意思即為含有密意。唐玄奘譯作《解深密經》，繙譯得很好，使人明白它是解釋佛的深密意。

　　日本現代學者高崎直道認為，所謂「深密」，有「系結X（A1A2A3⋯⋯）而叫做B」這種形式的意思，由于X不表出，所以當用B來表達時，如果B含有A1A2A3等意義，便可以說B道出了X的「深密」。

　　在這裡，B便是言說，須要了解B所含有的A1A2A3等，才能理解離言的X，那便是知佛密意。

　　《解深密經》的結集約略與《入楞伽經》同期，而《入楞伽經》亦同樣被彌勒瑜伽行派視為根本經典。在此經中表達了一個很重要的主題，那即是佛內自證智境界無可顯現，唯藉識境而成顯現，所成的顯現，用識境的道名言來說，便即是五法、三自性、八識、二無我。

　　對照高崎氏的解釋，智境便即是X，識境便即是B。X不可說、不可表達、不可顯現，於是即由B而成可說、可表、可顯現。B說出X的「深密」，即是《解深密經》的主題思想。

　　唯識家強調「轉識成智」，強調「轉依」，其所轉，實際上即由B轉而成X，亦即由識境轉成智境。若用彌勒瑜伽行的道名言，便可說為轉捨藏識而依如來藏。

　　所以研讀《解深密經》，必須從「惟有識境才能表現出智境」這一觀點來理解，這亦是彌勒瑜伽行派的基本立場。若將之完全比附為唯識，那恐怕便始終是識境範圍內的事，此亦恐非陳那論師之本懷，亦非玄奘法師之傳授。

　　《解深密經》共為五卷八品。《序品》為全經大綱，以佛土莊嚴、如來功德、聞法眾、菩薩眾之名號，展現智識雙運界。《勝義諦相品》所說即為智境，《心意識相品》所說即為識境，以其為境界，故說為「相」。然後於《一切法相品》，施設「三自性相」，此即認識識境之三層次，凡庸依名言執實，是為遍計自性（分別自性）；入道者知一切法皆為緣起，是由依他自性而認知識境；初地菩薩住於相礙緣起，現證一切法、一切世間皆因應其局限（相礙）而成顯現，如我們的世間依三度空間、一度時間而成顯現，如是即觸證真如，由圓成自性以認知識境，住入法性。

於是即由「三無自性」以說《無自性相品》。此中現代唯識今學學人對此有一誤解。他們認為三自性相有三無性。但是，「三無自性」實為對「三自性相」的超越；亦即：由現證「相無自性」始能超越由遍計（分別）而成的識境，由現證「生無自性」始能超越落於相依、相對緣起以認識的識境，由此現證「勝義無自性」，始能超越住於相礙緣起所認識的識境，由是超越初地而入修道

接下來的二品：《分別瑜伽品》說實際觀修的次第。瑜伽行派將觀修次第定為（止、）觀、止、止、觀，與甯瑪派所傳相同。《地波羅蜜多品》說十地菩薩別別之觀修與現證，及說佛地之機理，此即「轉識成智」之次第差別。

最後《如來成所作事品》說如來法、報、化三身。此中法身即為佛內自證智境，報身與化身即智境上隨緣自顯現而成的識境。

本經全部內容可概括如上，此亦為讀者掌握此經的重要脈絡。本書寫作的目的，便是通過此經的重要脈絡，來指出密意。本經既稱為「解深密」，也就是說，根據本經之所說，就能得到佛言說以外的密意。於其密意已隨文指出，此處不贅。

序品第一

序品第一

在講序分之前，要注意下來幾點：

第一、佛講經處所。

凡是一本經，於序分須留意，佛是在何處講經。如果是了義的經、重要的經，就一定不在靈鷲山來講。

講二轉法輪的時候，很多經是在靈鷲山來講，也有在給孤獨園等等地方講的。那些經都是講空、講緣起。可是一講到如來藏等了義經，地點就不同了，一定不在凡間釋迦所住之地，而是在宮殿、樓台、寶閣等等地方來講。

第二、聞法眾

還要注意的就是聞法的人了。初轉法輪以聲聞為主，沒有菩薩。二轉法輪以菩薩為主，有時候有阿羅漢、有聲聞，則一定是大比丘眾二千五百人俱。這是二轉法輪。三轉法輪聽法人的條件要提高了，須具有「三大」的菩薩才堪能聞法。

何謂三大？即是願大、斷大、智大。

願大：發大願，即是發菩提心。

斷大：即能了知何為了義、何為不了義；分辨何為佛之言說、何為佛之密意。對於言說，於聞法後不生執著，是即為「斷」。斷的意思不是不遵從佛的言說，而是能斷除名言來理解密意。密意是佛的內自證境界，超越世間，本來無可言說，可是於說法時又不能不藉言說來表達，所以「斷大」便是斷名言而知離言的密意。

智大：即是已證如來藏的智。

具足三大的大菩薩，始能稱為摩訶薩。「菩薩摩訶薩」即大菩薩之意，譬如文殊、彌勒、觀自在菩薩摩訶薩便是具足三大的大菩薩。

第三、問法者及其名號

聞法的菩薩都是大菩薩。於此經中出現三個大菩薩聞法，正是觀自在菩薩、彌勒菩薩、文殊師利菩薩。此情形已經很不尋常。在這三大菩薩問法之前，還施設了一些菩薩的名號。這些菩薩除了在這本經出現以外，其它經中很少見到他們的名號，例如「如理請問菩薩」、「勝義生菩薩」等，可是在這本經中他們是帶頭的大菩薩。這就是因為他們的名號與本經的內容有關。這些菩薩的名號是施設出來的，為本經施設一個菩薩的名號，由這個名號，讀者就應曉得名號的密意，此即本經的主旨。例如「如理請問」，即是因為本經深密，是故若有思疑，亦應如理而問，不起諍論而問。又如「勝義生」，便即是由勝義來理解生與無生，由是得究竟的無生法忍。

上來所說，便是〈序分〉的密意。

【正文】： 如是我聞，一時薄伽梵

【釋義】： 薄迦梵譯言「世尊」。無垢友尊者於《聖般若波
羅蜜多心經廣釋》中說，「薄迦梵者，已除死
魔、煩惱魔、蘊魔、天魔等四魔，為輪迴眾之導
師，其功德與事業無量無邊莊嚴，以功德故，具
吉祥相形好。三乘眷屬，能自利利他菩薩眾，即
以其為共依怙主。」用「薄迦梵」名，有如是功
德，故經中言說即用「薄迦梵」名。

【正文】： 住最勝光曜七寶莊嚴，放大光明普照一切無邊世
界

【釋義】： 佛在這樣的地方說法，須留意，此即突顯出如來
藏智識雙運界，亦即，智境上有識境自顯現，是
故智境與識境雙運，這些識境的顯現，不是沒有
條件的，要隨緣才可以自顯現，要適應緣起才可
以成為有。識境的基是佛內自證智境，因此，我
們就說識境的顯現即為智境上的莊嚴。至於稱為
「自顯現」，那是強調並非由造作而成。

說「**大光明普照一切無邊世界**」，密意是周遍，
周遍一切情器世間。用現代語言來說，便是周遍
一切時空，是即為大平等性。佛放大光明周遍普
照，便即是如來法身功德周遍一切時空的識境，
是故一切識境平等，如來法身功德平等。

【正文】：**無量方所妙飾間列，周圓無際其量難測**

【釋義】：魏本此處有「住法界殿如來境界處」一句，加上這句後，經文即說智識雙運的如來藏境界。如來內自證智的境界廣大無邊，智境上的識境亦無量無邊。這並不是說，釋迦說本經時有種種時空的世界出現，釋迦住於如來藏境界來說本經，於此境界中，便有「無量方所」、「周圓無際」。

【正文】：**超過三界所行之處，勝出世間善根所起，最極自在淨識為相**

【釋義】：佛講經處是「最極自在淨識為相」，即指這個識境是「最極自在淨識為相」的地方。

為甚麼名為極自在？因為能夠隨緣。於相礙緣起中，能因應任運，適應障礙（局限），這便是「隨緣」。以人為例，能顯現為人，便須適應很多局限，能適應，便具足五官。蚯蚓所能適應的局限，便跟人不同，所以它沒有眼，亦沒有耳，可是它觸覺的適應，卻比人靈敏，因此，它便可以憑觸覺來認知周圍的環境。這樣地任運，便即是「極自在」。

至於說「淨識為相」，那就是說釋迦說法的地方顯現為識境相，但卻是清淨的識境相，在這裡，亦有「智識雙運」的密意。

由上來所說，便知釋迦說法處即是如來藏境界，因此本經所說，必然與如來藏有關。

【正文】：如來所都，諸大菩薩眾所雲集，無量天龍、藥
叉、健達縛、阿素洛、揭路荼、緊捺洛、牟呼洛
伽、人非人等常所翼從，廣大法味喜樂所持，作
諸眾生一切義利，滅諸煩惱災橫纏垢，遠離眾
魔。

【釋義】：聞法者皆為如來所都之大眾。「所都」為唐代到
宋代用語。遺留至今，說「都是」，一切都包括
在裡面稱為「都」。「都」就是總的意思、總攝
的意思。

「如來所都」是即如來所總攝的部眾。由此可
知，於說本經時，如來已經有分部的建立，例如
如來部、金剛部、蓮花部等。正因為有分部，所
以才相對說為無分部的「如來所都」。本經所
說，是大總義，若分部而說，則是別義。是故經
言「如來所都」，即顯示本經說大總義，即究竟
義，是即密意。

這些菩薩聽經，聽經是「現作眾生一切義利，蠲
除一切煩惱纏垢」。講經之功德可成就我們的
利，祛除我們的害。把我們的垢障祛除，則成就
我們的義利。義利的意思就是我們懂得佛經所講
的境界。

梵本中「境界」一詞為 artha，artha 有兩個涵義：
一為境，一為義。境與義其實相通。例如心中生
起一個行相，既是行相便自然是境，然而此境亦

必同時有義，而且境與義不可分離，所以心的行相，既是境相，亦是義相。我們想起一個人，便以此人的境相為心行相，行相中亦同是具有此人之義。

我們聞法，懂得佛經的義理，於是便得到一個心理境界，因此聞法之所得，可以稱之為義，又可以稱之為境。

【正文】：**過諸莊嚴如來莊嚴之所依處**

【釋義】：此句的意思其實很簡單，卻翻譯得很難解。此說超過「**如來莊嚴**」的莊嚴，依甚麼處所而成顯現。

看瑜伽行的經典，一定要重視它講莊嚴。彌勒菩薩有一本論《現觀莊嚴論》，以莊嚴為名。無著論師有一本論《大乘經莊嚴論》，亦以莊嚴為名。從這兩本論你就曉得，瑜伽行派很重視「莊嚴」二字。

拙作《心經釋頌》中有兩句：「**修為現觀諸莊嚴，證則究竟無分別**」。這是按瑜伽行中觀來說的，是當時我閉關修止觀的境界，於關中寫此《心經釋頌》。壇城本尊等等一切境界都是法界的莊嚴，是智境上呈現出來的識境。智識雙運界中的識境即可稱為莊嚴，我們觀修便是依種種莊嚴而修。所以這裡說「**過諸莊嚴如來莊嚴**」，便是說如來藏的境界，是如來法身上顯現的一切莊

嚴,亦即是如來法身上顯現出來的一切識境。周遍一切的世界,所以是廣大無邊的世界。在這樣的一個廣大無邊法界中的一個識境世界來講經。不只三千大千世界,故於此處即不說三千大千世界。

那麼,這裡的眾生則不只是我們這個世間,不只我們所曉得的六道,還包括我們不認知的一切其它世間、其它時空的眾生。所以,這是把如此廣大的識境,當成是瑜伽行中觀行人所應觀修的境界。此點極為重要,亦為觀修如來藏所須的抉擇見,是亦顯示密意。

這就與唯識不同了,遠遠超越唯識。唯識只是我們心識所能到的境界,我們想到甚麼地方,我們的心量有多大便只有多大。而瑜伽行所觀的境界則遠遠超越我們心識的境界,因此我們也把這超越我們心識的境界,叫做非識境。這非識境其實亦是識境,只不過不是我們的識境。

這樣說來,如來智境上所顯現的識境,就包含兩個境界:一個我們稱之為識境,一個我們稱之為非識境。

【正文】:**大念慧行以為遊路,大止妙觀以為所乘,大空、無相、無願解脫為所入門。**

【釋義】:這主要是講三解脫門:大空、無相、無願,要由那條路來走,才到這個解脫門?這條路是大念慧

行。在這條路上乘坐甚麼交通工具？交通工具是大止妙觀，即是修止觀。修止觀就是瑜伽行。我們以大念慧行為路，修止觀為乘，如此始能入三解脫門。

要注意它不是「空解脫門」，是「大空」，超越了小中觀所講的「無自性空」。超越它了，所以叫大空。這個大空即是「現空」。不光是空，還是現空，是現空雙運。亦可以說是「明空」，明空雙運。由現空、明空，即可顯示一切法自性即是本性。

空是代表智境，現是代表識境。藉如來之現分，識境始能生起，因此我們把現分看成是如來內自證智境的功德（功能），即是生機。所以現空等於識與智。智識雙運則為現空。證到現空，才叫做大空。

此外便是「明分」，識境生起能被了別，這「了別」即稱為「明」，所以明分指的同樣是如來法身功德（即如來內自證智功德），只是這是從相來講，一切識境都顯現為能被了別，識境才可以成立，如是明空雙運，亦即大空。

講現空、明空，漢傳的華嚴宗，藏傳的甯瑪派、薩迦派、噶舉派大中觀，漢傳教外別傳的禪宗，其實都是講現空、明空。禪宗以「家常日用」來講「現」。它講「家常日用」就等於講現分、明分，因為我們生活所在的識境，即是現空、明空的境界，若光說空，反而不是「家常日用」。

所有屬於大中觀系列的宗派其實都講現空為空，不是光講一個空。小中觀則不然，講空、講空性。空是不了義，空只是施設名言，在《般若經》中，釋迦已明言，空是假施設。

由此我們就可以預期這本經會講甚麼。就是講大念慧行與止觀，講大空、無相、無願三解脫門，此亦即菩薩行。下來在第七品中，即宣說菩薩行的密意。

【正文】：**無量功德眾所莊嚴、大寶華王眾所建立大宮殿中，是薄伽梵最清淨覺、不二現行，趣無相法，住於佛性，逮得一切佛平等性，到無障處，不可轉法，所行無礙，其所安立不可思議，遊於三世平等法性，其身流布一切世界，於一切法智無疑滯，於一切行成就大覺，於諸法智無有疑惑，凡所現身不可分別。**

【釋義】：接下來就是講佛諸功德。

功德一：「是薄伽梵最清淨覺，不二現行，趣無相法。」「不二」即說現空不二，由此不二才能趣向無相法。

功德二：「住於佛性，逮得一切佛平等性，到無障處。」

「到無障處」。甯瑪派講四重緣起：業因緣起、相依緣起、相對緣起、相礙緣起。四重緣起在佛

經找不到這個名詞,這叫「道名言」,甯瑪派施設的道名言。等於天台宗講「一心三觀」,在佛經也找不到「一心三觀」這樣的說法。這個名言亦是天台宗的道名言。華嚴宗講四個緣起:阿賴耶緣起、如來藏緣起、真如緣起、法界緣起。此於佛經中亦不見如是名言,因為它亦是華嚴宗的道名言。

佛家每一宗為了解釋自宗的教法,遂依佛之密意,並結合自宗的觀修來施設道名言。我們施設相礙緣起是很有理由的,於此經中就看到了「**逮得一切佛的平等性到無障處**」。無障處不是沒有障礙,凡識境必有識境的障礙,是即相礙,但一切諸法都能各各適應一些相礙而成為有,既能適應,是即無礙。此如不懂游泳的人,水對他們來說,即是相礙,但如果對水能適應,便成無礙。一切諸法都成無礙而顯現,是即「一切佛的平等性到無障處」。

所以即是說:如何能夠無障?能適應那些障,則為無障,並不是要將障礙清除,然後才成無障。於三度空間的世間,我們適應三度空間而顯現為立體,那麼,三度空間便不成為障礙。倘若到了五度空間,能無障,便須顯現為五度空間的形態。我們無法知曉五度空間為何形態,但對五度空間的生命體而言,那便是他們的天然狀態,那就是無障處。

由此可見甯瑪派成立相礙緣起是佛之密意,等於

華嚴宗成立法界緣起。說一切法相融,一法含多法,多法含一法。所以一個芥子含一切法,一切法都含有這一個芥子。這個說法亦是佛之密意,即為佛所說的「**一即是多,多即是一**」。是故一多相即,一就是多,多就是一,是華嚴宗最高的建立。就叫事事無礙,事理無礙。二者相融,等於是相礙緣起,能夠相融就是能夠無礙。在甯瑪派就叫任運圓成。

功德三:「**不可轉法**」。轉即是生起,「**不可轉法**」就是無生,無一法實際生起,生起的只是智境上的識境自顯現而已。等於我舉的例,螢光屏上的畫面生起一個影像,假如住在螢光屏的影像世界中,便會將所有影像看成是實物。一但離開螢光屏,就看見他們只是影像,這就是並無實有的法生起,是即不可轉法。

功德四:「**所行無礙,其所安立不可思議**」。那就跟剛才所講一樣,剛才講一切法的平等性無障,這樣生起即是無生。如果用我的比喻,則可以這麼講,一切電視機畫面上的影像無礙顯現出來,但不是螢光屏生起這些影像,只是影像的顯現而已。此無礙自顯現便即是如來法身功德的「**所行無礙**」。

由於法界具足如來法身功德,此功德例如生機(稱為「現分」),因為有了生機,所以一切法即能任運圓成而成為有,是即「**所行無礙**」,這是指如來法身的無礙。

功德五：「其所安立不可思議」，一切世間的安立是不可思議的，為甚麼？舉例來說，一個人的成立，就不知要適應那一些相礙，現代科學都無法一一舉出，而且，所適應的局限一環扣一環，因此人體的組織才會這麼精密，在人體組織中拿去任何一種組織，便會將整個組織破壞，這就可以說，人的安立不可思議。人是這樣，一切法都是這樣。

這句經文，即說甯瑪派相礙緣起的意趣、華嚴宗法界緣起的意趣，亦即是識境自顯現的理趣。

功德六：「遊於三世平等法性，其身流布一切世界。」

不僅現在，於過去、未來（三世），法身都可以藉識境而成顯現。在法性中諸法皆以本性為自性，除此別無自性，是故平等。由是說如來法身功德流布一切世界，復因功德與法身不可分離，所以便可以說，如來法身流布一切世界。

功德七：「於一切法智無疑滯，於一切行成就大覺」。

如來法身境界是身、智、界三無分別，上來已經由身來說如來的本性，現在即由智而說。

如來法智，對修行人來說，應無疑滯，因為識境即依智境而成立，是故不應只住於識境，而不知智境，若能悟知智境與識境雙運，是即無疑滯，由是一切行都能成就大覺。這即是說，行者若依

佛密意，悟入智識雙運的如來藏境界，其所行，即能成就大覺（現證大菩提）。

功德八：「凡所現身不可分別。」

智境須藉識境而成顯現，因此一切識境都可以說是如來所現身。由是一切識境即無分別（玄奘譯「不可分別」，實為「無分別」）。

【正文】：一切菩薩正所求智，得佛無二住勝彼岸，不相間雜，如來解脫妙智究竟，證無中邊佛地平等，極於法界，盡虛空性窮未來際。與無量大聲聞眾俱，一切調順皆是佛子，心善解脫、慧善解脫、戒善清淨、趣求法樂；多聞聞持，其聞積集；善思所思，善說所說，善作所作；捷慧、速慧、利慧、出慧、勝決擇慧、大慧、廣慧、及無等慧，慧寶成就，具足三明，逮得第一現法樂住；大淨福田，威儀寂靜，無不圓滿；大忍柔和，成就無減，已善奉行如來聖教。

【釋義】：下來三種功德，即依聞法者而說。

功德九：「一切菩薩正所求智」

諸佛功德即是一切菩薩的正所求智，是即自然智，因為佛內自證智並非新得，只是證入一個法爾的智境，此智境有功德生起。菩薩先須證入佛內自證智境的功德，然後才能證入法爾的佛內自證智。如是便是「正智」，菩薩所求即此「正智」。

功德十：「得佛無二住勝彼岸」

佛現證自然智，同時起後得智。後得智即是觀察識境的智，因此佛之所證，可以說是自然智與後得智雙運，亦即根本智境與觀察識境的智雙運，由此雙運而成智境與識境不一不異，是即「無二」，由是而住彼岸，即證菩提與涅槃。菩薩由「正所求智」的觀修而得成佛，所以說「得佛無二住勝彼岸」。

功德十一：「不相間雜，如來解脫妙智究竟，證無中邊佛地平等，極於法界，盡虛空性，窮未來際。」

此處玄奘譯「不相間雜」，依藏譯應是「無有差別」。為甚麼要「無有差別」？因為要證無中邊的佛地，無中亦無邊的佛地，是即離諸分別而成無有差別，如是才能說為「無二」。依瑜伽行的教法，分別中邊只是加行道上的事，世親論師的《辨中邊論》，就是為加行道上行人而造。加行道以上，即離中邊，而且是離邊復離中，因為既無有邊，即無有中可以安立。所以如來的「解脫妙智」，既無中邊，又周遍法界（「極於法界」），只能用虛空來比喻，而且還超越三時（「窮未來際」）。此即菩薩成佛時之所證。

功德十二：「與無量大聲聞眾俱，一切調順皆是佛子。」

這便是一乘的建立，聲聞乘、緣覺乘、菩薩乘於

佛功德中，能得調順，即是佛子，此即為能得如
來密意，並依此抉擇、觀修，由是得決定而成現
證，是即能成調順，悟入一乘。這顯示如來的言
說不同，但密意則一，是故只有一乘，無有三
乘。

對如來功德的密意，須如上所說而理解。

說聞法眾「**心善解脫、慧善解脫、戒善清淨**」。
是即說由戒、定、慧三門得空、無相、無願三解
脫門。

「**具足三明**」，三明為菩薩所有，不是聲聞所
有。三明是：第一、宿命明，宿命智明；第二、
生死明，生死智明；第三個、漏盡智明。

此三明，宿命明是曉得過去世；生死明是瞭解過
去未來世。我曉得自己過去世做過一些甚麼事，
做過甚麼人，或者做過甚麼眾生。我曉得未來我
會到甚麼地方去，我未來怎麼樣。還有漏盡明。
漏就是煩惱，煩惱與漏是同義詞。煩惱都盡了，
用智來盡那個煩惱。所以這個是菩薩的三明。

「**具足三明，逮得一現法樂住**」，這就是講現
分，大樂。「**現法樂住**」即是住法樂中，這個
樂，即是如來法身功德，由此功德才可以有識境
生起，所以便可以說為佛的大悲，但對識境中的
生命來說，則可以說為大樂。若依智識雙運而
修，即因大樂而得法樂，能現證這個境界，是即
證入佛乘的如來藏。這是說菩薩由具足三明、現

法樂住，由是得成就三解脫門。

【正文】：復有無量菩薩摩訶薩，從種種佛土而來集會，皆住大乘，遊大乘法，於諸眾生其心平等，離諸分別及不分別種種分別，摧伏一切眾魔怨敵，遠離一切聲聞獨覺所有作意，廣大法味喜樂所持，超五怖畏，一向趣入不退轉地，息一切眾生一切苦惱所逼迫地而現在前。其名曰，解甚深義密意菩薩摩訶薩、如理請問菩薩摩訶薩、法涌菩薩摩訶薩、善清淨慧菩薩摩訶薩、廣慧菩薩摩訶薩、德本菩薩摩訶薩、勝義生菩薩摩訶薩、觀自在菩薩摩訶薩、慈氏菩薩摩訶薩、曼殊室利菩薩摩訶薩等而為上首。

【釋義】：此說種種佛土來的菩薩眾，他們都是菩薩摩訶薩。

菩薩眾由種種佛土來，即非釋迦化土的菩薩。佛經中說及他佛化土的菩薩時，必為說不二法門、如來藏的經典。

說他們「皆住大乘，遊大乘法」，這大乘是指無上大乘。一般所說的大乘，是二轉法輪的法，是講空。三轉法輪才叫無上大乘，就是講如來藏，是即「獅子吼」。

「於諸眾生其心平等，離諸分別及不分別種種分別。」

不同的世界就有不同的分別，我們這個世界有我
們這個世界的分別。如果是不同時空的世界，就
有不同時空世界的分別。這些分別是我們不理解
的，不可思議的。這裡就強調要不分別種種分
別，對種種分別不起分別，要強調種種。本經說
至此處，都一直強調周遍、強調種種，所以此處
是以平等性為主旨，復由平等而說周遍及種種。

於本經序分，已說多種密意，於下來經文，便須
留意大樂、周遍、平等性等密意。

「摧伏一切眾魔怨敵，遠離一切聲聞獨覺所有作
意」。

有作意即有分別，沒有分別則不會有作意。假如
你住在如來藏的境界，你就無有作意來行、來
修，就毋須像聲聞眾等等作苦集滅道四諦、十六
行相等等分別。

「廣大法味喜樂所持」，這是說法樂，即住於法
樂之中。

「超五怖畏」，這五怖畏是 ──

第一、不活畏。不活不是生死的活，是指不能生
活，無以為生就叫不活。

第二、惡名畏。怕人家給自己一個惡名。凡是
佛、凡是大菩薩一定有種種惡名加在他身上，釋
迦牟尼都曾經給人誹謗。因為根據佛的授記，凡
是佛在我們這個化土裡面，就有這個化土的魔給

他為難，因此沒有背上惡名的就不能成大菩薩，所有大菩薩都有惡名，龍樹菩薩都有惡名，文殊師利菩薩有惡名。怕人家說我惡名，那便是有分別，落善惡邊，那就不是菩薩行。

第三、惡趣畏，怕落地獄、餓鬼、畜生三惡道，這是有所疑懼，而成大悲心不足。若無疑懼，便可以到三惡趣救渡眾生。

第四、死畏。即是畏懼死亡。

第五、大眾威德畏。怕人家說自己沒有威德，不像一個大修行人。

大菩薩沒有五畏。印度八十四大成就者，很少表現他有威德，很少表現他怕惡名。因此都是沒有五怖畏。五種畏懼都沒有，才是大菩薩。

「一向趣入不退轉地，息一切眾生一切苦惱所逼迫地而現在前。」

不退轉地即是八地以上。能證入如來藏的是八地菩薩，不退轉地菩薩。

這些菩薩摩訶薩的名號叫甚麼呢？

「解甚深義密意菩薩摩訶薩」，點出本經主題的名字出來，解甚深義的密意。

「如理請問菩薩摩訶薩」，問得合理的問題。這本經是講了義的經，因此不應用不了義的問題來問。如果現在還問不如理的，用不了義的問題來諍論，就不是如理請問。

「**法涌菩薩摩訶薩**」，涌是流露的意思，繙譯成「涌」字。一個菩薩如果他有證量，他講經的時候，是住在止觀的境界來講。現在講如來藏的經，你住的境界就是如來藏的境界，修如來藏的止觀、決定如來藏為智識雙運境，於此境界中說法，即成法涌，一切言說都是法的流露，此即法涌。

「**善清淨慧菩薩摩訶薩**」，清淨慧是識境的慧，不過是清淨的。因此這位菩薩，便即是得離世間的名言與句義，通達識境的真實。

「**廣慧菩薩摩訶薩**」，周遍一切慧，不止是通達我們這個世間的智慧，還能通達無邊世間。

「**德本菩薩摩訶薩**」，此所謂「德」，即如來法身功德，由如來法身功德才有一切種種世間顯現，用現代的語言來說，便是一切時空的種種世間顯現，是即一切識境以德為本，德本菩薩即對此通達。

「**勝義生菩薩摩訶薩**」，能了知識境如何而生，如何依如來法身而生，是即知「**勝義生**」。這並不是以如來法身為生因，一切諸法只是隨緣自顯現而生，是即「**勝義生**」。由知勝義生，即能得無生法忍。

這些菩薩的名號，即與本經的密意有關。

然後是我們熟悉的三大菩薩：觀自在菩薩、「**慈氏菩薩**」即彌勒菩薩、「**曼殊室利菩薩**」即文殊

師利菩薩。他們在本經中,是主要的問法者。每
位菩薩之所問,都根據菩薩自己的觀修而問,在
下來經文中,即見到他們的風格。

勝義諦相品第二

勝義諦相品第二

　　第二品「勝義諦相品」，是由三位大菩薩與一位大比丘，分別向大菩薩及佛問法，所問之法是關於勝義諦相。問勝義諦相即是問智境，如來法身即是佛內自證智的境界。然而智境與識境不相離、勝義與世俗不相離，是故於本品便不能唯由智境而了知。

　　佛與大菩薩依次以如下四個主題說勝義諦的甚深義：一、一切法無二；二、勝義諦定義；三、勝義諦與世俗諦不一不異；四、勝義諦遍一切一味相。這四個主題，都是勝義諦的密意，若以空為勝義，只是言說。

【正文】：爾時，如理請問菩薩摩訶薩，即於佛前問解甚深義密意菩薩言：最勝子，言一切法無二，一切法無二者，何等一切法？云何為無二？

【釋義】：「最勝子」是佛子的別稱，在此是稱呼解甚深義密意菩薩。如理請問菩薩從一切法無二來問，分作兩個問題：何謂一切法？何謂無二？

【正文】：解甚深義密意菩薩謂如理請問菩薩曰：善男子，一切法者，略有二種：一者有為、二者無為。是中有為，非有為非無為；無為，亦非無為非有為。

【釋義】：解甚深義密意菩薩如是作答：一切法分有為與無為二法。說有為、說無為則一切法都包括在內。然而有為是離四邊的，無為亦是離四邊的。所謂四邊：一邊是有為、一邊是無為、一邊是亦有為亦無為、一邊是非有為非無為。有為、無為都是離四邊的，這才是中道的有為與中道的無為。證有為的境界與證無為的境界，用語言說不出來，只能言說為離四邊。

若從名言上理解，有為的定義是：凡是落在緣起法的、有因果作用的稱作有為；無為的定義是：凡是離緣起、無因果作用的稱作無為。

但是說中道的有為與中道的無為，則不能用此定義，因為是不了義。大致說來，我們這個世間，一切識境都是有為；佛的智境則是無為。可是智

境與識境一定雙運，就好像我們的手，手掌與手背一定雙運，不能分離，是故說為雙運。

智識雙運的意思是：智境無變易，識境無異離。智境是基，在它上面顯現識境，識境有雜染，卻不能令智境有絲毫改變，這是智境的不動性，亦名為金剛空性。所以智境雖有識境顯現，可是它不因識境而有變易；至於識境則與智境從不異離，如螢光屏影像與螢光屏從不異離，如是無變易與無異離就是智識雙運的定義。

我們的世間亦是住在如來法身中，猶如螢光屏的一切影像一定住在螢光屏上。所以說甚麼叫如來？家常日用都有如來法身。識境與智境無異離，家常日用裡面與如來法身從來沒有分開過。

倘若認識到識境無異離，智境無變易，如是即成清淨、恆常清淨。所以我們住的境界是恆常清淨的。無論打仗不打仗，以至坑蒙拐騙，姦淫邪盜等等識境顯現，都與智境無異離，是故善與不善都無染與淨的分別。更不要說是家常日用，自然本性清淨。

不瞭解智識雙運的定義：智境無變易、識境無異離，就根本不瞭解如來藏。所以讀這本經亦應該從智識雙運無變易、無異離來讀，這是很重要的事，這才是勝義諦的法相。要瞭解智識雙運，才是佛法的究竟。

【正文】： 如理請問菩薩復問解甚深義密意菩薩言：最勝
子，如何有為非有為非無為；無為亦非無為非有
為？解甚深義密意菩薩謂如理請問菩薩曰：善男
子，言有為者，乃是本師假施設句。若是本師假
施設句，即是遍計所集言辭所說；若是遍計所集
言辭所說，即是究竟種種遍計言辭所說。不成實
故，非是有為。善男子，言無為者，亦墮言辭。
設離有為，無為少有所說，其相亦爾。

【釋義】： 此段有三處須要重新繙譯：

1）「言有為者，乃是本師假施設句。」

「假施設句」是唐玄奘的繙譯，依藏譯是「乃是
如來以名言說法」，「有為」只是名言，並非真
實，為了說法，所以才用施設這個名言來顯示。

2）「遍計所集言辭所說。」

依藏譯是「由分別所起的世間語言」。所謂名
言，是佛依照世間分別而施設的名相，「有為」
就是這樣的一個名相。

3）「究竟種種遍計言辭所說。」

依藏譯應為「究竟不成種種世間語言所說」。

「究竟不成」即是究竟不成為有、不成為真實。
此即謂，佛由世間名言而作言說，但卻不能依世
間言說而成立真實。

整段經文的意思是：

何謂有為？有為是如來假設一個名言，既然是如來假設的名言，它就是由分別而起的世間語言。若是由分別而起的世間語言，即究竟不能依著這些語言來作種種成立。

所以依究竟義而言，有為是不真實的，它只是種種世間言說而已，不成為實有。因為不成為實有，是故有為非有為。

無為亦是一個名言的施設。既然有為非有為、無為非無為，那麼假設離開有為、無為也不是真實。這就是說要離四邊。

解甚深義密意菩薩是離四邊來看有為、看無為。有為、無為是言說，不真實；離開有為、無為亦不真實。故說有為、無為、亦有為亦無為、非有為非無為，這四邊都要離。

【正文】：**然非無事而有所說。何等為事？謂諸聖者以聖智聖見離名言故，現正等覺。即於如是離言法性，為欲令他現等覺故，假立名相謂之有為。**

【釋義】：雖然是假設名言而說，但並非無事而造一個名言。是因為有事，有密意要表達，才施設這個名言而說。

到底有甚麼事呢？這句話須留意：「謂諸聖者以聖智聖見離名言故，現正等覺」。佛就是證正等覺。

智者證正等覺是怎麼證的？聖者是以聖智來見。聖智來見，見甚麼？不光是見智境，而是同時見識境。釋迦牟尼成佛，智境當然已經現證，他的心理狀態已經是聖智的狀態，然而聖智的心理看我們世間是如何而看？所見的相仍然是識境的相，但是對相的見則不同，不落名言而見，所以聖見非我們凡夫之見。譬如，聖者看見山還是山，水還是水，但卻不落在山的名言、水的名言，不落在名言句義來認識這個事物，且將之當成實有。

可以這樣比喻，佛之所見，是離開螢光屏來看螢光屏的畫面，是故皆為影像。這是聖智所見。若凡夫之所見，則有如一個住在螢光屏畫面中的人，不離螢光屏來看這些畫面，所以便將一切影像看成是真實。因為覺得真實，所以便用名言來分別，由是影像世間便成為心識顯現的世間。佛如是覺，便是證平等的覺，現證離言法性，一切識境都住在離言法性之中，如《寶性論》所說，**此離言法性，便即是如來藏。**

無為亦如是。假如我離開螢光屏，你問：「你的心已經離開螢光屏，你看見的境界如何？」其實我所見的境界，若說為「無為」亦不真實，因為這個無為亦是假施設。佛的智境不能用無為來形容，不能說佛的智境是無為。可是為了讓你瞭解，我就施設一個名言說，離開螢光屏來看螢光屏影像，這樣的境界，這樣的智，這樣的見，就

叫做無為，這亦是施設名言來說無為而已。因此，非有為非無為。

但是，亦不能離開有為、無為來說。離開有為、無為則不能說：「你們住螢光屏，我離開螢光屏。」亦不能說：「智境無變易，識境無異離。」所以，就只能施設有為無為兩個名言，用來表達真實的境界。

這一段是很重要。唯識宗說圓成實是真實的。他們把圓成性（梵文：pariniṣpanna-svabhāva）繙譯作圓成實性，所以他們就說無為是真實的，這兩個真實，跟本經所說完全不同，經說為名言施設，當然不真實。

為甚麼唯識宗要說無為是真實呢？因為不這麼說，識則無處安立。他們一定要分別有為、無為。有為是落在因緣，完全是心識所成，是心識變現。無為是清淨的心識。唯識宗無法離開識。現在看所有唯識宗的書，一定說圓成是實性，其實這是唐玄奘添譯的。原來梵文只是圓成性。

【正文】：善男子，言無為者，亦是本師假施設句；若是本師假施設句，即是遍計所集言辭所說；若是遍計所集言辭所說，即是究竟種種遍計言辭所說，不成實故，非是無為。善男子，言有為者，亦墮言辭。設離無為、有為少有所說，其相亦爾。然非無事而有所說。何等為事？謂諸聖者以聖智聖見

離名言故，現等正覺；即於如是離言法性，為欲令他現等覺故，假立名相謂之無為。

【釋義】： 這一段說無為，只是上來說有為的複文，其義與說有為相同，皆說有為、無為離四邊。離四邊的法義甚深，是理解勝義諦一個很深的基礎。

【正文】： **爾時，如理請問菩薩摩訶薩復問解甚深義密意菩薩摩訶薩言：最勝子，如何此事，彼諸聖者以聖智聖見離名言故，現等正覺，即於如是離言法性，為欲令他現等覺故，假立名相，或謂有為，或謂無為？**

【釋義】： 聖者以聖智聖見看到識境，凡夫則落在名言看到識境。聖者離名言，則無所謂有與無，亦無有為法與無為法。能夠這樣離名言來看識境，就是現證等覺的平等。

可是聖者為了說法，他卻不得不施設兩個名言：有為、無為，否則他無法宣說法義。故此，聖者是離名言來施設名言。但是凡夫卻落在這二個施設的名言中，是故，永遠住在識境中。為此，如理請問菩薩復又請解甚深義密意菩薩詳解，如何由施設言說，能令學人依離言法性而現正等覺。

【正文】： **解甚深義密意菩薩謂如理請問菩薩曰：善男子，如善幻師或彼弟子，住四衢道，積集草、葉、**

> 木、瓦礫等,現作種種幻化事業:所謂象身、馬
> 身、車身、步身、末尼、真珠、琉璃、螺貝、璧
> 玉、珊瑚、種種財、穀、庫藏等身。

【釋義】:幻師及其弟子於四衢道(即十字路口),堆集
草、葉、木、瓦礫等,用幻術變出:四兵 ——
象、馬、車、步兵;七寶 —— 末尼、真珠、琉
璃、螺貝、璧玉、珊瑚等;種種金銀財寶;五穀
糧食;儲存寶物的倉庫。

【正文】:若諸眾生愚癡頑鈍惡慧種類無所曉知,於草、
葉、木、瓦礫等上諸幻化事,見已聞已,作如是
念:此所見者,實有象身、實有馬身、車身、步
身、末尼、真珠、琉璃、螺貝、璧玉、珊瑚、種
種財、穀、庫藏等身。如其所見,如其所聞,堅
固執著,隨起言說:唯此諦實,餘皆愚妄。彼於
後時,應更觀察。

【釋義】:解甚深義密意菩薩以幻師變魔術為例,觀察四種眾
生對幻境的認知。

此段這句「若諸眾生愚癡頑鈍惡慧種類無所曉
知」,依藏譯是「幼稚愚癡迷亂慧自性」,不是
「惡慧種姓」。

亂慧,世間的智稱作慧,出世間的智才稱作智。
我們這個慧是迷亂慧。為甚麼是迷亂?因為我們
落在假施設的名言中認識識境,所以是迷亂。無
論你如何聰明,在世間如果不懂得出世間法,皆

是亂慧。此類眾生覺得幻師所變實在是有象身、馬身等等，實實在在是變出來一頭象、一匹馬。那就有如在識境中看見所有東西都說它是真實。除了我們所見之外，其餘都不是真實。因此，反而把佛的智境看作是不真實，把聖者的所見所聞看作是不真實。對於他們這種態度，「於後時」，即是在他們見了這些東西，這樣認定以後，還應該再觀察，他原先的觀察是對還是不對。

【正文】：若有眾生非愚非鈍善慧種類有所曉知，於草、葉、木、瓦礫等上諸幻化事；見已聞已，作如是念：此所見者，無實象身、無實馬身、車身、步身、末尼、真珠、琉璃、螺貝、璧玉、珊瑚、種種財、穀、庫藏等身；然有幻狀迷惑眼事。於中發起大象身想，或大象身差別之想，乃至發起種種財、穀、庫藏等想，或彼種類差別之想。不如所見，不如所聞，堅固執著，隨起言說：唯此諦實，餘皆愚妄。為欲表知如是義故，亦於此中隨起言說。彼於後時，不須觀察。

【釋義】：善慧種類不是迷亂慧，亦即等於佛菩薩，等於能夠離開螢光屏去看螢光屏的影像，知道眼前所見是依心識的變現而成顯現，皆不真實。實在「大象身」等等形象，非如我所見，非如我所聞而成真實。我們只是「堅固執著，隨起言說」，由是將事物看成是真實。

但是,言說亦並非沒有作用,為了表達如是而知,便須「隨起言說」。換言之,言說的功能只是為了彼此溝通。當這樣來理解言說時,於「後時」便「不須觀察」。

結合上文來說,觀察兩類眾生而知,落在名言即是迷亂,不落在名言則是智慧。所以佛的內自證智境,其實即是能夠離名言。

再說清楚一點:於識境觀察事物是落名言,於智境觀察事物是離名言。但是離名言則無法表達,要表達則須施設名言。當一施設名言,則還是名言。若說智境與識境是一,則須知是:智境亦須施設名言,故說為一。若從所證而言,智境所證是離名言,識境所證是落名言,因此,他們亦是異,我們只能說智境與識境是不一不異。識境是有為法,智境是無為法。整段經文是成立有為與無為是不一不異,是即無二。此即佛的密意。

【正文】 : 如是,若有眾生是愚夫類,是異生類,未得諸聖出世間慧,於一切法離言法性不能了知;彼於一切有為、無為,見已聞已,作如是念:此所得者,決定實有有為、無為;如其所見,如其所聞,堅固執著,隨起言說:唯此諦實,餘皆癡妄。彼於後時,應更觀察。

【釋義】 : 此指凡夫執著於識,執著於名言句義,即使是執著智者所施設的名言,但若由名言分別有為無為

為實有，此即如執著圓成性為實有，那便須於後
時應更觀察，亦即觀察他們之所執如理不如理。

認為圓成性真實的人，不知所謂「圓成」，實在
亦依識境而建立，識境中一切法任運圓成，這是
甚深密的緣起。若依識境而建立，便非究竟，所
以，瑜伽行還要建立一個「勝義無自性」來超越
「圓成性」。當這樣來理解時，便即是對肯定圓
成性「唯此諦實，餘皆癡妄」的後時觀察。

【正文】：若有眾生非愚夫類，已見聖諦，已得諸聖出世間
慧，於一切法離言法性如實了知；彼於一切有
為、無為，見已聞已，作如是念：此所得者，決
定無實有為、無為。然有分別所起行相，猶如幻
事迷惑覺慧，於中發起為無為想，或為無為差別
之想。不如所見，不如所聞，堅固執著，隨起言
說：唯此諦實，餘皆癡妄。為欲表知如是義故，
亦於此中隨起言說。彼於後時不須觀察。

如是，善男子，彼諸聖者於此事中，以聖智聖見
離名言故，現等正覺；即於如是離言法性，為欲
令他現等覺故，假立名相，謂之有為，謂之無
為。

【釋義】：有眾生已經得到出世間的聖智，了知離言的法
性，他亦決定無真實的有為，亦無真實的無為。
了知法性即是智境，不了知法性即是識境。然
而，因為有「分別所起行相」（依藏譯應為「分

別所起行蘊之相」），亦即五蘊（色、受、想、行、識）中的行蘊相，所以便依然「隨起言說」，對這些言說便不須再作觀察。此如佛用言說來說法、用言說來表達密意，對這些言說便不須觀察。

結合上來對有為無為的認知，此處說對離言法性的認知，都提出後時須作觀察、不須觀察，那是為修瑜伽行的人作指示。行者修止觀，於修觀時，即是觀察，對何者須觀察，何者不須觀察，行人必須認識，否則便不能稱為勝觀，亦不能說為如理。

【正文】：爾時，解甚深義密意菩薩欲重宣此義而說頌曰：

佛說離言無二義　甚深非愚之所行
愚夫於此癡所惑　樂著二依言戲論

彼或不定或邪定　流轉極長生死苦
復違如是正智論　當生牛羊等類中

【釋義】：佛所現證的離言法性、一切法無二，其法義甚深，非愚夫所能理解、通達，是故，他們對自己所惑的事物癡迷，樂著於能取所取，樂著於言說而成戲論，那麼，他們所觀修的便不成為定，或成為邪定（持邪見而成禪定）。因為在觀修時須作抉擇與決定，若抉擇見與決定見不正，例如落於邊見、將識境見為真實，那麼，所修的禪定便非正定。若如此作觀修，則依舊輪迴；若違背佛

之正智正見，因為愚癡，則輪迴成畜生類。

第二頌玄奘譯與西藏譯不同，藏譯是：

> 彼或不定或邪定　當生牛羊等類中
> 復違如是正智論　流轉極長生死苦

即是說，不定、邪定都會做畜生。如果違反正智的，則有極長的輪迴。此二譯有所不同，不過分別不大。

《勝義諦相品》第一個主題：一切法無二，已經說完。經文文句多處重複，為甚麼要一直地重複呢？無上瑜伽的看法是，這些重複是給修法的人，在觀修的時候，依著這些文字作觀想，所以每一段經文都是一個完整的觀想。

現在我們亦依照經文，從頭到尾作一次觀修：

首先，如理請問菩薩問：何謂無二？何等一切法無二？

解甚深義密意菩薩答曰：一切法即是有為法與無為法。為甚麼無二？有為非有為非無為，無為亦非無為亦非有為。

這是我們的抉擇：有為非有為亦非無為，無為非有為亦非無為。無為非有為很容易理解，為甚麼無為亦非無為呢？為甚麼有為亦非有為呢？這個要作抉擇。

所以現在開始抉擇：有為、無為都是假施設的名

言,施設名言即是由分別所起的世間名言來施
設。

這個就要觀察了。等於禪宗參話頭的參。名言是
甚麼?是分別世間所起的世間名言。亦即名言的
本質是由分別所起。如是持抉擇見觀修,由觀察
所緣境,就可以作出決定,決定有為無為都是由
分別所起的名言。

復作抉擇:名言是甚麼?名言是分別所起,是施
設出來,是故不能成為真實。不成即是不真實,
因為是施設的,故不真實。所謂不真實,是指一
切法並非如名言施設而顯現為真實。

接著說無為是語言,是言說。說有為、說無為都
是言說。說有為、無為,已經包括一切世間、出
世間的法,離開二者,便沒有法(具體的事物,
抽象的概念)可言。

這樣你又要作第二重抉擇:在法界,有沒有既不
是無為,亦不是有為的法呢?真的沒有。因為只
有兩個情形:一個是落在緣起的,一個是不落緣
起的。落在緣起則是有為,不落緣起則是無為。
只有落與不落,卻不能說亦落因緣、亦不落因
緣,沒有這樣的法。因此,作出決定:既然沒有
這樣的法,所以只須觀察有為、無為那就夠了。
有為、無為都是言說,這樣就可以說為無二。

由此再觀察下去(等於把話頭再參下去)。就等
於這樣參:

接下來，「言有為者，亦墮言辭。設離無為、有為少有所說，其相亦爾。然非無事而有所說」。這是進一步作觀察：說有為是言說，說無為亦是言說。可是並不是沒事而施設這些名言，而是因為有事才施設這些名言。這個事對我們而言，則是我們所見的現象與我們所想的概念。前者是具體，後者是抽象。所以一定有事，才有現象或概念，現象與概念不能憑空而起。這就是決定。

「如是離言法性，為欲令他現等覺故，假立名相謂之有為」等等，這個不斷不斷地重複，即是不斷不斷地一重一重地作抉擇，從有為來抉擇，從無為來抉擇，看它與何事有關。

具體的觀修在經中沒有說，若依甯瑪派教法，作觀察時，我們如是觀察：現在我觀想一個壇城與本尊，此壇城與本尊在我們來看是一個現象，此現象是根據我們的概念而生起，我們給本尊一個概念叫做金剛薩埵，於是生起金剛薩埵壇城的現象。生起壇城與本尊、蓮花座等等，到底它是有為還是無為呢？

如果說它無為，它卻是從心生起的，從我們的心性所生，故說是依他。依我們心識生起的境界，即是依他。因此，它是落於因緣，依他是因緣。是故我們觀修的所緣境一定是有為法。此即由觀修生起次第，決定所緣境是有為法。

接著，迎請智慧尊。智慧尊是金剛薩埵的本性，依本性，即是無為法。這本性離言，是法智性，

不可思議，無可言說。因此不能說智慧尊是由心
性所生，只能說是法性所生。不過，我們仍然要
用言說來表示，這是金剛薩埵智慧尊，但對這言
說則不須更作觀察，因為已經決定了他的本性。

如果用如來藏的道名言，我們便可以說，觀修智
慧尊融入本尊身，是心法性與心性相融，是即智
境與識境雙運。這便是我們觀修的境界，行者即
住於此境界中繼續觀修，如是積二種資糧，當能
生現證時，即現證到智識雙運的境界，不單只是
一個決定。

上述觀察的過程就是這樣：

起初我們是落在名言，這是一個境界，叫做識
境。你這樣來感覺，叫做識覺。然後我們離名
言，離名言就是智覺。可是又要施設名言，這個
再施設的名言，已不同由分別所起的名言，故說
此施設名言是法性。

離名言而施設名言與落於名言，就名言而言是相
同的，但是兩個境界則不同，也即是說，落於識
境，則成分別；由智識雙運，則不成分別。這即
是決定，亦是觀修的現證。

勝義諦相的第一個主題：一切法無二，已經由二
位大菩薩闡述明白了。現在換一個主題，說勝義
諦定義。先要說無二，然後才能夠說勝義諦的定
義。所以現在亦換了一個菩薩，由法涌菩薩摩訶
薩向佛請問。

【正文】：爾時，法涌菩薩白佛言：世尊，從此東方過七十二
殑伽河沙等世界，有世界名具大名稱，是中如來號
廣大名稱。我於先日從彼佛土發來至此。我於彼佛
土曾見一處，有七萬七千外道并其師首，同一會
坐。為思諸法勝義諦相，彼共思議稱量觀察遍尋求
時，於一切法勝義諦相竟不能得。唯除種種意解，
別異意解，變異意解，互相違背，共興諍論，口出
矛矟，更相矟刺，惱已壞已，各各離散。世尊，我
於爾時竊作是念：如來出世，甚奇，希有，由出世
故，乃於如是超過一切尋思所行勝義諦相，亦有通
達作證可得。說是語已。

【釋義】：殑伽河即是恆河，唐玄奘譯作殑伽河，一般佛經
譯作恆河。以恆河沙作單位，它是七十二恆河沙
這樣多的世界，即是說無限無量的世界。一粒沙
是一個世界，　一條恆河沙不知有多少個世界。法
涌菩薩從東方一直走過來，經過七十二恆河沙之
多的世界。有一個世界叫做「具大名稱」，這個
世界的如來叫做「廣大名稱」。

「我於先日從彼佛土發來至此」這一句，依藏譯
是「我於先世」，不是「先日」。是說法涌菩薩
前一生，從這個佛土來到我們現在這個世界。

在那裡，曾經有一個地方，有七萬七千個外道，
與他們的上師坐在一起，思維甚麼是勝義諦相。
他們彼此討論，無論怎麼樣遍尋求，亦無法說出
勝義諦相，只能說出種種意解。諍論過後，不歡
而散。

那時候法涌菩薩見此情形，作如是想：如來出世
甚為稀有，因為有如來，我們才能夠如實了知超
過一切尋思所行的勝義諦相。外道與他們的上師
所想，都是尋思的相。如來才能夠證到勝義諦
相，他不是想出來的勝義諦相。

這一段是說勝義諦不可思議，只能現證，所以是
無言。這個法義只有禪宗與甯瑪派作如是說，再
沒有其他宗派如此表述勝義諦。其他宗派都是為
勝義諦立一個定義，一立定義則落言說。一落言
說則不真實，因為落邊。所以對不思議境界只能
去現證，不能像外道那樣，都是尋思的境界，作
種種尋思，作各種諍論。如來之所以稀有，則在
於超過一切尋思所行，現證到勝義諦相。

【正文】：爾時，世尊告法涌菩薩曰：善男子，如是，如
是，如汝所說，我於超過一切尋思勝義諦相，現
正等覺；現等覺已，為他宣說、顯現、開解、施
設、照了。

【釋義】：聽法涌菩薩這麼說，世尊答曰：對的，對的，像
你說的一樣，勝義諦相我是證出來的，超越一切
尋思而現證等覺。為了使未證悟勝義諦相的眾生
亦能現證，我就為他宣說，為他顯現，為他開
解，為他施設，為他照了。

【正文】：何以故？我說勝義是諸聖者內自所證，尋思所行是諸異生展轉所證。是故，法涌，由此道理，當知勝義超過一切尋思境相。

復次，法涌，我說勝義無相所行，尋思但行有相境界。是故，法涌，由此道理，當知勝義超過一切尋思境相。

復次，法涌，我說勝義不可言說，尋思但行言說境界。是故，法涌，由此道理，當知勝義超過一切尋思境相。

復次，法涌，我說勝義絕諸表示，尋思但行表示境界。是故，法涌，由此道理，當知勝義超過一切尋思境相。

復次，法涌，我說勝義絕諸諍論，尋思但行諍論境界。是故，法涌，由此道理，當知勝義超過一切尋思境相。

【釋義】：由「何以故」以下，一共分開五段講勝義諦相。

第一、說勝義是諸聖者內自所證。

勝義是甚麼？是諸聖者內自所證。你看，佛經明明這麼說，可是當甯瑪派說如來藏（即如來法身與如來法身功德雙運），把勝義諦說是如來法身，把世俗諦說是如來法身功德；前者是勝義，後者是世俗。當作如此表述，反而給人家提出疑難，批評這個說法不對，這樣說二諦是「太過」（過份）、是否定了因緣、是落在一個場所。

恰恰《解深密經》就是這麼說，說勝義即是諸聖者的內自所證，如來法身即是佛內自證智境，如來法身是一個境界。《解深密經》明明是如此而說，佛的內自證智境界就是勝義諦，沒有比它更勝義的了。

「尋思所行是諸異生」，異生即是凡夫。異生不是畜生，是凡夫。唐玄奘把凡夫繙譯成異生。

第二、說勝義無相所行。

「無相所行」，依藏譯應該譯作「行無相境界」。經文整句應譯作「我說勝義行無相境界」。

此處說行即說覺受。覺受甚麼境界？覺受無相的境界，這即是勝義，即是佛內自證智的境界。超過一切尋思境界相，即是說超過我們想出來的一切相，所有尋思相都給他超越了，是故無相即是超越尋思境界相，非無識境相為佛所見。

第三、說勝義不可言說。

勝義是說不出來的。依藏譯應該譯作「勝義超過一切尋思言說境界相」。

第四、說勝義絕諸表示。

勝義是沒有表示的，說不出來就不能表示。凡夫的尋思是可以表示的，他們都是「行表示」，以表示為行。感覺就是感覺那個表示。由是知勝義超過一切尋思境界的表示相。

第五、勝義絕諸諍論。

勝義是不可諍論的。凡夫對佛法所作的諍論，是以識境的事物與智境諍論，這當然是錯的，因為二者的層次不同。螢光屏中的人與螢光屏外的人起諍，那裡有得諍呢？凡夫是鏡中之花，所以根本不可與之諍論。若是在螢光屏中的人相互辯論，便只是辯論螢光屏世界的事物，所以就有諍論。由此道理當知，勝義是超過尋思的諍論境界相。

以上從五個方面定義勝義諦相，最基本、最重要的定義是：把勝義諦相定義為是佛的內自證智相。下來佛以五喻進一步闡釋勝義諦相之五義。

【正文】：法涌，當知：譬如有人盡其壽量習辛苦味；於蜜、石蜜上妙美味，不能尋思，不能比度，不能信解。

【釋義】：有的人一生都習慣了辛苦味，當他吃蜜糖的時候，便不知蜜味為何味。我們盡其一生於識境中生活，於心性中尋思，是故對法性、對勝義、對佛的智境不可思量，我們想都想不到，說亦說不出，不能比度，不能信解。

【正文】：或於長夜由欲貪勝解諸欲熾火所燒然故，於內除滅一切色聲香味觸相，妙遠離樂，不能尋思，不

能比度，不能信解。

【釋義】：凡夫長夜地受貪欲的火煎熬，對於離開色聲香味觸相所得的樂（妙遠離樂），他們不能理解。此處說樂，可理解為生機，亦即下來一品將要說到的阿陀那。凡夫一生都在貪瞋癡中生活，沒想過自己的生機何在，沒想過由於有生機才有色聲香味觸相所得的樂。既不理解亦體會不到自己的生機，是故便不能尋思、比度、信解。所以在密乘就教你修拙火，修明點，令我們證到一個大樂的境界。這個大樂的境界亦是說不出來的，不能理解的。凡夫一生的思維，一定沒想過如何去現證這個生機相。

【正文】：或於長夜由言說勝解，樂著世間綺言說故，於內寂靜聖默然樂，不能尋思，不能比度，不能信解。

【釋義】：凡夫只是從言說、從名詞、從名相來理解勝義，其樂是有說、有笑、有表示的，是樂著語言的境界。勝義是離表示、離名言的境界。此處所說的樂，不是我們常人所說的樂，而是佛、聖者所證的樂。聖智的樂是離語言、離表示，即是默然的樂。

【正文】：或於長夜由見聞覺知表示勝解，樂著世間諸表示故，於永除斷一切表示，薩迦耶滅，究竟涅槃，

不能尋思，不能比度，不能信解。

【釋義】：梵文薩迦耶（satkāya），即是身。凡夫有凡夫這
　　　　個身，稱作有身。凡夫是落在自己身體的感覺、
　　　　身體的覺受，來認識樂，這只是識境的樂，對於
　　　　究竟涅槃的大樂則不能尋思、不能理解。

【正文】：**法涌，當知：譬如有人於其長夜，由有種種我所
　　　　攝受、諍論、勝解，樂著世間諸諍論故；於北拘
　　　　盧洲無我所、無攝受、離諍論，不能尋思，不能
　　　　比度，不能信解。如是，法涌，諸尋思者，於超
　　　　一切尋思所行勝義諦相，不能尋思，不能比度，
　　　　不能信解。**

【釋義】：「有種種我所攝受」，依藏譯是「由我而執我
　　　　所」。玄奘譯的「攝受」應譯為「執」，執是執
　　　　著我們的覺受，由此而有我所。既有我所，便可
　　　　以起諍論等。

　　　　我們對於北拘盧洲，不起我所想，因此對北拘盧
　　　　洲無執著、離諍論，然而對他亦不能尋思，不能
　　　　比度，不能信解。這即是說，一旦有我與我所，
　　　　即使對不成為我所的對象，亦不能尋思、比度、
　　　　信解，這樣就知道，對如來的境界，雖然離我所
　　　　想，亦不能尋思、比度、信解。

　　　　總結上來五喻，即說長時耽著於苦、耽著於欲、

耽著言說、耽著見聞覺知、耽著我所,即不能知
勝義諦;這不是說,對於勝義諦即因他們的耽著
而不說知,而是說,有了這些耽著,便對非耽著
的境界,亦不能了知。上來已舉北拘盧洲為例,
我們還可以說,長時耽著於苦的人,對樂亦不能
了知;長時耽著於欲的人,對離欲亦不能了知,
如是等等。所以識境中的識覺,倘不能了知一切
識境,何況是如來的內自證智境。

【正文】：爾時,世尊欲重宣此義而說頌曰：

　　內證無相之所行　　不可言說絕表示
　　息諸諍論勝義諦　　超過一切尋思相

【釋義】：佛以頌文總攝勝義諦定義：內自所證、無相所
　　　　行、不可言說、絕諸表示、息諸諍論。

　　　　說完第二個主題：勝義諦相定義,現在開始說第
　　　　三個主題:勝義諦相不一不異,亦即勝義諦相與
　　　　凡夫心的行相不一不異。由善清淨慧菩薩摩訶薩
　　　　向佛請問。

【正文】：爾時,善清淨慧菩薩白佛言:世尊,甚奇,乃至
　　　　世尊善說,謂世尊言。勝義諦相微細甚深,超過
　　　　諸法一異性相,難可通達。世尊,我即於此曾見
　　　　一處,有眾菩薩等正修行勝解行地,同一會坐,
　　　　皆共思議勝義諦相與諸行相一異性相。於此會

中，一類菩薩作如是言：勝義諦相與諸行相都無
有異；一類菩薩復作是言：非勝義諦相與諸行相
都無有異，然勝義諦相異諸行相；有餘菩薩疑惑
猶豫復作是言：是諸菩薩誰言諦實，誰言虛妄；
誰如理行，誰不如理。或唱是言：勝義諦相與諸
行相都無有異；或唱是言：勝義諦相異諸行相。
世尊，我見彼已竊作是念：此諸善男子愚癡頑
鈍，不明不善，不如理行。於勝義諦微細甚深，
超過諸行一異性相，不能解了。說是語已。

【釋義】：善清淨慧菩薩對佛說，佛所說的勝義諦，微細甚
深，超過諸法，其法義很難理解。善清淨慧菩薩
曾經在一處，見到有許多菩薩正在修行勝解行
地。他們在一起思議：勝義諦相與諸行蘊的相是
一還是異，同還是不同。

在這個會中，有一類菩薩說，勝義諦相與諸行相
都無有異；一類菩薩說不是，非勝義諦相與諸行
相無異，但與勝義諦相與諸行相有異。

又有其他的菩薩疑惑、猶豫，他們問，那一個說
法是諦實的、是真的，那一個說法是虛妄的。有
些人附和這邊，有些人附和那邊。有些人說那一
個菩薩如理行，那一個菩薩不如理行。或者說，
勝義諦相與諸行相都無有異，或者說有異。

善清淨慧菩薩見此情景，作如是想：這些菩薩愚
癡頑鈍，不明不善不如理行，他們對勝義諦微細
甚深、超過諸行一異性相不能解了，他們只是覺
得二者是一或者是異，同或者不同。他們不能理

解勝義諦超越同與不同。

【正文】：爾時，世尊告善清淨慧菩薩曰：善男子，如是，如是，如汝所說，彼諸善男子愚癡、頑鈍、不明、不善、不如理行，於勝義諦微細甚深，超過諸行一異性相，不能解了。何以故？善清淨慧，非於諸行如是行時，名能通達勝義諦相，或於勝義諦而得作證。

【釋義】：「非於諸行如是行時」這一句，依藏譯是「非於所行各各分別時」。整句是「非於所行各各分別時，名能通達勝義諦相。」意思是：對勝義諦相，不能依分別所行而通達。不是對我自己所行，對每一個所行作分別，那時候才是勝義。不是，那是識覺而已。

倘若我們能夠分別各各所行，就能夠證到勝義諦相，那麼則是勝義諦相與我們行蘊的相無異。即是說我們對自己各各所行來作各各的分別即是勝義諦相，那麼我們心的行相即等於勝義諦相，當然不能這麼說。所以勝義諦相與行相有異，不能說不異。

下來即說勝義諦相與諸行相有異。

【正文】：何以故？善清淨慧，若勝義諦相與諸行相都無異者，應於今時一切異生皆已見諦，又諸異生皆應

**已得無上方便安隱涅槃，或應已證阿耨多羅三藐
三菩提。**

【釋義】：倘若心的行相與勝義諦相不異，那麼所有凡夫
（一切異生），都已經見勝義諦相，一切凡夫應
已得無上方便安隱涅槃，因為他們已經見勝義諦
相，勝義諦相即是佛的內自證智境界。若心的行
相即是勝義諦相，那麼我們已經證了勝義諦相，
應該已經成佛，或者說已經證涅槃，或者說已經
證阿耨多羅三藐三菩提，即無上正等正覺。由此
證明二者是相異。

然而亦不能說勝義諦相與諸行相絕對相異，下來
對此即作解說。

【正文】：**若勝義諦相與諸行相一向異者，已見諦者於諸行
相應不除遣。若不除遣諸行相者，應於相縛不得
解脫。此見諦者於諸相縛不解脫，故於粗重縛亦
應不脫。由於二縛不解脫故，已見諦者應不能得
無上方便安隱涅槃，或不應證阿耨多羅三藐三菩
提。**

【釋義】：一向異者，即是只有異這一邊。如果勝義諦相與
諸行相只有異這一邊，那麼見到真理的人（見諦
者）則毋須遣除諸行相，為甚麼？因為既然彼此
相異，那麼心識落於見諦的一邊，自然便不會落
於相異的一邊。譬喻說，糖味與鹽味相異，當舌
頭嚐到甜味時，自然就沒有鹽味，所以根本不須

要遣除鹽味才能得到糖味。可是實際的情形並不
是這樣,若不遣除諸行相,則不能於相縛中解
脫,亦不能於粗重縛中解脫。所以,足見勝義諦
與諸行相並非一向異,所以說為不異。

經言:「見諦者於諸相縛不解脫,故於粗重縛亦
應不脫。」「粗重」是瑜伽行派建立的名相。如
果用現在語言來繙譯即是心理負擔,心理負擔就
是我們的粗重。佛經說每一地的菩薩都有兩種
愚,一種粗重。

倘若不須要遣除我們心識境界中的諸行相即可解
脫,那是不合理的事,假如合理,那麼凡夫都可
以成佛。

「二縛不解脫」,二縛即是永遠落在諸相縛與粗
重縛。

【正文】：**善清淨慧,由於今時非諸異生皆已見諦,非諸異
生已能獲得無上方便安隱涅槃,亦非已證阿耨多
羅三藐三菩提,是故勝義諦相與諸行相都無異相
不應道理,若於此中作如是言:勝義諦相與諸行
相都無異者,由此道理,當知一切非如理行,不
如正理。**

【釋義】：現在不是所有凡夫都已經證了勝義諦,亦不是所
有凡夫都得到無上方便安隱涅槃,亦不是所有凡
夫得到阿耨多羅三藐三菩提。是故證明勝義諦相
與諸行相有異、不同。若是勝義諦相與諸行相無

異，則眾生都已經成佛。所以可以否定二者是無
異。

【正文】：善清淨慧，由於今時非見諦者於諸行相不能除
遣，然能除遣；非見諦者於諸相縛不能解脫，然
能解脫；非見諦者於粗重縛不能解脫，然能解
脫；以於二障能解脫故，亦能獲得無上方便安隱
涅槃、或有能證阿耨多羅三藐三菩提。是故勝義
諦相與諸行相一向異相，不應道理。若於此中作
如是言：勝義諦相與諸行相一向異者，由此道
理，當知一切非如理行，不如正理。

【釋義】：這裡，佛證成勝義諦相與諸行相非一向異。

現在的情形是：不是見諦者不能除遣諸行相，而
是能夠除遣；不是見諦者不能解脫相縛，而是能
夠解脫；不是見諦者不能解脫粗重縛，而是能夠
解脫。因為二障都能解脫，是故便能得涅槃、或
能證等覺。由此即可知不能說勝義諦相與諸行相
是一向異相。所以一切非如理行，都非正理。

上來一大段是說凡夫的心行相（即識覺）與勝義
諦相不一不異，亦可以說，證勝義諦相與行者的
心理狀態不一不異，這個其實亦是承繼前面所說
的有為與無為。智覺所覺的即是覺無為法，識覺
所覺的即是覺有為法。有為與無為不一不異，因
此，識覺與智覺亦不一不異。最初說一切法無

二，有為與無為不一不異；次說勝義諦定義；現
在說勝義諦相與凡夫的心行相亦是不一不異。這
是如來藏思想一個非常重要的義理，一定要對這
個義理理解，才能夠理解如來藏。倘若我們覺得
智與識是有分別的，那麼就一定落邊。落在識一
邊，或者落在智一邊。於是，都不得解脫，都有
二縛。

這樣的建立是瑜伽行的建立，是為了我們觀修如
來藏，否則不能證到如來藏。漢地只有禪宗，藏
地只有甯瑪派是完全與《解深密經》符合的。除
此以外，其他宗派或多或少都有落邊。其實禪宗
與甯瑪派亦是不一不異。見地上完全相同，修行
上則有不同，只是如此而已。

【正文】： **復次善清淨慧，若勝義諦相與諸行相都無異者，
如諸行相墮雜染相，此勝義諦相亦應如是墮雜染
相。**

【釋義】： 於此，佛再申說勝義諦相與諸行相不一不異。

先說不一。心性諸行相墮雜染相，因為不能說勝
義諦相墮染相，所以不一。這即是明說智識雙
運。於雙運中，識境即雜染相，智境是離雜染
相。二者雖然雙運，但智境卻不因與識境雙運而
成雜染相。

【正文】：善清淨慧，若勝義諦相與諸行相一向異者，應非一切行相共相名勝義諦相。

【釋義】：若說二者相異，則不能把一切心行相的共相叫做勝義諦相。現在解釋這個共相。

對佛家來說，觀察一切法的共相與別相，非常重要。聲聞與緣覺觀修的是別相，此如成立十二因緣，便是從個別來觀察，由無明一直看到生與死。

菩薩則觀共相。若依唯識觀修，觀察一切法唯識無境，那便是共相，因為唯識無境是一切法的相。若觀修中觀，說一切法緣生性空，那亦是共相，因為一切法由緣生而成有，當超越緣起時，即現證為空。至於大中觀，一切法唯心所自見，是即如實見一切法，所以都是觀修共相。

如何才能如實去見呢？就是能夠瞭解勝義諦相與心的行相不一不異，這樣就是如實而見。若是見到有分別，見到相異或者見到同一，都是落邊。像善清淨慧菩薩所見到的一些菩薩的諍論，他們都是落邊。

【正文】：善清淨慧，由於今時勝義諦相非墮雜染相，諸行共相名勝義諦相。是故勝義諦相與諸行相都無異相不應道理。勝義諦相與諸行相一向異相不應道理。若於此中作如是言：勝義諦相與諸行相都無有異，或勝義諦相與諸行相一向異者，由此道理當知，一切非如理行，不如正理。

【釋義】： 這裡重覆宣說上來所說義理。不只此處，下來還
有不斷的重覆，這就是給行者一邊讀經文，一邊
觀修之用。想像當年釋迦說法，他一邊說，聽眾
就一邊依說觀修，所以說法重覆，實供聞法眾抉
擇、決定之用。

例如此處，得到一個決定，說不一不異，那麼下
面就應該繼續觀察。經言：「若於此中作如是
言」，這是依決定而再作抉擇。經言：「勝義諦
相與諸行相都無有異，或勝義諦相與諸行相一向
異者，由此道理當知，一切非如理行，不如正
理」，那便是依上來抉擇觀修所得的決定。這決
定是，這兩個說法都不如正理。

【正文】： 復次，善清淨慧，若勝義諦相與諸行相都無異
者，如勝義諦相於諸行相無有差別，一切行相亦
應如是無有差別。修觀行者於諸行中，如其所
見，如其所聞，如其所覺，如其所知，不應後時
更求勝義。若勝義諦相與諸行相一向異者，應非
諸行唯無我性，唯無自性之所顯現是勝義相。又
應俱時別相成立，謂雜染相及清淨相。

【釋義】： 現在，再依上來決定觀察，如果勝義諦相與心行
相無異，則勝義諦相與心行相應無差別，由是一
切行相即無差別。這「一切行相亦應如是無有差
別」，是依抉擇觀修而得的決定。

如是，依決定又作觀察，「修觀行者於諸行中，

如其所見，如其所聞，如其所覺，如其所知，不
應後時更求勝義。」這一句很重要。許多人作觀
修，覺得應先安立一個勝義的定義，然後觀修，
由觀修而入定義的境界。例如觀空，先安立一個
空的定義，然後觀修，於是就會覺得自己在觀修
時進入空的境界，而且這個空的境界，就正是其
所定義的境界。還有些人，以不見外境為空，所
以在觀修等持時，若能不見外境，便以為自己現
證了空，其實，這只是一種心理暗示。若如經
言，便知其為誤。先立一個定義來觀修，並不如
理，因為於觀修時，行者的心理狀態，已落在所
設的定義邊，因此無證量可得，所得的只是落邊
的心理。亦可以這樣說，這樣的觀修一定不能夠
修到究竟勝義諦相。

對於「修觀行者於諸行中，如其所見，如其所
聞，如其所覺，如其所知，不應後時更求勝
義。」這句經文，應知即是《入楞伽經》所說的
「唯心所自見」，亦即離一切名言句義而見、
聞、覺、知，這即是佛的後得智。所以現證至此
為止，更不須再將此現證加以抉擇、觀修、決
定。

經文接著觀察「勝義諦相與諸行相一向異」，觀
察的過程如上，經文此段已有省略，未重覆說，
只說出兩重決定。第一重決定是：不能因為決定
一切法無我、一切法無自性，就說他是勝義相。
若以此為勝義，則勝義諦相與諸行相便無有異；

第二重決定是：既然二者一向異，那麼就必然有清淨相與雜染相。既得此兩重決定，復依決定而觀修，此即下段經文之所說。

【正文】：善清淨慧，由於今時一切行相皆有差別非無差別，修觀行者於諸行中，如其所見，如其所聞，如其所覺，如其所知，復於後時更求勝義。又即諸行唯無我性，唯無自性之所顯現，名勝義相。又非俱時染淨二相別相成立。是故勝義諦相與諸行相都無有異，或一向異，不應道理。若於此中作如是言：勝義諦相與諸行相都無有異，或一向異者，由此道理，當知一切非如理行，不如正理。

【釋義】：依上來決定，不能說勝義相與諸行相相異，亦不能說其不異，於是即依此二者再作抉擇。

先觀察一切行相。一切行相當然有差別，此如所見即非所聞，所見是山即非是水，我們如所見而見、如所聞而聞，以至如所覺而覺、如所知而知，亦一定見到一切行相的差別，由是就能決定，一切行相於別相外，必然有一個共通的勝義相，所以就應該再由觀察來決定勝義相。

這時候，依觀察即可決定，「諸行唯無我性，唯無自性之所顯現，名勝義相。」然而，這決定尚未圓滿，因為只是依一切行相來觀察，亦即只是依世俗來觀察。因此還須觀察勝義。若依勝義而

觀，一切法無二，所以於勝義中，不能「俱時染
淨二相別相成立」。這樣，就可以作出究竟決
定，「勝義諦相與諸行相都無有異，或一向
異」，是即勝義與世俗雙運，亦即如來藏的智識
雙運境界。

【正文】：善清淨慧，如螺貝上鮮白色性，不易施設與彼螺
貝一相異相。如螺貝上鮮白色性，金上黃色亦復
如是。　如箜篌聲上美妙曲性，不易施設與箜篌聲
一相異相。如黑沈上有妙香性，不易施設與彼黑
沈一相異相。如胡椒上辛猛利性，不易施設與彼
胡椒一相異相。如胡椒上辛猛利性，訶梨澀性亦
復如是。如蠹羅綿上有柔軟性，不易施設與蠹羅
綿一相異相。如熟酥上所有醍醐，不易施設與彼
熟酥一相異相。又如一切行上無常性，一切有漏
法上苦性，一切法上補特伽羅無我性，不易施設
與彼行等一相異相。又如貪上不寂靜相及雜染
相，不易施設此與彼貪一相異相。如於貪上，於
瞋癡上當知亦爾。如是，善清淨慧，勝義諦相不
可施設與諸行相一相異相。

【釋義】：為了使聞法眾能了知這究竟決定、更加明瞭勝義
諦相與諸行相不一不異，佛以十種一異相作譬
喻。此中包括了六塵的色聲香味觸法。

1・螺貝與白色；2・黃金與黃色；3・箜篌與聲
曲；4・沈香與香氣；5・胡椒與辛味；6・訶梨與
澀味；7・蠹羅綿與柔軟性；8・熟酥與醍醐；

9・無常、苦、無我等理與事;10・煩惱性與煩惱相。

這十個喻,是比喻智境與智境上的識境。例如螺貝是白色的基,黃金是黃色的基,箜篌是聲曲的基,如是等等。智境是一切識境的基,基與基上的顯現不一不異,此即十喻之所喻,由是應知,「勝義諦相不可施設與諸行相一相異相」。

說勝義諦相與諸行相,並非分別成立,即由於此。龍樹才於《中論》中說——

> 諸佛依二諦　為眾生說法
> 一以世俗諦　二第一義諦
>
> 若人不能知　分別於二諦
> 則於深佛法　不知真實義
>
> 若不依俗諦　不得第一義
> 不得第一義　則不得涅槃

既然二諦不一不異,便可以說為二諦雙運,如手背與手掌雙運。

【正文】:善清淨慧,我於如是微細極微細,甚深極甚深,難通達極難通達,超過諸法一異性相,勝義諦相,現正等覺。現等覺已,為他宣說、顯示、開解、施設、照了。爾時,世尊欲重宣此義而說頌曰:

> 行界勝義相　離一異性相
> 若分別一異　彼非如理行

　　　眾生為相縛　　及彼粗重縛
　　　要勤修止觀　　爾乃得解脫

【釋義】：上來所說，總攝第三個主題的法義：勝義諦相與
　　　　　世俗諦相不一不異，隨文易知。

　　　　　下來，即說本品的最後一個主題：勝義諦相是遍
　　　　　一切一味相。

　　　　　說四個主題，起初、說一切法無二，是大菩薩之
　　　　　間的問答；復次、說勝義諦相五義及二諦相不一
　　　　　不異，是菩薩請問佛；現在說勝義諦相遍一切一
　　　　　味相，是佛問長老善現（亦即聲聞弟子中解空第
　　　　　一的須菩提）。

　　　　　勝義諦相遍一切相，遍一切相即是平等性，因為
　　　　　平等才能夠周遍一切。前面已經說了甚麼是勝義
　　　　　諦相，勝義諦相即是如來法身，現在說勝義諦相
　　　　　遍一切相，等於說如來法身是周遍一切相。因為
　　　　　周遍一切，是故平等。

　　　　　平等性於佛經而言是最究竟的見地。若是說空，
　　　　　不等於說平等性。說真如，亦不等於說平等性。
　　　　　一定要說周遍一切，這才是說平等性。說平等性
　　　　　則可超越時空，因為一切時空都平等，不僅是我
　　　　　們這個時空。若不說平等性，我們可能這麼想：
　　　　　只有我們這個世間才有如來法身，只有我們這個
　　　　　世間才具足如來藏，因此只有我們這個世間才能
　　　　　成佛；甚至我們還可能這樣想，在我們這個世間
　　　　　只有人才能成佛，因此成佛只在人間。這樣認知

時，就失去佛的大平等性，不知如來法身周遍一切界，如是即不能對如來藏起正見。

【正文】： 爾時，世尊告長老善現曰：善現，汝於有情界中，知幾有情懷增上慢，為增上慢所執持故，記別所解？汝於有情界中，知幾有情離增上慢，記別所解？

【釋義】： 此中「懷增上慢」，依藏譯應為「依我依慢」；此中「為增上慢所執持故，記別所解」，句中的「記別所解」應譯作「說我有所得」。改譯以後，整句經文的意思就是：善現，你知道有情界中，有多少有情依我依慢。復執持著依我依慢，而說我有所得。

下一句是問，有情界中有多少有情，能離依我依慢，而說我有所得。

這樣一來，便可以說是有兩種情形：一個是持著自我，說我有所得；一個是無我而說我有所得。前者即是異生（凡夫），後者是菩薩。凡夫執持自我而說有所得，菩薩執持無我而說有所得。

【正文】： 長老善現白佛言：世尊，我知有情界中，少分有情離增上慢，記別所解。世尊，我知有情界中，有無量無數不可說有情懷增上慢，為增上慢所執持故，記別所解。

【釋義】：長老善現說，只有很少的有情是離開依我依慢而
　　　　說我有所得，卻有無量數的有情是執持自我而說
　　　　我有所得。

【正文】：**世尊，我於一時，住阿練若大樹林中，時有眾多
　　　　苾芻亦於此林依近我住。我見彼諸苾芻於日後
　　　　分，展轉聚集，依有所得現觀，各說種種相法，
　　　　記別所解。**

【釋義】：善現於是即說一往事，他曾住在「阿蘭若」大樹
　　　　林中（即在樹林中結茅舍而居），有眾多比丘鄰
　　　　近而住，於黃昏時，諸比丘聚集，各據自己所修
　　　　法門，依有所得的現觀，說有所得的相法，說為
　　　　種種有所得。

【正文】：**於中一類由得蘊故，得蘊相故，得蘊起故，得蘊
　　　　盡故，得蘊滅故，得蘊滅作證故，記別所解。如
　　　　此一類由得蘊故，復有一類由得處故，復有一類
　　　　得緣起故，當知亦爾。**

　　　　**復有一類由得食故，得食相故，得食起故，得食
　　　　盡故，得食滅故，得食滅作證故，記別所解。**

【釋義】：一類比丘從五蘊作觀察，但卻以五蘊為所得，於
　　　　是見五蘊相、見五蘊生起、見五蘊滅盡[1]，如是便

---

[1]　玄奘分譯為「得蘊盡故，得蘊滅故」，不甚合，因為盡不同滅。盡，是無
　　作意而令其盡；滅，則有作意而令其滅。滅至究竟，可稱為滅盡，這裡的
　　盡只是形容詞，所以滅盡，不能分說為滅與盡。

以見五蘊滅盡而有所得。

復有一類比丘，依十二處作觀察，由有所得而觀察；更有一類比丘，由對緣起有所得而作觀察，亦如是而說有所得。

亦有比丘，於食有所得，依食作觀察。食，是一個佛家名相，意思是長養。此分為四：分段食、觸食、思食、識食。分段食是每日都食，如是即為分段，其餘三食，則是精神的長養，是故無可分段。這些比丘，於食有所得而觀察，於是便以現證食滅盡而有所得。

【正文】：復有一類由得諦故，得諦相故，得諦遍知故，得諦永斷故，得諦作證故，得諦修習故，記別所解。

【釋義】：以上四類比丘，皆以滅盡為有所得，此處所說的比丘則不同，以遍知、永斷、作證為有所得，這是三類現證相。現在並不是說三類現證相為誤，只是說以有所得來修諦，而說自己的現證為有所得，是即根本錯誤。

人從四食，以至有人從諦來得，覺得自己有所得。

【正文】：復有一類由得界故，得界相故，得界種種性故，得界非一性故，得界滅故，得界滅作證故，記別

所解。

【釋義】：此類比丘，依得十八界而修。十八界即是十二處
　　　　加上六識。既依有所得而修，即有十八界相、十
　　　　八界性、十八界非一性，如是觀為十八界滅盡，
　　　　於是即以其滅盡為有所得。

【正文】：**復有一類由得念住故，得念住相故，得念住能治**
　　　　所治故，得念住修故，得念住未生令生故，得念
　　　　住生已，堅住不忘，倍修增廣故，記別所解。如
　　　　有一類得念住故，復有一類得正斷故，得神足
　　　　故，得諸根故，得諸力故，得覺支故，當知亦爾。

　　　　復有一類得八支聖道故，得八支聖道相故，得八
　　　　支聖道能治所治故，得八支聖道修故，得八支聖
　　　　道未生令生故，得八支聖道生已，堅住不忘，倍
　　　　修增廣故，記別所解。

【釋義】：更說依三十七菩提分有所得，從而觀修四念住、
　　　　四正斷、四神足、五根、五力、七覺支與八聖道
　　　　的比丘，依有所得而說得現證。

【正文】：**世尊，我見彼已，便作是念：此諸長老依有所得**
　　　　現觀，各說種種相法，記別所解。當知彼諸長
　　　　老，一切皆懷增上慢，為增上慢所執持故，於勝
　　　　義諦遍一切一味相，不能解了。是故，世尊，甚
　　　　奇，乃至世尊，善說，謂世尊言：勝義諦相微細

最微細，甚深最甚深，難通達最難通達，遍一切
一味相。世尊，此聖教中，修行苾芻於勝義諦遍
一切一味相尚難通達，況諸外道。

【釋義】：「依有所得現觀」，現觀即是現證。

每一個比丘都是根據自己的現證而各有所得，其
實是依我、依慢而得。

長老善現指出這些比丘的觀修不究竟。因為他們
依我依慢，便是依著自我分別，而且他們所觀修
的只是別法，並非總法，所以就不能現證深密勝
義諦相，「遍一切一味相」。由是顯示「遍一切
一味相」才是佛的密意，此即無分別相、無所得
相。

為甚麼說勝義諦相微細最微細，甚深最甚深，難
通達最難通達？就是因為它是遍一切一味相。為
甚麼如來藏最難通達？因為如來藏的平等性是超
越時空，是遍一切界來成立不同時空的有情世間
與器世間，所以最難通達。

遍一切一味相，亦說為「周遍」。於智境，如來
法身周遍一切界，如來法身功德周遍一切界；於
識境，任運圓成周遍一切界，亦即相礙緣起周遍
一切界。復次，智境與識境不能說為一、不能說
為二，是故於智識雙運中，便可說：如來法身、
如來法身功德、任運圓成皆周遍智境與識境，此
即遍一切一味相。

【正文】：爾時，世尊告長老善現曰：如是，如是，善現，我於微細最微細、甚深最甚深、難通達最難通達，遍一切一味相勝義諦，現正等覺。現等覺已，為他宣說、顯示、開解、施設、照了。何以故？善現，我已顯示於一切蘊中清淨所緣是勝義諦。我已顯示於一切處、緣起、食、諦、界、念住、正斷、神足、根、力、覺支、道支中清淨所緣，是勝義諦。此清淨所緣於一切蘊中，是一味相，無別異相。如於蘊中，如是於一切處中，乃至一切道支中，是一味相，無別異相。是故，善現，由此道理，當知勝義諦是遍一切一味相。

【釋義】：佛告善現，佛即於「遍一切一味相勝義諦」，而現證正等覺，由是可知，這「遍一切一味相勝義諦」即佛密意。依佛密意，一切清淨所緣，都是勝義諦相。何謂清淨所緣，即是不依名言句義而作分別，亦不依名言句義而有所得，是即離言。

【正文】：復次，善現，修觀行苾芻，通達一蘊真如勝義法無我性已，更不尋求各別餘蘊、諸處、緣起、食、諦、界、念住、正斷、神足、根、力、覺支、道支、真如勝義、法無我性。唯即隨此真如勝義無二智為依止故，於遍一切一味相勝義諦，審察趣證。是故，善現，由此道理，當知勝義諦是遍一切一味相。

【釋義】：依一味相，於修觀行時，修一法便即通達一切

法。所以經文說：「通達一蘊真如勝義法無我性
已」，便不須更修餘蘊、諸處、緣起等。以下經
文，即廣說此義。

【正文】：復次，善現，如彼諸蘊展轉異相，如彼諸處、緣
起、食、諦、界、念住、正斷、神足、根、力、
覺支、道支展轉異相。若一切法真如勝義法無我
性亦異相者，是則真如勝義法無我性亦應有因，
從因所生。若從因生，應是有為；若是有為，應
非勝義；若非勝義，應更尋求餘勝義諦。善現，
由此真如勝義法無我性，不名有因，非因所生，
亦非有為，是勝義諦。得此勝義，更不尋求餘勝
義諦。

【釋義】：如果我們不懂得這個道理，便見到諸蘊等展轉異
相，於是一切法異相，那麼，如果八萬四千法門
異相，便應證得八萬四千真如、八萬四千勝義法
無我性。如是，便有八萬四千個因。這樣，無為
便會成為有為，因為無為不落因緣，有因則落因
緣。

這段經文，是佛教導我們於觀修時如何抉擇。

甯瑪派教法有一個例，說明此甚深法義。一所房
子有許多窗口，從一個窗口看見的陽光便都是陽
光，毋須從別別的窗口去找陽光。倘若認為從這
個窗口見到的是陽光，從別的窗口見到的不是這
個陽光，那麼所見的就一定不是陽光，因為有異

相。若是見到陽光，那麼無論從那一個窗口都可以見到陽光，這才是遍「一切一味」。

依宗義而修的人，只持宗見，對異宗的宗見，亦用自己的宗見來理解，因此認為自宗勝於他宗，那就等如，從這個窗口見的陽光，比較燦爛，從那個窗口見到的陽光，比較暗淡，如是即認為有不同的陽光，這樣一加分別，便無法現證勝義，無法現證如來法身。

【正文】：唯有常常時、恒恒時，如來出世，若不出世，諸法法性安立，法界安住。是故，善現，由此道理，當知勝義諦是遍一切一味相。善現，譬如種種非一品類異相色中，虛空無相、無分別、無變異、遍一切一味相。如是，異性、異相一切法中，勝義諦遍一切一味相，當知亦然。

【釋義】：「諸法法性安立，法界安住。」這一句應依藏譯改作如下四句：「法性常住，法體常住，法界常住，皆決定住。」

無論有無如來出世，如來法身的身、智、界都是常住，決定常住。如來藏四德常、樂、我、淨中的常，便是依此而建立。以「真常」誹撥如來藏的學人，即不知勝義諦遍一切一味相為常住。

經中更說，一切異性異相法，在勝義諦中，亦應無相無分別，而成遍一切一味相。

【正文】： 爾時，世尊欲重宣此義而說頌曰：

此遍一切一味相　勝義諸佛說無異
若有於中異分別　彼定愚癡依上慢

【釋義】： 此說一切諸法於勝義諦中無異。

復次，於諸佛所說，亦應知其勝義諦相無異。佛由言說建立的種種法門無異。雖然言說有異，但遍一切一味相無異。如是即應不依言說而知密意，這便是佛所說的四依。若依自我及我慢來作分別，才會說種種法門有異相，因為言說有異相。

說到此，這一品解說完畢。現在總結這一品的法義：

首先從勝義的觀點來看，一切法無二。有為、無為無二。然後依一切法無二來定義勝義諦，則可以定義如來法身便是勝義，沒有比如來法身更勝義的法。

如來法身是甚麼？是勝義，即是佛內自證智的境界，這是本經對如來法身的定義，經言「我說勝義是諸聖者內自所證」。

根據這個定義，勝義即不能有一與異的分別，是故一切法，不能依識境的分別來見。又由於勝義與世俗不一不異，所以依勝義諦便可以定義為

「遍一切一味相」。這樣定義，便成立了智境與識境雙運。這是很重要的密意。

依上來所說，勝義的體性，可說為智（佛內自證智）；勝義的相，可說為無二；勝義的力用，可說為周遍。亦可據此而知，如來法身的身、智、界。此三者亦無分別，只是用言說、依識境的理解，分別用言說來表達而已。

心意識相品第三

心意識相品第三

　　上來勝義諦相品說的是智境，且依後得行而見識境，現在心意識相品是說識境。因此，首先要弄清楚的是，心意識相品為甚麼只說心、意識。

　　對這一品，現代唯識宗有些人有很大的諍論，認為整品未提到第七識末那識，是故說當時還未發展到有第七識。這樣的說法值得商榷。若依此推論，則等於說釋迦牟尼不懂第七識，直到陳那論師出現，才有第七識，陳那論師所說比釋迦牟尼更加完善。這說法值得商榷之處在於：他們是用學術發展的觀點來看佛學，認為在此以前，釋迦牟尼所說不完整，還沒有發展成熟。其後慢慢地發展，發展到圓滿。如果是這樣，可以說釋迦牟尼的證智比後人還不如。

　　如此的論調，恰是前面一品所說的依我依慢。是依我來說，執持著自我，還執持著我慢來看整個佛學，認為自宗是說第七末那識，而此經卻未有說，是故末那識是由唯識宗發展出來。這種說法與西方一些研究佛學的人相同，皆以發展觀來看佛學，將佛學等同科學。

　　若是以發展觀來看，即是說釋迦牟尼所知有限，要經過後來一千多年的發展，才發展到現在這麼圓滿。這便是以論為重，不是以經為重。認為經說得不圓滿。

　　我們的意見是：對佛經絕無任何發展之餘地，但論師的見地卻可以發展，例如陳那的「自證分」可以發展為護法的「自證分」與「證自證分」。因為論師不是佛，只是學者。學

者的說法當然有承繼與發展，正因如此，每宗的理論才可以逐漸圓滿。

至於釋迦，應該這樣說，釋迦說法處處用密意來說，所以即使說《阿含經》，亦已貫串了如來藏思想，二轉法輪說般若，亦可以說是如來藏的法異門。呂澂先生說，釋迦無經不說如來藏，只是用法異門來說，否則只說五法、八識、三自性、二無我皆與佛無關。如果都與佛無關，說法便不完整，所以只能將這些法門看成是如來藏的法異門。因為只有如來藏才說到如來法身及如來法身功德。

為何有密意不說出來？因為若用語言表達，容易引起誤解，是故只可意會，不可言詮。例如《解深密經》，即是處處說如來藏及如來藏的觀修，但當用言說來表達密意時，便變成是如來藏的法異門。

再者，凡說密意必定與觀修有關。這些密意，修法的人必須要懂，才知道如何修法。甯瑪派懂得如何觀修，禪宗、華嚴宗亦然。尤其是禪宗的觀修，等於是甯瑪派修習且卻（khregs chod）的觀修，是故甯瑪派祖師公開稱禪宗為大密宗，這就證明他們的確是懂得漢地的禪宗，亦懂得禪宗的觀修。例如，蓮花生大士的弟子努‧佛智，他所寫的一本論《禪定目炬》，其中一品專說漢地的禪宗。「《禪定目炬》」的意思，即是以觀察禪定的目光（觀點），來評定一級一級的禪定，怎麼樣才是究竟的禪定，作出抉擇。

《解深密經》正正是把佛最深的密意用法異門表達出來。何以故？是為了指導我們如何修止觀。現代唯識學人不理解這一點，批評這一品不完全、不圓滿，不及唯識宗的建立完整。這是很偏的宗見。

　　唯識宗對心、意、識的定義是：心是第八識（阿賴耶識）；意是第七識（末那識 manas-vijñāna）；識是前六識（眼、耳、鼻、舌、身、意識）。是故共有八個識。

　　然而這一品卻是說心與意識，是即第八識（阿賴耶識）與第六識。此意識是指六個識（眼識、耳識、鼻識、舌識、身識、意識）中的第六識，名為意識。

　　今時唯識宗的人不理解，阿賴耶其實與佛性相應，佛性即是佛內自證智境，亦即如來法身，於說智識雙運時，他亦是本基（本始基）。當本基受障，則名阿賴耶，阿賴耶不同阿賴耶識[2]。阿賴耶受業風吹動，才生起阿賴耶識。阿賴耶本身可以說是頑空，於中無明相顯現，是故無有識境。因此可以這樣說，譬如一盞燈，若是沒有東西罩著它，這盞燈的光明即是佛內自證智境，亦即如來法身。若是這盞燈被罩著，燈光被遮蔽，此時的燈則名為阿賴耶，無有光明。

　　至於意識，則住於貪的體性，是於本始基空性中生起明相的基礎。因此，只有當阿賴耶識與意識相運時，才可以說為空性中生起明相。

　　本經說阿賴耶識及意識，目的是說，識境中一切法都是本基空性中生起的明相，因此，說這兩個識便夠了，根本與第七識無關。

　　唯識宗以自宗的道名言，把心、意、識作為八識，認為必須通說八識，這就與如來藏思想有很大分別。因為彼此的道名言不同。更者，對於心、意識，唯識宗只把他們看成是兩個

2　詳參拙譯《無修佛道 —— 現證自性大圓滿本來面目教授》，台北：全佛文化，2009。

識，可是大中觀卻可以進一步把他們看成是兩個境界，阿賴耶識與智境相應（心與智境相應、心性與心法性相應），意識則完全落於識境，因此說這兩個識，其實亦可以看成是智識雙運，不過這裡說的智，只是未顯露的智。正因為凡夫是由未顯露的智與識雙運，所以才不能由智引導無明，由是而成不淨。

　　心意識相品由廣慧菩薩向佛請問。名為廣慧而不是廣智，是因為世間的智謂之慧，出世間的智謂之智，是故謂之廣慧菩薩。廣慧菩薩對世間廣大的一切法都通達，是故由他請問佛關於心與意識的問題。

【正文】：爾時，廣慧菩薩摩訶薩白佛言：世尊，如世尊
說：「於心意識秘密善巧菩薩。」於心意識秘密
善巧菩薩者，齊何名為於心意識秘密善巧菩薩？
如來齊何施設彼為於心意識秘密善巧菩薩？說是
語已。

【釋義】：世尊曾經說過「於心意識秘密善巧菩薩」。此
「於心意識秘密善巧菩薩」，並非特指是那一位
菩薩，而是泛指誰能對心意識之密意瞭解通達，
誰就可稱作「於心意識秘密善巧菩薩」。

廣慧菩薩問：「根據甚麼，才能稱為對心意識的
秘密能善巧的菩薩？根據甚麼，才說他有資格稱
為對心意識秘密能善巧的菩薩？」

「齊何名」的意思是「憑甚麼叫它做」。「齊
何」是唐代的口語，即是「憑甚麼」、「根據甚
麼」。整句話的意思是：憑甚麼叫做「於心意識
秘密善巧的菩薩」？如來根據甚麼施設他為對心
意識秘密善巧的菩薩。此亦即是問：菩薩應該如
何理解我們這個心識與識境，才是對於心意識密
意瞭解、通達？菩薩要達到甚麼程度，對我們的
心識與識境要理解到甚麼程度，才能叫做「於心
意識秘密善巧的菩薩」？

【正文】：爾時，世尊告廣慧菩薩摩訶薩曰：善哉，善哉，
廣慧，汝今乃能請問如來如是深義，汝今為欲利
益安樂無量眾生，哀愍世間及諸天人、阿素洛

等，為令獲得義利安樂故發斯問。汝應諦聽，吾當為汝說心意識秘密之義。

【釋義】：釋迦牟尼對廣慧菩薩說，你之所以問這個問題，是為了哀愍六道眾生而問，你並非不懂，你是為了利益天人、天龍八部等等眾生而問。現在我說，你諦聽。我就跟你說「心意識秘密之義」，亦即智境與識境之秘密義。由此而知，這一段等於是說如來藏，因為如來藏即是智識雙運。

【正文】：廣慧，當知於六趣生死彼彼有情，墮彼彼有情眾中，或在卵生、或在胎生、或在濕生、或在化生身分生起。於中最初一切種子心識成熟、展轉、和合、增長、廣大，依二執受：一者、有色諸根及所依執受；二者、相、名、分別、言說、戲論、習氣執受。有色界中具二執受，無色界中不具二種。

【釋義】：六趣即是六道有情：天、人、阿修羅、地獄、餓鬼、畜生。無論甚麼有情，佛經說，我們這個世界的眾生，只有四種生法，四生的有情：卵生、胎生、濕生、化生四種生。其中只有卵生是生兩次的，這一點須留意。

在敦煌文獻中，許多是說修這個四生，要我們再不到下一生；不胎生，也不卵生，也不濕生，也不化生。在這個修法裡面，只有卵生的修法是特別的，因為只有卵生才是生兩次，其它三個都是

只生一次。

無論是那一種生，都是有最初的心識種子，他們「展轉和合增長廣大」，一直發展。

「依二執受」，二執受即是二取，包括能取與所取，或者說我與我所。

「一者、有色諸根及所依執受；二者、相、名、分別、言說、戲論、習氣執受。」依藏譯，此二句可改譯如下：

「一者、能依所依之有色根執受。」無論怎麼生，都有一個色根，沒有色根則沒有我們這個身體。因為我們這個色根是有，故名為有色根。我們的識是能依，我們的身體即色根是識之所依。是故四種生都有有色根依著識，有這個執受是故有身，凡夫即執此有身為於自我，於是執著這個自我。

「二者、依相、名、分別、言說、戲論、習氣而取。」「而取」不應譯為「執受」。說為依相、名等而取，才能表出所取的意思，譯為執受，此義便失。

綜合兩句來說，前一句成立能取（我），後一句成立所取（我所）。這樣繙譯才能把能取與所取的意思表達出來。

【正文】：廣慧，此識亦名阿陀那識，何以故？由此識於身

隨逐執持故。亦名阿賴耶識，何以故？由此識於身攝受、藏隱、同安危義故。亦名為心，何以故？由此識，色聲香味觸等積集滋長故。

【釋義】： 上來說「一切種子心識」，這個識依著有色根。然而依著有色根的識到底是甚麼識呢？名為阿陀那識。

於佛經中，唯有《解深密經》對阿陀那識論述較多，其他經對阿陀那識說得很少，偶然一提而已。何以故？因為阿陀那識即是生機、即是生命力，若是說得過多，則容易令人將生命力當作是自我。

阿陀那識有何功用？「**由此識於身隨逐執持。**」即謂阿陀那識是我們的生命力，因為是生命力，故說「**於身隨逐執持**」，此亦即如來法身功德。在甯瑪派道名言中，則施設之為「現分」與「明分」。

前面有說「**於中最初一切種子心識成熟，輾轉、和合、增長、廣大。**」這一個廣大增長，即是「於身隨逐執持」時的增長。是故阿陀那識會增長（當然亦會衰退），增長即是生命力會增強。所以一個小孩子生出來，他可以變成壯年，一路發育，一路成長。從嬰孩到長大成人，以至衰老這個過程，阿陀那識一直相隨於中。在這個生命過程中，無有一刻能夠離開阿陀那識，一旦離開阿陀那識，便即是死亡。

阿陀那識亦名為阿賴耶識，何以故？「**由此識於身攝受、藏隱、0 同安危義故**」。這一句若是按唐玄奘的繙譯很難理解。若依藏譯解讀，則為：此識與身同住（攝受），藏於身內（藏隱），與身同安危。

這個識住在我們這個身，與我們的安危相同。因為我們一切生態活動，都是阿賴耶識中種子的現行，我們病，是種子現行為病；我們健康，是種子現行為健康。所以這裡其實亦與生命力有關，與生機有關，不過當說明為阿賴耶識時，便強調他執藏種子的作用。

由於說有執藏種子的作用，所以瑜伽行學派，便將他建立為業力的載體，這樣建立時，便不能說他完全與阿陀那識相等。阿陀那與我們生死與共，若是藏識則不然。藏識於人死之後還在，業力就藏在藏識中，是故輪廻是藏識中的業力聚轉輪廻。所以要藏識滅才得涅槃。倘若藏識與我們生死與共，我們死，藏識跟著滅，因為藏識滅就是涅槃，那麼任何人死都是涅槃，顯然不合理。

「**亦名為心。**」阿陀那識亦名為心。何以故？因為有這個識，「**色聲香味觸等積集滋長故**」。若是知道生命力這個意義，則知道滋長的意思了，否則很難說滋長。因為若是沒有生命力，則沒有眼耳鼻舌身意的滋長，這樣解釋方能說得通。

【正文】：廣慧，阿陀那識為依止、為建立故，六識身轉，謂眼識，耳、鼻、舌、身、意識。此中有識：眼及色為緣生眼識，與眼識俱隨行同時同境，有分別意識轉。有識：耳、鼻、舌、身，及聲、香、味、觸為緣，生耳、鼻、舌、身識，與耳、鼻、舌、身識俱隨行同時同境，有分別意識轉。廣慧，若於爾時一眼識轉，即於此時唯有一分別意識，與眼識同所行轉。若於爾時，二、三、四、五諸識身轉，即於此時唯有一分別意識，與五識身同所行轉。

【釋義】：此說阿陀那識為依止、為建立，即說如來法身功德。如來法身功德的現分，即是生機，即是生命力，是即施設為阿陀那。由於依止阿陀那，是故有六識生起，當眼緣於色時，同時有眼識生起，而且亦同時有分別意識生起，此機理即依生機而起。

如是六內處緣六外處，都同時有六識生起。於中，若只有一眼識生起，便有一個分別意識與此相應；若有諸識生起，譬如眼識、耳識、鼻識同時生起，亦只有一個分別意識與此相應。所以，眼等五識可分別生起，而意識只生起為一，此即非多意識。

對觀修來說，認識這一點非常重要。為甚麼重要？倘若我們覺得一個識轉，則有一個意識與它相應；兩個識轉，則有兩個意識與它相應。那麼我們則無法修楞嚴定。

何謂楞嚴定？六根圓通即是楞嚴定。何謂六根圓
通？不是用眼去看，不是用耳朵去聽，是用六根
門頭去看、去聽。如是六根門頭可緣色、聲、
香、味、觸、法。若分別意識須別別與六識相
應，那麼便有六個意識，既有六個意識，是即不
能圓通。這即是說，可以六根圓通，即由只有一
個分別意識而成。

【正文】：**廣慧，譬如大瀑水流，若有一浪生緣現前，唯一
浪轉；若二、若多浪生緣現前，有多浪轉。然此
瀑水自類恒流無斷無盡，又如善淨鏡面，若有一
影生緣現前，唯一影起；若二、若多影生緣現
前，有多影起。非此鏡面轉變為影，亦無受用滅
盡可得。**

【釋義】：釋迦牟尼舉例說，一個大瀑流，有一個浪生起，
我們則見一個浪轉；有兩個浪、多個浪生起，我
們則見兩個浪、多個浪轉。但是瀑布的水是恒常
這麼流著，無論有多少浪起，瀑布的水依然是
一。是故眼、耳、鼻、舌、身等於是浪轉，是
多；意識等於瀑布的水，是一。此亦如鏡，一鏡
影時，由一鏡面生起，多鏡影時，依然是由一鏡
面生起。這樣舉例，即是說，無論心性相或法性
相是一是多，然心性或法性則必是一。

釋迦此處，由多識身轉而分別意識則一，說心性
相多，心性則一，於是引伸至法性與法性相，顯
示法性為一，法性相則為多。如是說，即與〈勝

義諦相品〉相應，此即遍一切一味相勝義諦。

【正文】：如是，廣慧，由似瀑流阿陀那識為依止為建立
故，若於爾時有一眼識生緣現前，即於此時一眼
識轉；若於爾時乃至有五識身生緣現前，即於此
時五識身轉。

【釋義】：「似瀑流」，在藏文繙譯中還有「似鏡面」喻，
即「似瀑流似鏡面」兩個譬喻。

「由似瀑流似鏡面的阿陀那識為依止為建立
故」，此即喻阿陀那為瀑流、為鏡面，六識所轉
起者為波浪、為鏡影。是即謂於六識起用時，種
種用亦唯藉阿陀那然後始得成立，「現分」義由
是而成，以唯藉生機，諸法始得現前故。

「若於爾時有一眼識生緣現前，即於此時一眼識
轉；若於爾時乃至有五識身生緣現前，即於此時
五識身轉」。這些是波浪、是鏡影、是我們看見
的識境，然而這些識境依然是一個意識跟它轉，
是一個瀑流在流動，是一個鏡面映出那些影像。

如是重申，即成決定見。

【正文】：廣慧，如是菩薩雖由「法住智」為依止。為建立
故，於心意識秘密善巧，然諸如來不齊於此，施
設彼為於心意識一切秘密善巧菩薩。廣慧，若諸
菩薩於內各別，如實不見阿陀那、不見阿陀那

識；不見阿賴耶、不見阿賴耶識；不見積集、不
見心；不見眼色及眼識、不見耳聲及耳識、不見
鼻香及鼻識、不見舌味及舌識、不見身觸及身
識、不見意法及意識，是名勝義善巧菩薩，如來
施設彼為勝義善巧菩薩。廣慧，齊此名為於心意
識一切秘密善巧菩薩，如來齊此施設彼為於心意
識一切秘密善巧菩薩。

【釋義】：此段第一句須解讀如下：

「如是菩薩雖由法住智為依止為建立，如實善知
心意識深密之法。」

何謂法住智？即是佛智，亦可以說是佛性，即是
如來藏。一切眾生，都是住在佛內自證智境界上
的隨緣自顯現，所以說，由法住性為依止為建
立，稱為法住，是說此法常住。

菩薩雖然依止法住智為基礎，但所悟入的，只是
識境，只是對心意識秘密善巧。所以，便不能稱
為「於心意識一切秘密善巧菩薩」。必須不見阿
陀那、不見阿陀那識，如是等等，才能稱為「勝
義善巧菩薩」，如來才「施設彼為於心意識一切
秘密善巧菩薩」。如上來所說，心意識雙運，相
應於智識雙運，是故須住於智識雙運的境界，才
能不見阿陀那、阿陀那識等。所謂不見，即不依
此而住入識境的名言句義，而見其實相。所以這
一段經文，其密意即為，須住入智識雙運的如來
藏境界。

【正文】：爾時，世尊欲重宣此義而說頌曰：

　　　阿陀那識甚深細　一切種子如瀑流
　　　我於凡愚不開演　恐彼分別執為我

【釋義】：若以藏文的繙譯，此頌是八句，且第一個頌的次
　　　序亦不同。全頌如下：

　　　阿陀那識甚深細　我於凡愚不開演
　　　一切種子如瀑流　恐彼分別執為我
　　　如是種種阿陀那　是即能生彼諸法
　　　由是我說水鏡喻　更不為彼愚人說

先說首四句頌：

「阿陀那識甚深細」，是故對凡愚不說。所以不
說，是因為「一切種子如瀑流」，耽心凡愚執
「一切種子如瀑流」的現象為自我。

倘若按唐玄奘的繙譯：「阿陀那識甚深細，一切
種子如瀑流。我於凡愚不開演，恐彼分別執為
我。」那便是執「阿陀那識」為我，與藏譯有次
序上的差別，意思便完全不同。依藏譯，是耽心
凡愚執「一切種子如瀑流」這種現象為我，玄奘
譯是耽心凡愚執「阿陀那識」為我，漢土唯識宗
即是如此解釋。

依藏譯，執以為我的是甚麼？是由生命力轉起的
現象，此現象喻為「一切種子如瀑流」。

「一切種子如瀑流」，我們可以理解為新陳代

謝。有生命力則有新陳代謝，猶如瀑布一樣，一
波一波、一浪一浪。是故我們就把這個新陳代謝
的身，亦即身的相續，當成是自我。新陳代謝就
是我們身的相續，念念是我們心的相續。佛耽心
的是凡愚以這個新陳代謝的身當成是相續，執以
為我。

次說後四句頌（唐玄奘沒有這四句頌）：

「**如是種種阿陀那，是即能生彼諸法。**」阿陀那
不僅是人的生命力，而且是周遍一切界的生機。
一根草、一塊石頭、一粒沙都有它的生命力，都
有它的生機，亦都有它的阿陀那。是故這裡所說
的阿陀那不能理解為阿陀那識。

唯識宗認為阿陀那識即等於阿賴耶識。倘若如
此，為甚麼要給多一個名字給它？顯然是有不同
的意思，才會給一個不同的名字作區別。因為阿
賴耶識，不說阿賴耶識有生命力，只說它是含藏
種子，我們說阿陀那是生命力，這個名詞一施設
出來，則不會與阿賴耶混淆。

「**種種阿陀那**」，此句分明指出不僅人才有生
機，法界各種具有不同的生機。其實生機是一，
但是我們亦可看作是種種生機，譬如：山、水、
沙、石的生機；昆蟲、魚以至人的生機等等。

「**是即能生於諸法**」，有阿陀那，方能生起諸
法，沒有生機則沒有諸法生起。但是不要把它當
作是自我，是故佛說水、鏡喻。水起種種波浪，

鏡起種種影像，然而不是波浪的自我，亦不是影像的自我。鏡生起影像，亦不能說此鏡即是自我、此鏡的功能即是自我。可是這很難理解，是故「不為愚人說」阿陀那。現在佛是對菩薩說法，所以說阿陀那，因為他所說的法是甚深秘密的如來藏，故非說此密意不可。

由此頌說明，整個心意識品說的是智識雙運界。依瀑布，智境喻為水，亦喻為鏡面，智境上有識境隨緣自顯現。種種識境等於種種水波，亦等於種種鏡影，無數的影像都可以呈現於一面鏡中。因此，這就是阿陀那，因為有生機，才能夠生起這些現像，最根本是阿陀那。是故阿陀那即等於如來法身功德，是智境的功能。有智境功能，則能夠生起種種識境，生起種種法。所以說《心意識品》是建立智識雙運界的一品。

總結《解深密經》一、二、三品所說的密意。

第一品序品，是依說法者與聞法者建立密意；第二品勝義諦相品是說勝義諦定義。從勝義的觀點來看，則沒有二法，只有唯一，是故一切法無二。勝義諦相最重要的是遍一切一味相、是不一不異。由此建立勝義諦相即是如來法身遍一切相、是一個基礎，從這個基礎我們說世俗。第三品心意識相品則從世俗來說。如來法身功德是勝義的世俗，因為如來法身功德即是生機，亦叫做現分，亦叫做大悲，亦叫做大樂。這個如來法身

功德、這個生機生起我們的身體、生起我們種種
識。因此,他建立我們的識境。沒有生機則沒有
所依所建立。這個生機表現出來的則是我們的意
識運作。

唯識宗認為阿陀那等同阿賴耶,瑜伽行古學則強
調阿陀那與意識相應。這是唯識宗唯識今學與瑜
伽行古學的區別,亦可能是安慧論師與陳那論師
的區別。

為甚麼經中言「**此識亦名阿陀那識......亦名阿
賴耶識......亦名為心**」?卻可以把它說成是與
意識相應呢?因為阿賴耶亦須藉阿陀那才能生
起。沒有生機,阿賴耶則根本無從生起。當一生
起我們的身體後,阿陀那則與我們的意識相應,
由是意識才有種種運作,有情才可以有種種作
意,由於我們的生機可以由意識表現出來,是故
說為相應。如若不然,我們的眼、耳、鼻、舌、
身便是機械的。我們的眼睛不同於攝影機,我們
的耳朵不同於收音機,正是有生機與無生機的分
別。由此體會,則不能執著說,阿陀那僅僅是第
八識阿賴耶識別名。要這樣理解,才能理解智識
雙運界。

如上所言,即是由生機建立阿賴耶,因此轉起其
它的識。轉起其它識以後,意識即與阿陀那相
應。

關於阿陀那識、阿賴耶識、意識等等的問題,必
須看清這些名言之間的關係,否則對第四品一切

法相品便很難理解。一切法相品是這本經中非常
重要的一品，亦可以說，前面三品都是為理解這
一品來鋪路。

一切法相品第四

一切法相品第四

上來第三品已經解答何謂心意識及其義理，接下來第四品則說一切法如何由心意識變現而成為有，由此始說三自性相，亦即遍計自性相、依他自性相、圓成自性相。

三自性相分別由前六識、第七識、第八識變現，例如遍計自性相即由末那識執自我以作周遍計度；依他自性相即由眼等六識依緣起而轉成境相；圓成自性相即由轉阿賴耶識而依如來藏智識雙運境相。

是故一切法的顯現分為三種自性相，非謂將一切法分為三類，說有一些事物為遍計自性相，另一些事物為依他自性相，而唯屬於無為法的事物或境界（譬如真如）則為圓成自性相。它只是說，當行者直觀一切法時，依心識變現，可將事物看成是三種自性相中不同自性相的事物。所以，此三自性相實為行者觀一切法時之三種心識狀態，或者說是認識事物的三種觀點。

欲了知此三自性相，須先了知「能相」與「所相」。三自性相為「三能相」，由是即有相應之「三所相」。《攝大乘論》說「三能相」為 —— 一者，以依處為能相，此即說依他自性能相；二者，以遍計為能相，此即說遍計自性能相；三者，以法性為能相，此即圓成自性能相。由是「三能相」亦可視為觀察一切法之三種見，由見而成立者即是「所相」（通常但名之為「相」）。故《攝大乘論》云 —— **彼轉識相法，有見、有相，識為自性。**是即謂「三能相」皆「轉識法相」，以

「識」為自性而轉起「見」與「相」。見不同，轉起之相即不同，故遍計見所轉起者，即成遍計自性相，依遍計而成立一切法相；依他見所轉起者，即成依他自性相，依依他而成立一切法相；依圓成見所轉起者，即成圓成自性相，依圓成而成立一切法相。

　　玄奘法師所傳的彌勒學，依護法的「唯識今學」系統。其所說的法相，實指依第八識變現輪廻界的種種法所相，與《解深密經》所說周遍輪廻涅槃之諸法能相不同，經說的法相的範圍周遍法界，所以既包括輪廻界的一切虛妄分別相，亦包括涅槃界的清淨圓滿相，後者已超越唯識，是聖者內自證智的境界，此即名為如來藏，亦即修證果。

　　此品由德本菩薩請佛問法。「德本」之意即是功德之根本，此功德根本即是如來藏功德。識境之所以成立，皆因有如來法身功德，此功德亦即生機。所以「德本」之名，其意即涵蓋一切法相皆以如來法身功德為本，由是而成顯現。

【正文】：爾時，德本菩薩摩訶薩白佛言：世尊，如世尊
　　　　　說，於諸法相善巧菩薩。於諸法相善巧菩薩者，
　　　　　齊何名為於諸法相善巧菩薩？如來齊何施設彼為
　　　　　於諸法相善巧菩薩？

【釋義】：德本菩薩問釋迦，根據甚麼叫做「於諸法相善巧
　　　　　菩薩」。

　　　　　「如來齊何施設彼為於諸法相善巧菩薩」一句中
　　　　　之「齊何施設」，若是根據藏文，應該譯為「能
　　　　　知幾種法相故」。整句意思是，菩薩「能知幾種
　　　　　法相，故施設彼為於諸法相善巧菩薩」。這樣
　　　　　問，才能與下文說三種法相相應。

【正文】：說是語已。爾時，世尊告德本菩薩曰：善哉德
　　　　　本，汝今乃能請問如來如是深義。汝今為欲利益
　　　　　安樂無量眾生，哀愍世間及諸天人阿素洛等，為
　　　　　令獲得義利安樂，故發斯問。汝應諦聽，吾當為
　　　　　汝說諸法相。謂諸法相略有三種，何等為三？一
　　　　　者遍計所執相，二者依他起相，三者圓成實相。

【釋義】：「遍計所執相」、「依他起相」、「圓成實相」
　　　　　中之「所執」、「起」、「實」，乃唐玄奘繙譯
　　　　　時所加，若依藏文及梵文，三自性相應譯為「遍
　　　　　計相」、「依他相」、「圓成相」。若意譯，遍
　　　　　計相譯作虛妄分別相；依他相譯作因緣相；圓成
　　　　　相譯作第一義相。玄奘之前的譯師，如真諦，便
　　　　　是這樣譯。唯識宗可能依此而理解，因此說圓成

自性相是勝義，現代唯識學人，則說圓成自性有勝義。勝義與圓成，其實有很大的分別。關於這個問題，下來當說及，於此處可以不贅。

經言「一切法相」，乃指諸法之「能相」，而所說之「諸法」則周遍輪迴涅槃二界。所言「能相」者，即「性相」義，亦即對一切法相所作之定義。由此引伸，即謂行者以何觀點來認識一切法。但是，前兩種自性相則實不能周遍涅槃界。

【正文】：云何諸法遍計所執相？謂一切法名假安立自性差別，乃至為令隨起言說。

【釋義】：「謂一切法名假安立」一句，依藏譯當譯作「相應一切法施設名言」。譬如相應這個桌子，我們名之為桌子；相應這枝筆，我們名之為筆，此即相應一切法而施設名言。

「安立自性差別」，當譯作「由相及名安立諸法自性」，這樣，意思便清楚明了。

兩句合起來，原文「一切法名假安立自性差別，乃至為令隨起言說」，當譯作「相應一切法施設名言，由相及名安立諸法自性」。這即我們先由二取顯現，再作名言顯現，如是施設一切法的名言，再由一切法的相、名來安立他成為有。這就是由相及名來安立一切法的自性，筆的自性是如何，我們則根據筆之名、筆之相而安立它成為有。對待一切法，凡夫皆如此，隨之當作真實。

此即遍計相，或說為虛妄分別相。此即謂凡夫執相、名等遍計以觀察一切法，成立虛妄分別有。

【正文】：云何諸法依他起相？謂一切法緣生自性，則此有故彼有，此生故彼生，謂無明緣行，乃至招集純大苦蘊。

【釋義】：依他相是怎麼樣呢？「謂一切法緣生自性」。緣生自性即是說緣起，中觀宗所說之緣起，於瑜伽行派則名之為依他。但以四重緣起而言，此「依他」僅為相依緣起，以及相對緣起，不包括相礙緣起，唯相依與相對緣起謂之依他。

為何不包括相礙緣起？倘若包括相礙緣起，即等於是圓成，相礙緣起所成立的，即是成立圓成性。

「謂無明緣行，乃至招集純大苦蘊」。此即謂依釋迦所說之十二因緣等，有生滅、斷常等現象之雜染法，由相依而成立為有，此如無明與行相依等。

【正文】：云何諸法圓成實相？謂一切法平等真如。

【釋義】：「謂一切法平等真如」，依藏文應譯作「謂一切法之如性」。何謂如性？亦即《入楞伽經》所言「唯心所自見」。一切法是怎麼樣，它就是怎麼樣，於見時，再不加以名言及句義以作增上。因

為名言、句義無非都是虛妄分別，離虛妄分別，才見到「一切法如性」。對如性應該這樣理解，能理解便夠了，不須要再加名言句義來說自己的理解。此如性即是最深密的緣起，名為相礙緣起。

相礙緣起有外、內、密、密密四重相礙，其中最重要的是密密相礙，這一重相礙是說時空的相礙，於佛經中稱之為「時方」。若是說般若的經，一般名為十方三時；若是說如來藏的經，一般名為十方四時；於密續中，亦即無上瑜伽的續，則不說十方四時，它只說四時與不定方，意指與我們不同的時空。我們是三時，它說四時。此第四時亦名為秘密時，亦即與我們元次不同的時間。不定方亦是與我們元次不同的空間。於四重相礙中，一切法之成立皆須適應這四重相礙。

以外相礙而言，色就是色，聲就是聲。為甚麼我們聽見這個是聲，看見那個是色？此即是相礙，是我們的局限。不同的生命形態，有著不同的相礙。以小狗為例，我們看見的顏色，它則看不見。然而我們聽不見的聲音，它卻聽得見。對小狗來說，它的相礙與我們不同。一切生命形態在自然環境裡面，對外境的認識都有相礙，我們只能適應我們的相礙始可生存。倘若我們像小狗一樣，聽見的聲音這麼多；或者打雷，我們不覺得太大聲，但對小狗而言已經令它害怕以至躲起來。那麼我們在這個自然界，對我們來說則不適

應了。因此，不要以為聽見聲音多就是好。若是聽的聲音範圍太廣，你晚上睡覺都睡不著，連蟲鳴的聲音都覺得很大聲。若是這樣的話，聲音的範圍廣了，我們整個生理則要改變來適應它。故說小狗的生理不同人的生理。這即是外的相礙。

以內相礙而言，我們的耳朵只能聽到聲音，不能看見顏色；眼睛只能看見顏色，不能聽到聲音。我們身體一切的覺受即是適應這個相礙，然後始有我們這個覺受，我們的覺受剛好是適應這個自然環境的。若是天氣長期寒冷，我們整個身體的機能都會發生變化，脂肪要多、皮層要厚、皮膚要粗糙，始能適應嚴寒的氣候。然而於南方生活的人，較之北方人脂肪少一些、皮膚細嫩一些，這些都是內相礙的適應。

以密相礙而言，意指我們的心性。心性是多，法性是一。然而心性實為法性，皆因心性受到障礙，作出諸多分別，是故我們心的行相是多。此一與多之相對，我們亦須適應。心性必定是多，然後始能生活。倘若我們心的行相不是變化而且相續，則難以在這個識境中生存。

以人為例，作此種種觀察，即知我們須適應各種相礙與局限。當我們能夠適應它，則稱之為任運。須知「任運」非謂任意運作，而是謂隨順諸法自然運作。其所隨順，即隨順其所受之相礙。以此故說圓成自性相，即是相礙緣起有。

因為任運而成立我們，我們即是圓成。其中最重

要的是密密相礙，此如我們對時空的適應。是故我們生出來一定是立體的，不可能是二元次與四元次，必定是三元次。然而無論如何相礙，我們都是於智境上顯現出來，是故平等。因為一切法都是在智境中隨緣自顯現任運圓成，是故一切法平等。唐玄奘於經中將「如性」繙作「平等真如」，亦有其道理。

【正文】：於此真如，諸菩薩眾勇猛精進為因緣故，如理作意，無倒思惟為因緣故，乃能通達。

【釋義】：對這真如，須勇猛精進、如理作意、無倒思惟才能通達。可見要通達圓成性實在甚難，所以現代有些學人便生誤解，他們不將圓成性當成是緣生，因此說他是勝義，這樣，就不能理解如來藏與緣起的關係。倘若我們承認圓成亦是緣起，且是相礙緣起，則此句很容易理解，因為相礙緣起深密，所以才須要勇猛精進、如理作意、無倒思惟。

有些唯識宗學人強調自宗與瑜伽行派不同，正因為這些差別。其實這是很大的差別。如果不把圓成看作是識境，因而將圓成看作是勝義，看作是無為法，則根本不可能理解如來藏，不知道如來藏是智識雙運的境界，亦即是佛內自證智，根本智與後得智雙運的境界。

民國初年支那內學院的學者並未否定如來藏，然

而如今有些唯識學人卻反對如來藏，因此對經中所說之真如未能正解。經中這句話亦可以說真如不離緣起。真如可喻之為螢光屏中人相，如果他的心識能離開螢光屏來看螢光屏，所見便唯是影像相；於此同時，他知道螢光屏中一切影像唯是緣起。倘若如是理解，則知為何圓成性亦是緣起。此即為《解深密經》之密意，是故理解這一點非常重要。

倘若以為從螢光屏外面來看螢光屏影像，所見者即是真如相，那麼便已離緣起，這就錯了。那是因為他們不理解真如相即是相礙緣起相。心識跳出螢光屏來看螢光屏世界，正是認識到影像是如何根據緣起而生起。其中最重要的是，影像應該根據螢光屏的功能始能生起，所以螢光屏的功能就即是因緣，如何能說他是脫離緣起呢？

「如」是佛見識境相時之所見。智境沒有相，以佛之智來看識境，識境所顯現之相即可說之為「如」。因為強調其為真，故名為「真如」。。

【正文】：於此通達，漸漸修習，乃至無上正等菩提方證圓滿。

【釋義】：如此通達，然後慢慢地一步一步觀修，一直修到「無上正等菩提方證圓滿」，始為成佛。非謂見到真如則能成佛。是故瑜伽行派說，初地菩薩是觸證真如，是即見到真如。初地菩薩已經跳離螢

光屏，來看螢光屏的世界，然後次第觀修，直至圓滿成佛。於此須這樣理解圓成性的相。下來對此三自性的相，還有很詳細地解釋。

【正文】：善男子，如眩翳人眼中所有眩翳過患，遍計所執相當知亦爾；如眩翳人眩翳眾相，或髮毛、輪、蜂、蠅、苣藤，或復青、黃、赤、白等相差別現前，依他起相當知亦爾；如淨眼人遠離眼中眩翳過患，即此淨眼本性所行無亂境界，圓成實相當知亦爾。

【釋義】：此段經文用眼目喻說三自性相。設若一個人的眼睛有病，病眼人所見為模模糊糊的相，比喻對事物的觀察具模糊不清的過患，此等同遍計相。凡夫以遍計相認識一切法，故說「遍計所執相當知亦爾」；病眼人所見毛髮、顏色等等相差別現前，分別不清，猶如散光眼所見，似有一光輪，此差別現前的一切相，如同依他的一切緣生法，故說「依他起相當知亦爾」。淨眼人，是即眼睛沒病的人，所見一切相則等同圓成相。

「即此淨眼本性所行無亂境界」一句，依藏譯為「本性所行境及無亂所行境」。無眼病之人，看見的是淨眼本性所行境及無亂所行境，是即圓成相，因為淨眼本性亦是圓成，一切淨眼，都須適應其相礙才能任運圓成，因此淨眼本性其實亦是圓成性。

【正文】：善男子，譬如清淨頗胝迦寶，若與青染色合，則似帝青、大青末尼寶像。由邪執取帝青、大青末尼寶故，惑亂有情。若與赤染色合，則似琥珀末尼寶像。由邪執取琥珀末尼寶故，惑亂有情。若與綠染色合，則似末羅羯多末尼寶像。由邪執取末羅羯多末尼寶故，惑亂有情。若與黃染色合，則似金像。由邪執取真金像故，惑亂有情。

【釋義】：頗胝迦寶（sphaṭika）即琉璃寶，亦即淨水晶，經文以琉璃寶喻說三自性相。帝青（indranīla）是帝釋天的青色琉璃寶，心想見到甚麼，帝青寶上便顯現甚麼，因此，名為帝青寶。在唐詩與宋詞中常以帝青寶作喻，特別是說到牽牛花。在唐代，牽牛花有一個很名貴的品種，即名為帝青寶，唐代很多詩詞都說到這種牽牛花。

經文說，譬如一塊清淨的水晶，若以青色染之，則看起來像帝青、大青的顏色。接著，我們又根據它所像的顏色，認為是帝青末尼寶及大青末尼寶，在這裡便有兩重設喻。水晶成為青色，此即喻為依他；將它誤作帝青末尼寶、大青末尼寶，那便是遍計，是依他自性相上的遍計所執相。其它種種顏色的設喻，與此相同。

這是一個基本的喻，由這個喻就知道，依他所成的相，我們恆時加以分別，於是成為遍計相。知道這一點非常重要，否則我們便以為自己所見的已經是依他相，那就不認識依他上的遍計。認識

這點，對理解下來經文非常重要。

【正文】：如是德本，如彼清淨頗胝迦上所有染色相應，依他起相上遍計所執相言說習氣，當知亦爾。

【釋義】：「如彼清淨頗胝迦上所有染色相應」，此句說出一重要義理。與水晶上的染色相應，本來是與依他自性相相應，可是，我們有言說、習氣，於是我們便不僅與染色相應，還因所染的顏色，將水晶看成是別的事物。在這裡就有兩重惑亂：我們把淨水晶色看成是翡翠色，那是一重惑亂。再將淨水晶末尼寶看成是翡翠末尼寶，那又是另外一重的惑亂。這重惑亂，說他是「依他起相上遍計所執相言說習氣」。

再說明白一點，識境中一切法相皆可說為依他。亦即一切法的相等於一塊被染色的淨水晶，將染上去的顏色視為真實，那是依他。一切外境行相，都等於是曾染色的水晶，可是我們並不覺得他經過染色，所以才會依他的顏色來作分別，一分別，就將水晶看成是帝青末尼寶等，是即遍計自性相，亦即我們觀察一切法所成立的自性相。要明白這點，我們才可以說應該如何觀修。

何謂遍計？遍計即是分別。由分別而產生名言，譬如琥珀、翡翠、金。此即落於名言中作分別，由是便分別成不同的事物。依此名言，在識境中有真實的作用，但一切法相，則並不是依此遍計

而成立，其實是由依他而成立，如外境依心識而成變現，心識依外境而起功能，這便可以說為依他自性相。

何謂圓成？不管其所染之顏色，所見唯是水晶，此謂圓成。又如瑜伽行派常用的木頭幻變例。幻師將木頭變現為馬，看見是馬的相，此謂依他；將之當作是真馬，此謂遍計；知道變出來的馬仍是木頭，此謂圓成。三自性相之分別即在於此。

【正文】：如彼清淨頗胝迦上所有帝青、大青、琥珀、末羅羯多、金等邪執，依他起相上遍計所執相執，當知亦爾。如彼清淨頗胝迦寶依他起相，當知亦爾。

【釋義】：遍計相即是邪執，於依他相上起邪執，即是「依他起相上遍計所執相執」，以邪執遍計所執相故，有此邪執便變成惑亂。

在這裡，頗胝迦喻為清淨，種種染色喻為雜染，所以遍計是依雜染而成，由雜染得惑、業、苦三種果，即是輪迴果。至於依種種顏色，當成是種種末尼寶，即是名言顯現。瑜伽行派說名言顯現是顛倒因，亦成惑亂果。

【正文】：如彼清淨頗胝迦上所有帝青、大青、琥珀、末羅羯多、真金等相，於常常時，於恒恒時，無有真

實，無自性性。即依他起相上由遍計所執相，於常常時，於恒恒時，無有真實，無自性性。圓成實相，當知亦爾。

【釋義】：依他上所起的遍計，當然無有真實；即使是依他，此依他亦不真實，以依他亦不是真實自性故。這裡說，「依他起相上由遍計所執相，於常常時，於恒恒時，無有真實，無自性性。」並不是說依他自性相本身就真實，有自性，實在是與圓成相連文而言，即是說，縱使是於圓成相上起遍計，亦無有真實，無自性性。常不真實，恆時不真實，即是無自性，一切法都具無自性性。

【正文】：復次德本，相名相應以為緣故，遍計所執相而可了知。依他起相上，遍計所執相執以為緣故，依他起相而可了知。依他起相上，遍計所執相無執以為緣故，圓成實相而可了知。

【釋義】：此一段經文極其重要。唐玄奘的繙譯比較晦澀，呂澂先生已依藏譯作過校勘，我現在根據藏譯，參考呂譯，將之改譯如下：

依著與名言相應之相，可知遍計相；依著依他相上之遍計所執相執，即可知依他相。

第一句是了知遍計相。例如，根據翡翠此名言，說翡翠色的淨水晶為翡翠，知此即了知此為遍計相。

第二句是了知依他相。要了知依他相，便須了知依他相上的「遍計所執相執」。甚麼是「遍計所執相執」呢？將水晶遍計成翡翠，其所執，是執著翡翠顏色，這翡翠顏色便是成立遍計所執相之所執，亦即，由於執著翡翠顏色，才會把水晶當成是翡翠，於當成是翡翠時，這塊翡翠，便是遍計所執相。能這樣了知，便知道依他相，亦即，知道水晶的綠色相。他與遍計的區別，僅在於：依他自性相沒有因水晶的綠色相成立翡翠，而遍計則將翡翠成立。

接著是了知圓成。於染過青顏色之水晶，既不執著其翡翠色，更不執著其為翡翠，如實而知其為淨水晶，如是即了知圓成。

這即是經文所言，「**依他起相上，遍計所執相無執以為緣故，圓成實相而可了知**」。如果依一般人的推理，若依他自性相上，無執於遍計所執相，那麼，所知道的便應該是依他自性相，然而不然，由斷除了一切遍計的依他相，所能認知的是圓成自性相。為甚麼？因為凡是依他，亦一定落於名言，像經文所舉的例，依他相為綠色的水晶，這綠色，便即是名言分別，由這分別，就不知道這是水晶。所以，由斷除了一切遍計相的依他相，即可了知圓成相。在這裡，依他其實亦是施設，若執依他為真實，便成遍計。

於三自性要這樣來瞭解：

根據名言而成立的事物，此謂遍計。譬如，染過

青顏色的水晶，名言顯現為翡翠，我們即將之當作翡翠。知道綠水晶，則知道是依他；知道淨水晶相，則知道圓成。此為三自性之分別。

此段經文是本品之重點。這一品篇幅不大，卻是全經中非常重要之一品。謂諸法相，略有三種，看我們落在那一個層次去認識它。

遍計自性相無非由執相、名以成立；於依他起相上復須成立遍計自性，即復須執其相其名始能建立其為有，以須如是始能說依他自性相故。此如說「無明緣行」，即依「無明」與「行」之相與名說依他。故一切依他自性相，除非不落言說，若落言說，必成遍計而似顯現。

然行人於觀修時，則可離相與名而作深觀，由是於依他自性相，則能不執其與相名相應之遍計自性，如是現觀，即現證圓成自性相。《解深密經》所說止觀，依此三自性相而建立，觀察依他自性相，可以視為關聯遍計自性相與圓成自性相之橋樑。

上來所說之三句，即是修習方便。由依他起相起修，若能不執虛妄分別，遠離遍計，即證成圓成相。然而此中理趣卻非如是簡單，下來經言，即一修行次第。

【正文】：善男子，若諸菩薩能於諸法依他起相上，如實了知遍計所執相，即能如實了知一切無相之法。

【釋義】：原來識境中一切法（事物）是依他的，然而我們
卻加遍計上去。當能夠這樣如實了知，則懂得何
謂無相。相是根據名言而成立的，我們建立翡翠
這個名言，當說翡翠時，不必見翡翠，都有翡翠
的相；我們給一個名言說黃金，就有黃金的相。
當我們施設一個名言，即同時施設了一個概念
（句義）。所有相的成立，都由名言、句義而成
立，且將之當為真實。當知道這些時，我們便知
道何謂無相，便即是去除名言句義來認識現象。

根據名言、句義來成立相，即是由分別而成立
相。譬如一枝筆，根據名言句義，即使筆不現
前，我們亦得到筆的相。不過，貓、狗、烏鴉必
定不會看成是筆的相，何以故？因為我們給了一
個名言「筆」，因此根據筆的概念就成立了筆的
相（同時亦成立了筆的功能），這是由人的主觀
概念來成立它的相。其他的生物跟我們不同，所
以他們成立的相也便不同，小狗可能把筆當作骨
頭去咬。我們看見是紅色、綠色，小狗則看不見
這些顏色。因此，我們說這件衣服是紅色、那件
衣服是綠色，小狗看起來即是黑、白、灰三種
色。

概念不同，亦可以說是相礙不同，相礙的條件不
同，則有不同的概念。因此，我們知道有相是根
據我們的名言句義而來。懂得如是道理，則知道
何謂無相。離開名言句義則無相，是故綠色並非
真實的綠色，只是根據我們的內相礙，根據我們

對局限的適應，我們才把它看成是這樣的顏色，而且給一個名言給它，叫做綠色。此外，還分成草綠色、翡翠綠色等等，再作種種微細分別，其實都是名言句義。

所以，無相亦即是離分別。

【正文】：**若諸菩薩如實了知依他起相，即能如實了知一切雜染相法。**

【釋義】：雜染分三：煩惱、業、生三種，惑、業、苦分別為其果。識境中一切法皆為雜染相，因為這些相，我們將之當作是真實，則有惑、有業、有苦，是即成立三種雜染。

識境中一切法，可成立為依他，因此一切雜染法，實在即是依他相。由於如實知道依他（即不落在遍計的層次來看依他法），因此，就如實知道雜染法實在亦是依他法。在觀修時，先依相依緣起來成立一切雜染法，亦即成立雜染法為相依有。然後用相對緣起來觀察，龍樹在這時，是用「相互為因」來否定相依有，因此就成立相依有無自性。這就是如實了知依他相，亦即如實了知一切雜染法相。

瑜伽行派所說之依他，並非僅說心識與外境相依，他們是將心的行相亦視為外境，因此煩惱的行相、業的行相、心的行相，都如同外境，由是成立依他。

一樣東西我們覺得它可以滿足我們的貪，因此而
給很多名言句義給它。這是寶石，這是鑽石，這
是珍珠。根據這些句義認為很值錢，我們由此而
惑，以惑為緣則成立這些東西的價值。寶石之所
以如此貴，即是根據我們的惑，把它當作是很貴
重的東西。是故一切財寶其實都是由人的名言句
義造它出來，始能變成為寶。常言道：物以稀為
貴。稀有則貴了。倘若現在遍地皆為黃金，黃金
一定不值錢。等於我們現在遍地是泥土，泥土一
定不值錢。阿彌陀佛的淨土以黃金為地，我們聽
起來這麼貴，其實一點都不貴。整個土地是黃
金，黃金還有甚麼金貴。所以說我們是從惑來成
立它的。

我們亦從業來成立一切法相，彼此各種因緣業
力，譬如，我們覺得水對我們有用，我們去開發
水源，由此成立井的相、塘的相，這便是我們的
作業。引水來灌溉，這便有業在其中，灌溉即是
業。植物須要水，是故要灌溉，這又牽涉到相礙
緣起了。植物沒有水則不能生存，不能顯現，不
能成為有，這即是相礙的條件，一環扣一環。因
此我們要開發水利，水利對我們人來說極其重
要。這即是業。業之功德其實是為了適應相礙。

苦亦然，譬如，有些東西不見了，我們覺得很
苦。原來有的，變成沒有，則覺得很苦。有些東
西原來沒有的，忽然有了，我們亦覺得很苦。此
有與無即是因緣，有與無是依因緣而顯現出來。

因此，我們這樣暸解雜染相法，則知道都是因緣而成，都是緣起。是故從依他來暸解。

【正文】：若諸菩薩如實了知圓成實相，即能如實了知一切清淨相法。

【釋義】：見到圓成則見到清淨，因為是客觀之所見。螢光屏的人看螢光屏的世界是從遍計來看。離開螢光屏來看，還是緣起，可是知道它是適應其局限，適應其條件，然後才成立它的顯現與存在。沒有加上名言，亦沒有加上依他之因素，是故看見影像就是影像，每一個影像都是適應其條件而生起，如是則看見圓成，亦可以說是真如相。

上來三句經文，實為深一層次的觀修。現證「無相」，不必現觀依他自性相，以緣生為本然故，無可現觀，所須觀察者僅為加於其上之相與名，於此無所執，即了知無相。

然則於此觀修中，如何能知其為雜染相抑或清淨相？前已說了知依他自性相之觀修，由此觀修即能如實了知一切雜染相法；前亦已說了知圓成自性相之觀修，由此觀修即能如實了知一切清淨相法。

故此三者非是三種內觀，僅是現證無相之觀修。既已了知三自性相，則雜染、清淨相法實已現觀，不必於修證無相更有別觀。此亦即甯瑪派不共生起次第之觀修目的，於依他自性相之所緣境

不更尋求名言，唯成咒鬘莊嚴，如是即如實了知
依他自性相上之遍計自性相。故可由是而現證無
相。

【正文】：善男子，若諸菩薩能於依他起相上，如實了知無
相之法，即能斷滅雜染相法。若能斷滅雜染相
法，即能證得清淨相法。

【釋義】：上來是說生起諸法相，此段經文說斷滅雜染相
法。事物是從依他而生起，若從依他相能夠如實
了知無相之法，則能斷滅雜染相法。

何謂無相之法？在依他上能夠了知遍計之相。原
來是依他而成的法，能夠清除其遍計，則所有雜
染皆不成立，因為我們的惑、業、苦都是根據名
言句義而來。若能斷滅雜染相法，則能證得清淨
相法。

上來幾段經文是一環扣一環作觀修。先成立三自
性相，然後成立如何無相，再成立如何斷滅雜
染，如何證清淨相。

菩薩須斷滅雜染相，始能證清淨相。斷滅雜染，
則須了知無相。因此，了知無相即是菩薩之所
為。由觀察三自性相，便能夠了知無相，正是菩
薩所要做的觀修。

由是可知觀修之關鍵，即在於「能於諸法依他起
相上，如實了知遍計所執相，即能如實了知一切

無相之法。」

【正文】：如是德本，由諸菩薩如實了知遍計所執相、依他
起相、圓成實相故，如實了知諸無相法、雜染相
法、清淨相法，如實了知無相法故，斷滅一切雜
染相法，斷滅一切染相法故，證得一切清淨相
法。齊此名為於諸法相善巧菩薩，如來齊此施設
彼為於諸法相善巧菩薩。

【釋義】：此段經文是一個總結。

沒有遍計即是無相，知道依他是雜染，斷除一切
遍計即是圓成。是故根據三自性相則了知無相
法、雜染相法、清淨相法。如實了知無相之法，
即能斷滅雜染相法；若能斷滅雜染相法，即能證
得清淨相法。

根據這樣，就說他是「諸法相善巧菩薩」，是故
施設諸法相善巧的菩薩，對一切法相善巧。

如來功德的根本是成立一切法。但是，凡愚則不
知道一切法是藉如來法身功德而成為有，是即不
了知一切法。如何了知一切法？從三個不同的觀
點，亦即從三個層次。三個層次彼此互有關聯。
原來事物是根據依他而成，我們在根據依他而成
的事物上，加上名言句義，是故變成遍計；一旦
有此遍計，則變成雜染。若是斷除此遍計，則認
識到無相；當認識到何謂無相，則雜染相亦斷
除，由是得到清淨相。是故菩薩所要做的，不是

去掉依他,而是了知依他相上之遍計,要斷除的
是遍計。

由於遍計即名言與概念,是故菩薩之所為,不是
在概念中修行,而是離一切名言與概念,由是則
斷除雜染相得到清淨相,現證一切法無相。依他
相上去除名言句義,我們便見到圓成。

亦可以說我們不落名言句義,則了知一切事物是
適應其相礙而生起,適應其局限條件而生起。以
螢光屏為喻,螢光屏的功能是平等,亦即法界功
德平等。在平等的法界功德中,為甚麼有種種變
現呢?業力是一個因素,因為種種業力不同,致
使我們要有種種不同的適應,譬如,狗的適應便
跟人的適應不同,是故有六道眾生之顯現。時空
亦是一個因素,這樣適應就在這個時空,那樣適
應就在別的時空。這兩個可以說是相礙緣起中的
重要因素,其他的因素便可相應而知了。

由此認知,則看到真如、看到圓成,然而真如與
圓成皆落於緣起,落於智識雙運界的相礙緣起。

【正文】:爾時,世尊欲重宣此義而說頌曰:

若不了知無相法　雜染相法不能斷
不斷雜染相法故　壞證微妙淨相法

不觀諸行眾過失　放逸過失害眾生
懈怠住法動法中　無有失壞可憐愍

【釋義】：呂澂先生對第二頌曾依藏譯校勘，今引述如下
——

> 眾生放逸有懈怠　不能分別行過失
> 於諸無住無動法　極失壞故成可愍

第一頌重宣觀修瑜伽行的要義，觀修瑜伽行的目的是證一切法的微妙清淨相。這現證的次第是，先了知無相法，然後斷除雜染相法。

眾生失壞無住無動法，這即是失壞一切法的微妙清淨相，何以不知一切法本來無住無動？是由於「不能分別行過失」，那即是永遠落在名言句義而行，由是不知無相，不能斷除雜染相法。

頌文還有一個要點，微妙清淨相法無住無動。何以故？

仍以螢光屏為例。如來藏境界喻為螢光屏境界，螢光屏喻為如來法身，螢光屏的功能喻為如來法身功德，螢光屏上的影象喻為如來法身上的識境隨緣自顯現。此自顯現本來微妙，本來清淨，所以不落入任何名言句義之中，亦即不能用任何名言句義來定義此識境的生起。一旦落入名言句義，即有所住，不落名言句義，即無所住，是即清淨。

至於無動，那是說如來法身，一切法依如來法身而成存在或顯現，但如來法身並不因之而受雜染，是即無動。

所以無住無動，即是智識雙運界，識境無所住，智境無所動，那就是微妙清淨法相，這亦即是如來藏的境界。既然智境識境雙運，識境必落於緣起（所以說是隨緣自顯現），因此智識雙運界不離緣起。

在我們的譬喻中，可以這樣理解：螢光屏不因為種種影像顯現而有所變動，種種影像除螢光屏外即無所住。可是，螢光屏影像中的人，卻依著影像世間的名言句義來生活、來思維（二者都是「行」），因此所見即為有相（由名言句義而成為有的相），於中即成雜染相 —— 煩惱相、業相、生相，並以此種種相為真實，是故頌言「壞證微妙淨相法」。

眾生「不能分別行過失」，實在由於二取，以我為能取，以我所為所取，由此二取成立一切法實有，於中成立我為實有，同時成立我所有法為實有。是名「二取顯現」。當取一切法依二取顯現而成實有時，立即成立名言句義，即是對一切法的名言與概念，由是一切法便成為「名言顯現」。所謂有相，即依名言顯現而成。

人們常以禪宗的「山不是山，水不是水」為例，來理解佛法，對這公案，應該這樣理解：當落於名言句義作分別時，依山的名言，水的名言，便說「山即是山，水即是水」。當知道相依時，便可以說「山不是山，水不是水」，這時候，可以說是證入無相。然而，當認識如來藏智識雙運界

時，知識境一切法，實依相礙緣起而自顯現，這時便可以說「山還是山，水還是水」。此即現證微妙清淨相法，亦即如來藏相、智識雙運界相、任運圓成相。

如上所言，皆與觀修有關，所以是瑜伽行的要領。

無自性相品第五

無自性相品第五

本品說「無自性相」。

何謂無自性？無甚麼自性？宗喀巴的解釋最恰當，說為無一個唯一的自性，無一個不依作用而成為有的自性。無此二者的自性，即是無自性。

倘若不理解無甚麼的自性，泛泛而言之「無自性故空」，認為「無自性」所指是無「自」這個性，如是說空性，如此解釋則太籠統。以「自」作解釋，在中文可以這樣說，然而依梵文及藏文，則不能解為「自」這個性。

在此有必要指出的是，中國佛學界的部分學人有一大弊病，彼依漢文的文字斷章取義作解釋。「自性」是依梵文繙譯出來，是則焉可分裂而說，然後說無「自」這個性。此如有學者解釋《心經》，將《心經》的「心」當作是說心王心所，解釋得一塌糊塗。《心經》的「心」依梵文是精華之意，亦即是般若波羅密多之精華，一解為心王心所，立即失去本義。

本品「無自性相品」澄清了自性的問題，說三自性相亦無自性，然後說如何涅槃。

本品問法的菩薩是勝義生菩薩。經中每一品都由不同的菩薩問法，從問法菩薩的名號即知每一品的主題。例如上來一品「一切法相品」是德本菩薩問法，「德本」亦即功德的根本。功德的根本即是如來的功德，如來的功德根本則是周遍法界的生機，因此成立識境（世俗）。由是我們知道所說的一定是識境，此中沒有提到勝義。因經中所說未離識境，那麼便容

易作出抉擇與決定。

　　本品以「勝義生」為問法菩薩的名號，「勝義生」即是說從勝義而生，一切法其實都可說為由勝義而生。勝義是智境、是如來法身，由智境的功德、如來法身的功德生起識境。因此，從「勝義生菩薩」之名則知本品是說智識雙運。

　　《解深密經》從序品至第五品是說見地，亦即說抉擇見與決定見。其中序品、第二品主說勝義（智境）；第三、四品主說世俗（識境）；本品第五品始說智識雙運，亦即說抉擇見與決定見的最後一部分。餘下六、七、八品是說菩薩的觀修、現証及其現証果。

【正文】：爾時，勝義生菩薩摩訶薩白佛言：世尊，我曾獨在靜處，心生如是尋思：世尊以無量門曾說諸蘊所有自相、生相、滅相、永斷、遍知。如說諸蘊，諸處、緣起、諸食亦爾。以無量門曾說諸諦所有自相、遍知、永斷、作證、修習。以無量門曾說諸界所有自相、種種界性、非一界性、永斷、遍知。以無量門曾說念住所有自相、能治所治，及以修習未生令生生已，堅住不忘，倍修增長廣大。如說念住，正斷、神足、根、力、覺支亦復如是。以無量門曾說八支聖道所有自相、能治所治，及以修習未生令生生已，堅住不忘倍修，增長廣大。

【釋義】：勝義生菩薩「曾獨在靜處，心生如是尋思」，此為思法。菩薩聞法之後，繼而思法，亦即作抉擇，是故須要獨處淨處作尋思、作抉擇。

勝義生菩薩概述佛所說的種種法門，隨文易知，不贅。

【正文】：世尊復說：「一切諸法皆無自性、無生無滅、本來寂靜、自性涅槃。」未審世尊依何密意作如是說：「一切諸法皆無自性、無生無滅、本來寂靜、自性涅槃。」我今請問如來斯義，惟願如來哀愍解釋，說「一切法皆無自性、無生無滅、本來寂靜、自性涅槃」所有密意。

【釋義】：「一切諸法皆無自性、無生無滅、本來寂靜、自

性涅槃。」此句經文少一字都不可，它是一個完整的句子。於本品中，這句話不斷地重複。因其深具密意，所以在這裡只略為解釋，餘義於下來當更說。

說涅槃，則須說與涅槃相對之輪迴。何謂輪迴？於一個有生有滅的境界中成立諸法的相。諸法相如何而成立？依三自性相之遍計、依他、圓成而成立。諸法相落於緣起是故一定有生有滅。以此為前提，便可能將諸法看成有自性。

如何有自性？落在識境緣起中，便會將一切法錯認為有獨立性。所以有生有滅，便是一個獨立的個體，是個體在生滅。這樣一來就將個體看成是獨立的存在了。這個所謂個體，不依緣起而成立，既然不依緣起，就看不到他要依作用而圓成。這樣，便可以將一切法看成有各別的自性，一切法的生、住、異、滅，成為有自性的現象，亦即有自性的相。

倘若如前所說的蘊、處、界、諦，以至修道所行的三十七道品都永斷，了知一切諸法皆無自性，那麼這就是涅槃。上來所說的種種是輪迴界的認知，將此認知斷除，便是涅槃的認知。因此說：「一切諸法皆無自性、無生無滅、本來寂靜、自性涅槃」。此中，「無生無滅、本來寂靜、自性涅槃」是依「一切諸法皆無自性」為前提，下來釋迦即說三種無自性。

【正文】： 爾時，世尊告勝義生菩薩曰：善哉，善哉，勝義
生，汝所尋思甚為如理。善哉，善哉，善男子，
汝今乃能請問如來如是深義，汝今為欲利益安樂
無量眾生，哀愍世間，及諸天、人、阿素洛等，
為令獲得義利安樂，故發斯問。汝應諦聽，吾當
為汝解釋所說「一切諸法皆無自性、無生無滅、
本來寂靜、自性涅槃」所有密意。勝義生當知，
我依三種無自性性密意，說言「一切諸法皆無自
性」。所謂相無自性性、生無自性性、勝義無自
性性。

【釋義】： 世尊讚揚勝義生菩薩悲愍眾生而問深密之法，並
回答說：「我依三種無自性性密意，說言一切諸
法皆無自性。」這句話很重要。

本品是說三無性。瑜伽行派認為，三自性一定要
與三無性配合始能完整。倘若唯說三自性，不說
三無性，則等如唯說世俗，不說勝義，是故不完
整。

如今有些唯識宗學人認為，三個自性有三種無自
性性，即是遍計自性有生無自性性，依他自性有
相無自性性，圓成自性有勝義無自性性。此說法
有違經文所說。依本品經文可知，三自性都不能
說為真實，是故說三個無性，此以三無性來否定
三自性是真實，所以三無性並非從屬於三自性。

「我依三種無自性性密意，說言一切諸法皆無自
性。」依藏譯，此句經文當譯作「我依三種自性

為無之法的密意，說言一切諸法皆無自性。」這樣一來，法義便清楚了。

是即「所謂相無自性性、生無自性性、勝義無自性性」是三種無自性的法，或說是自性為無的法。

【正文】：善男子，云何諸法相無自性性？謂諸法遍計所執相。何以故？此由假名安立為相，非由自相安立為相，是故說名相無自性性。

【釋義】：此段經文解釋何謂相無自性性。諸法的相由遍計而成立，即是根據名言與概念成立諸法的相。是由假名安立為相，不是由自相安立為相。「假名安立」即是說施設名言，因為施設名言，所以遍計自性相就只是名言相，由是這個相便不能成立為真實，如是，是即相無自性性。

例如我們將某種地形稱之為山，於是有了山這個名言與概念。當人們一說山，你便有山的形象成為心的行相。然而，不同的生命形態對大地的形狀有不同的認知，對夜叉而言，一定不會依照人類的心行相來成立山。我們認為的平地，他們可能視作低地、盆地。對天人而言，我們整個大地只是高低不平的地面，他們根本沒有山的概念，只是等於我們走一條高低不平的路而已。因為天人的身體比我們高很多，四天王天的天人算是體積小的、最低級的天人，然而他們的身高是我們

幾百丈這麼高。他們眼中幾百尺的山，可一跨而
過，如同走不平坦的路一般，根本無山可爬。亦
等於人走路碰到一塊石頭，腳一邁而過。然而對
於螞蟻而言，這塊石頭則猶如一座巨山。

上述事例亦說明相礙緣起。任何事物都是任運而
成，順乎自然，各自適應自身的相礙。不能將人
看見的相當作是螞蟻看見的相，亦不能將天人看
見的相當作是人看見的相。是故說相無自性性。

【正文】：云何諸法生無自性性？謂諸法依他起相。何以
故？此由依他緣力故有，非自然有，是故說名生
無自性性。

【釋義】：諸法是依他而起，依緣起的作用而生起一個法，
生起一個相。如經中所言，將一個琉璃染成綠
色，是故像翡翠；染成紅顏色，是故像琥珀。此
相是依染色而成，亦即是依他而成，非自然如
此，非其自相，故說一切依他的相，皆生無自性
性。

上來說遍計自性相是相無自性性，因其依名言概
念；依他自性相是生無自性性，因其依緣起而
生，非是自生。

【正文】：云何諸法勝義無自性性？謂諸法由生無自性性
故，說名無自性性，即緣生法亦名勝義無自性

性。

【釋義】：此段譯文語意稍覺含混，不易解讀，若依藏譯，
則可稍作改動如下 ——

> 云何諸法勝義無自性性？謂緣生諸法，以其
> 無「生自性」故，說名無自性性。由是（緣
> 生諸法）可說為無「勝義自性」，故即無
> （勝義）自性。

此處說勝義無自性性，然而為了說這個「勝義無
自性」的性，便須先說何謂勝義自性。本段經
文，說緣生諸法無生自性，因此，可以說名為無
自性性，亦可以說為無勝義自性，由是即可說一
切緣生法無自性。

【正文】：何以故？於諸法中，若是清淨所緣境界，我顯示
彼以為勝義無自性性。依他起相非是清淨所緣境
界，是故亦說名為勝義無自性性。

【釋義】：這句經文真的不能解讀，既然「清淨所緣境界」
名為「勝義無自性性」，何以「非是清淨所緣境
界」，「亦說名為勝義無自性性」呢？

在這裡，奘譯有所混淆，若比對藏譯，這句經文
可改譯如下 ——

> 於諸法中，若是清淨所緣（境界），我顯示
> 彼為勝義（自性），而依他相非是清淨所緣
> （境界），是故說為無勝義自性性。

一切法中，若是清淨所緣境，即有勝義自性性，所謂清淨所緣境，即非識境之所緣，實即指如來藏智識雙運界，為智識雙運之所緣，如佛以後得智見世間。依他起相為相依、相對緣生，是故即非是清淨所緣，由是即無勝義自性性。

本段經文，明說依他相非是清淨所緣境，但唯識宗則說有清淨依他。依經文，依他自性相非是清淨所緣境界，所以，除了上文所說之「生無自性性」外，還可以說他，無「勝義自性」。在這裡要注意的是，不是說依他自性相為「勝義無自性」，而是說無「勝義自性」，二者有所區別。玄奘譯則將二者混淆。

下來，即說勝義無自性性。其說，即以無自性性為勝義而說。

【正文】：復有諸法圓成實相亦名勝義無自性性。何以故？一切諸法「法無我性」名為「勝義」，亦得名為「無自性性」，是一切法勝義諦故，無自性性之所顯故。由此因緣，名為「勝義無自性性」。

【釋義】：此段經文，倘若比對藏譯，則可稍作改動 ——

復有諸法圓成相亦名勝義無自性性。何以故？一切諸法之「法無我性」，可名為「無自性性」，是為勝義。勝義即由一切法自性之無有所顯故。由此因緣，名為「勝義無自性性」。

圓成性可稱之為勝義無自性性，上來已說法無我
為勝義，亦為無自性性。由圓成性即知一切法無
我，所以對圓成自性性，便可以名為勝義無自性
性。

說圓成相可名為勝義無自性性，並非說圓成相俱
有勝義無自性性，不許圓成自性為實有，這樣的
圓成自性才能說為勝義無自性性。亦即是說，當
觀察為圓成相時，若以為這圓成相是依圓成自性
而成立為有，那並不是究竟，因為識境中的一切
法圓成，只是識境中的真實，在智識雙運界中，
依然是影像、依然是鏡影，只不過這影像或鏡
影，能依相礙緣起，任運圓成。對圓成相，我們
可以定義他為勝義無自性的相，但對圓成自性
性，則不能說他勝義無自性，因為落於識境的圓
成，不能說為勝義，但在智識雙運界中，見識境
相為圓成，卻可以說這個相為勝義，因為這個圓
成，是由智識雙運而見，非唯落於識境而見。此
義甚為深密。

再明白一點來說：由智識雙運而見，一切諸法圓
成，是依相礙緣起而任運，所以這是勝義相，亦
即實相。但是，圓成這個自性，卻不能說為勝
義，他落於緣起，而且落於識境。如果認為，既
然是圓成自性相，便當然與圓成自性性同等，那
便是不解密意。

再舉例來說明。在這世間，人成為人，是由任運
而成，亦即是適應一切對成為人的相礙而成，是

為任運圓成，這任運圓成當然不能說為勝義。可是，這任運圓成相卻可以說是勝義，亦即，能洞察人由任運圓成而成人相，而非由遍計、相依、相對而成人相，由這見人相的觀察而成立人，便可以說，任運圓成的人相是勝義。

【正文】：善男子，譬如空花，相無自性性當知亦爾。譬如幻像，生無自性性當知亦爾；一分勝義無自性性當知亦爾。譬如虛空，惟是眾色無性所顯，遍一切處，一分勝義無自性性當知亦爾。法無我性之所顯故，遍一切故。

【釋義】：「譬如空花」，相無自性性則譬如空花。由於眼疾而見空中起花，其實空中並無花，是故相無自性性。

「譬如幻像」，生無自性性猶如幻像，幻像無真實。既然是幻的像，則只是一個影像而已，或者是木頭變出來的像。

「一分勝義無自性性當知亦爾」，是說清淨依他。勝義無自性性分作兩分。這一分上來已說，理解為依他無勝義自性性。

「譬如虛空」，是說圓成。「眾色無性所顯，遍一切處。」虛空周遍一切處，是眾色無性所顯。圓成即是如此，圓成便是周遍一切。

圓成為甚麼周遍一切？因為從圓成可以看出法無

我，不僅是人無我、個體無我，抽象的名言概念
亦是無我，都不真實，都不能成立，是故它周遍
一切界。

相礙緣起亦是周遍一切界。倘若依相依緣起及相
對緣起，可能在我們這個世界可說為真實，然而
在不同時空的世界則一定不真實。不同時空的世
界，心識與外境的關係不像我們這樣；心性與法
性的關係亦可能不像我們這樣。例如無色天，無
色天的天人沒有物質，等於沒有我們人的身體，
他成立的外境必定與我們不同。我們的外境是物
質世界，無色天則沒有物質，其外境是甚麼樣，
無從知道。又如無想天，他們不可以說有心性，
究竟如何，亦無從知道。佛經說眾香國，整個世
界都由香成立，那便是我們想像不出來的世界。

我們疑惑香怎麼可以成立一個世界、成立諸菩
薩，是因為我們不同時空，是故不能理解他們。
因此說相礙緣起，則周遍一切界。他們的國度中
一定有不同的相礙，他們要適應與我們不同的相
礙，才能顯現，才能成立，才能存在而成為有。
因此只有說圓成，亦即只有在相礙緣起中，才能
說周遍一切，而不能從相依緣起及相對緣起來
說。我們有精神與物質的相對，他們一定沒有，
因為他們根本沒有物質。是故依我們的緣起，相
依緣起及相對緣起都不能周遍，只有相礙緣起才
能周遍，因為相礙緣起只是法則，與心識、心性
無關。因此可以說一切法由適應相礙而圓成，這

個法則必然可以周遍。

【正文】：善男子，我依如是三種無自性性密意，說言一切
諸法皆無自性。勝義生當知，我依「相無自性
性」密意，說言「一切諸法無生無滅、本來寂
靜、自性涅槃」。何以故？若法自相都無所有則
無有生；若無有生則無有滅；若無生無滅則本來
寂靜；若本來寂靜則自性涅槃。於中都無少分所
有，更可令其般涅槃故。是故我依相無自性性密
意，說言「一切諸法無生無滅、本來寂靜、自性
涅槃。」善男子，我亦依法無我性所顯勝義無自
性性密意，說言「一切諸法無生無滅、本來寂
靜、自性涅槃。」

【釋義】：「我依如是三種無自性性密意，說言一切諸法皆
無自性。」這是超越時空來說，所有諸法都沒有
自性，是即自性涅槃，這是依智識雙運來說，亦
即依如來藏來說。

「相無自性性」是根據我們的識境來說，亦喻為
根據螢光屏的影像來說。「相無自性性」即是說
識境，佛由此而說自性涅槃。

「無生無滅、本來寂靜、自性涅槃」是佛說之密
意，這密意可見於「相無自性性」上，可見於
「生無自性性」上，亦可見於「勝義無自性性」
上。

【正文】：何以故？法無我性所顯「勝義無自性性」，於常常時、於恒恒時，諸法法性安住無為。一切雜染不相應故，於常常時、於恒恒時，諸法法性安住故無為。由無為故無生無滅，一切雜染不相應故，本來寂靜、自性涅槃。是故我依法無我性所顯勝義無自性性密意，說言「一切諸法無生無滅、本來寂靜、自性涅槃。」

【釋義】：現在是從智識雙運境來說，因為「勝義無自性性」即是智識雙運境。

上來依「相無自性」是從識境來說，現在依「法無我性」來說，是依「於常常時、於恒恒時，諸法法性安住」來說，即是依諸法無為法性來說。無為法性是智。

現在是上升到高一個層次，用螢光屏喻，已經說到螢光屏本身，超越了螢光屏的影像世界，螢光屏的性即是法性，是恆常安住的，有螢光屏則有這個性。倘若將整個法界看作是一個螢光屏，這個法性則恆常存在。它的性我們稱作無為法性，因為法界的性是超越緣起的，例如螢光屏的自性，可以說是超越螢光屏影像世界的性。螢光屏影像世界建立的自性一定不同於螢光屏的性，因為已經加上諸多名言與概念。將這些名言概念清除之後，便可以說，螢光屏影像的自性，一定是螢光屏性，即如鏡中的影像，他的自性一定是鏡性，由這樣來理解，便可以決定法無我性，勝義無自性性。依此即可建立「一切諸法無生無滅、

本來寂靜、自性涅槃」。此如影像，其自性即是
螢光屏性，如是一切諸法，其自性便即是法性，
即是如來法身，由是，便可以很自然地建立為
「無生無滅、本來寂靜」，依此說為「自性涅
槃」。

【正文】：復次，勝義生，非由有情界中諸有情類，別觀
「遍計所執自性」為自性故，亦非由彼別觀「依
他起自性」及「圓成實自性」為自性故，我立三
種無自性性。然由有情於依他起自性及圓成實自
性上增益遍計所執自性故，我立三種無自性性。

【釋義】：「別觀遍計所執自性為自性」一句，依藏譯要加
「別異」二字，即改作「別觀遍計所執自性為別
異自性」（下句說別觀依他圓成亦同，「自性」
應改為「別異自性」）。

此處說為何建立三無性。佛言：不是因為有些有
情將遍計性視為獨立的自性（「別異自性」即是
「獨立自性」）；亦不是因為有些有情將依他
性、圓成性視為獨立自性。這即是說，並不是因
為有情有三種類別，各各分別執持一自性，是故
建立三無自性。這即是說，佛不分別三種有情，
亦不分別三種自性，這就是不從別相來觀察了。
不從別相，則依共相，所以說，佛是因為有情在
依他自性上、在圓成自性上，增益遍計，是故才
說三無自性性。換句話來說，對於相依，有情一
定加以遍計；對於圓成，有情亦一定加以遍計。

為甚麼呢？因為有情慣於住在名言與句義中，亦即慣於依佛的言說，如是一落名言，即成遍計。這就是總相了。

由這段經文，我們就可以理解，佛並不以三自性為真實，亦不以圓成自性為究竟，因為有情實在難以超越言說，來理解三自性的密意，譬如依他自性，一見「依他」，我們立即就會落在「外境恆常依心識而成顯現」這個概念。由這個概念可以成立唯識，然而，若依究竟，這概念其實只是識境的真實，在智識雙運的境界中，心識不真實，亦非不真實，所以不能說安立依他自性即是真實。至於圓成性，在識境中是最高的建立，一切諸法在識境中如實而任運圓成，所以這任運，便是最究竟的緣起，可是，他依然落於緣起，所以只能說是，佛在後得智中見識境的生起是圓成自性相，但在法爾的根本智境中，可以成立圓成相。正唯其局限在於識境，所以對於這兩種自性，便不能離開戲論來建立，因此，便必然落於遍計。這樣一來，三自性不能說為真實，只是善巧方便的建立，由是才須要建立三無性來超越三自性。

瑜伽行古學很理解三無性超越三自性的密意，所以在真諦的譯典中，便有明白的顯示，現代唯識學人說：遍計執自性有相無自性性；依他起自性有生無自性性；圓成實自性有勝義無自性性。此即不同瑜伽行古學，於佛的密意亦有所失。

【正文】：由遍計所執自性相故，彼諸有情於依他起自性及圓成實自性中隨起言說。如如隨起言說，如是如是，由言說熏習心故，由言說隨覺故，由言說隨眠故，於依他起自性及圓成實自性中，執著遍計所執自性相，如如執著。

如是如是，於依他起自性及圓成實自性上，執著遍計所執自性。由是因緣，生當來世依他起自性；由此因緣，或為煩惱雜染所染；或為業雜染所染；或為生雜染所染。於生死中，長時馳騁，長時流轉，無有休息；或在那落迦、或在傍生、或在餓鬼、或在天上、或在阿素洛、或在人中，受諸苦惱。

【釋義】：「如如」一般是說真如的「如」，此段所說的「如如」是「如是如是」之意，並非是說真如。

「如如隨起言說」，是說遍計、依他、圓成三自性，無論那種自性，我們都隨起言說，都跟著名言成立一個概念。見「依他」之名，則起依他想，見「圓成」之名，則起圓成想，復由想來定義本來客觀的依他與圓成，是即「如如隨起言說」。

經文下面便舉出遍計的例子：「如是如是，由言說熏習心故，由言說隨覺故，由言說隨眠故」。由言說則影響我們的心，熏習我們的心。熏習是唯識宗的名詞，它建立種子，種子便受熏習。無

論我們作甚麼業，身語意的業都熏習種子，熏習
是熏習我們的心，因此當我們用言說成立一切
法，我們對於依他、圓成，由熏習故，便變成是
執著由名言句義而起的遍計。

此段經文是強調甚麼？是強調言說的熏習。無論
遍計、依他，以至圓成的一切法，我們都給他一
個「隨起言說」，由是熏習我們的心識種子，是
故都變成遍計。因此下來所說的觀修，便是要你
離名言、離概念、離言說。

在此有必要說說甯瑪派一個很重要的教法原則，
那就是現證本覺。所謂本覺，是離開名言與句義
的覺受，亦即證入無分別、無所得的覺受。

何謂本覺？本覺即是根本的覺受、本來就有的覺
受。所謂本來，是說清淨的、不落名言概念的。
我們生活中的覺受都不是本覺，因為都落在名言
與概念中。例如我們吃辣的東西，馬上分別得出
是何種類的辣，諸如胡椒的辣、辣椒的辣、芥末
的辣。還分得出是那處地方的辣椒，分別得非常
清楚。這就說明，我們的覺受是對自己之所覺，
都落在名言與概念來作分別，是故要離名言與概
念才能證到本覺。於觀修時，等持境一旦落在名
言與概念，這覺受便一定不是本覺。若是傳法的
人只是說諸本尊對你有甚麼好處，對你有甚麼利
益，給的只是一堆名言、概念、遍計。結果學手
印一百八十個、咒語一百八十個、本尊一百八十
個，然而絕對不能成佛，甚至不能積資糧，因為

你證到的只是對一堆名言句義的覺受，這樣的習所成種性絕對不能令自性住種性顯現。

「由言說隨覺故，由言說隨眠故，於依他起自性及圓成實自性中，執著遍計所執自性相。」隨覺即是隨言說的覺受。這不是本覺，這是輪迴。至於隨眠，即是無明，更加不是本覺。

本經說到此，於本品無自性相品中，作出了一個很重要的指示及教導，由此我們懂得離遍計即是離言說，離言說才是得到本覺的竅門。是故這是《解深密經》說觀修的密意，我們必須認真理解。

此處續言，倘若不懂得自性涅槃則必輪迴；若是在依他與圓成自性上執著遍計自性則必輪迴；「生當來世依他起自性」便是由依他而成輪迴，在來生跟隨著依他緣起來成立你自己，你又再變成來生的人。我們一落遍計，由此因緣便有雜染，此雜染即是煩惱雜染、業雜染、生雜染，亦即惑、業、苦的雜染。輪迴界則有這三種雜染。

雜染從何而來？從遍計、從言說而來，從分別、從分別覺受而來，從本覺不顯現而來。

【正文】：復次，勝義生，若諸有情從本已來，未種善根、未清淨障、未成熟相續、未多修勝解、未能積集福德、智慧二種資糧，我為彼故，依生無自性性宣說諸法，彼聞是已，能於一切緣生行中，隨分

解了無常無恆，是不安隱變壞法已，於一切行，心生怖畏，深起厭患。心生怖畏，深厭患已，遮止諸惡，於諸惡法能不造作，於諸善法能勤修習。習善因故，未種善根，能種善根；未清淨障，能令清淨；未熟相續，能令成熟。由此因緣，多修勝解，亦多積集福德、智慧二種資糧。

【釋義】：「未種善根、未清淨障、未成熟相續、未多修勝解、未能積集福德、智慧二種資糧」，此謂五事未具。

有情恆時落於遍計，便必然五事未具，對於這些有情，佛便依「生無自性性」來作言說，這並不是根據生無自性性來建立依他自性，而是超越依他自性來說無生。得無生法忍，便知一切諸法實為佛內自證智境上的隨緣自顯現，如是即為智境上的識境任運圓成。由是即能現證生無自性性，於是更不安住於變壞法中，是即出離（在《大寶積經・無邊莊嚴會・出離陀羅尼品》即詳說出離義）。

入出離道，即能種善根、得清淨、成熟相續、多修勝解、積集二資糧。

【正文】：彼雖如是種諸善根，乃至積集福德、智慧二種資糧，然於生無自性性中，未能如實了知相無自性性及二種勝義無自性性；於一切行未能正厭、未正離欲、未正解脫、未遍解脫煩惱雜染、未遍解

脱諸業雜染、未遍解脱諸生雜染。如來為彼更説
法要，謂相無自性性及勝義無自性性。為欲令其
於一切行能正厭故、正離欲故、正解脱故，超過
一切煩惱雜染故，超過一切業雜染故，超過一切
生雜染故。彼聞如是所説法已，於生無自性性
中，能正信解相無自性性及勝義無自性性，揀擇
思惟，如實通達。

【釋義】：經文大意是說，眾生「雖如是種諸善根，乃至積
集福德、智慧二種資糧」，五事已具，然而不能
了知相無自性性與勝義無自性性，只是懂得生無
自性性，因此不能正確地厭棄輪迴，不能正確地
厭離雜染，不能正確地離欲，不能正確地求解
脫，這是說聲聞眾。

此段經文可參考《寶性論》。《寶性論》說有三
種有情不能了知如來藏，與這裡的論述有相同之
處，不過說法不同而已。

前面說有一類五事未具的眾生不能了知遍計自
性，他們是凡夫。現在是說五事已具的聲聞，這
類眾生了知生無自性，然而落於緣起，他們不懂
得遍計及圓成，亦即不懂得如來藏，所以不是正
厭離。

為甚麼不是正厭離呢？他們以無生為智境，於是
住於智境之中，亦厭離識境，由是落於邊見，所
以其厭離非正。如來藏是智識雙運的境界，此是
諸佛密意，於智識雙運中，既由生無自性性，理
解依他自性的建立，然而尚須由下而知，由相無

自性超越遍計，由勝義無自性超越圓成，這樣才能正建立出離，所謂出離，最重要的是，由無分別、無所得，出離心識境界，當然也就出離名言句義。倘若住於識境來認識識境的無生，對智識雙運便不能通達。

此段經文恰好說到目前佛家的狀況，佛為這種人還要說相無自性性與勝義無自性性，謂三自性都要通達，不能只說依他，亦即不能只說緣起。

現在自以為是中觀宗的人，對緣起與空的理解，只是說「因為緣起，所以性空」，再說「由於性空，是故緣起」，便以為已經得到龍樹的教法。實為大錯，《解深密經》此段經文明確指出，只懂得生無自性性，亦即落於緣起，則一定輪迴。因此佛特別要為這類眾生說相無自性性及勝義無自性性，使他們正厭離、正離欲、正解脫，才能夠超過一切的雜染。聽完佛如是說，便可於生無自性性中，「**正信解相無自性性及勝義無自性性**」。

在緣起的範圍，凡是緣起法一定有一個遍計加在上面。為甚麼？因為，若離名言句義則不能成立緣起，所以依龍樹的教法，「緣生」即是依緣起而生，依緣起而成為有。倘如要理解「性空」，則須知遍計自性及圓成自性。依遍計自性，知一切諸法名言有；依圓成自性，知一切諸法由適應相礙而任運圓成，如是而成為有。若知二者，即知性空。於遍計，名言有當然不能說為真實有；

於圓成，一切諸法的自性即是本性。何謂本性？
一切諸法都是智境上的自顯現，因此智境的性便
是他的本性，此如鏡的性，便是鏡影的本性；螢
光屏的性，便是螢光屏影像的本性。由圓成自性
所建立的一切法，如鏡影、如影像，其自性既為
本性，因此便可以說為「性空」，這是「性空」
的究竟義，亦即佛言說的密意，是故「緣生」而
成為有，超越緣生而見其本性，便成「性空」。
這亦是龍樹說「緣生性空」的密意。欲知此密
意，必須了知三自性。

總結來說，若不知遍計自性，便不能正確認知
「緣生」；若不知圓成自性，便不能正確認知
「性空」。世親論師在《三自性判定》中，其實
已說及這個意趣（見拙《四重緣起深般若》）。

【正文】：於依他起自性中，能不執著遍計所執自性相。由
言說不熏習智故、由言說不隨覺智故、由言說離
隨眠智故，能滅依他起相。於現法中智力所持，
能永斷滅當來世因。由此因緣，於一切行能正厭
患、能正離欲、能正解脫、能遍解脫煩惱、業、
生三種雜染。

【釋義】：「於依他起自性中，能不執著遍計所執自性相。」
能正理解依他，則依他上不落於遍計，不落於名
言。怎樣正理解依他呢？一切諸法都要依緣生
起，究竟的依緣是以法性為緣，此即可說為現
分、明分，是即如來法身功德。這樣就落於相礙

緣起的層次，亦即圓成自性的層次。亦即於依他自性中，更不施設名言與概念來理解，這樣就「能不執著遍計所執自性相」。

「由言說不熏習智故」，言說不影響我們的智；「由言說不隨覺智故」，不隨著這個言說來起覺智；「由言說離隨眠智」，能夠離隨眠（亦即煩惱），因此能夠「滅依他起相」。此處是教導如何滅依他起相，亦即如何滅緣起相。

為甚麼要滅緣起相？因為無為法離緣起，倘若不能離緣起，永遠落在緣起上，則永遠是有為法。有為與無為的分別即在於此。是故一定要離緣起相。滅依他起相，則能夠滅「當來世因」，第二生的因給滅掉，是故不再輪迴。

上來說遍計是名言，本覺是離名言。此處說如何才能夠斷輪迴。斷輪迴，不須斷圓成。只要滅依他，即是斷緣起。若無所依，則自無圓成可言，因為無所依則無相礙，是故只須斷滅依他，更不須斷滅圓成。

如何能夠斷緣起？要懂得相無自性性及勝義無自性性，便能夠滅依他，斷緣起。世親的論著《三自性判定》，其中一個頌可作為補充說明。頌云——

「能顯現依他，似顯現遍計。此時無變易，圓成即可知。」

一切能顯現其實是依他而顯現，根據緣起而顯

現，然而我們看不見是依他顯現，所以看不見這個能顯現，看見的只是似顯現，即是在依他上的遍計顯現，加上名言及句義，於是原來是能顯現的依他，便變成似顯現的遍計。

雖然如此，「**此時無變易，圓成即可知**」。無論是依他的能顯現，還是遍計的似顯現，一切法其實無變易。為甚麼？因為無論怎樣理解螢光屏上的影像作何顯現，螢光屏上的影像都無變易，如是顯現即如是顯現，但有一點卻可以決定，即是螢光屏上的影像，一定要適應螢光屏，以及螢光屏影像世界，這就是說落於相礙緣起的智識雙運境界，是故對識境來說即是圓成。

智境上的識境無論如何顯現，智境都無變易（喻為螢光屏不因影像而有變易），識境對智境亦無異離（喻為螢光屏影像從來不離螢光屏），這就是智識雙運的涵義。我們要從智識雙運來認識法界的一切自顯現。能夠這樣認識，就知道圓成自性相。智境有功德，是故識境能隨著它的相礙而適應，因此一切法便顯現出來。能夠認識智識雙運，便能離緣起，從有為進入無為，是即能滅緣起法，這便是如來藏的觀修。

還須要補充的是，一切觀修，是從有相修到無相，然而若是永遠住於無相，則永遠不能到達無上大乘，是故一定要再從無相觀修成有相，不過此時的有相不同初時的有相。初時的有相是遍計，去掉遍計則無相。離開遍計得到的不是依

他，而是圓成，在依他上再離開遍計，如是便現證圓成自性，由是成為有相。

再詳細一點來說：凡夫的有相是遍計，名言有。離開遍計則離開名言，離開名言則無分別。如是離開遍計、離開名言得到的無分別相就叫做無相。從這個無相再進一步觀修，我們便知道圓成。從相礙緣起來看一切相，這個有相是智識雙運的相，是螢光屏連同螢光屏的影像同時看到的相。依遍計看見的相則看不見螢光屏，只看到螢光屏中的影像；依依他起看見的相，知道螢光屏的影像不實在，但是還沒有見到螢光屏；依圓成看見的相，是螢光屏連同螢光屏影像同時見到的相，這是智識雙運的相，是從無相到有相的相。

有這樣的說法：起初看見「山是山，水是水」，然後看見「山不是山，水不是水」，最後又看見「山還是山，水還是水」。這說法不是證量，只是說從有相到無相再到有相的觀修。見「山不是山，水不是水」是否定遍計，說「山還是山，水還是水」是斷滅依他。

【正文】：復次，勝義生，諸聲聞乘種姓有情，亦由此道此行跡故，證得無上安隱涅槃。諸獨覺乘種姓有情，諸如來乘種姓有情，亦由此道此行跡故，証得無上安隱涅槃。一切聲聞、獨覺、菩薩皆共此一妙清淨道，皆同此一究竟清淨，更無第二。我依此故，密意説言唯有一乘，非於一切有情界

中，無有種種有情種姓，或鈍根性、或中根性、
或利根性有情差別。

【釋義】：「諸聲聞乘種姓有情」，「諸獨覺乘種姓有
情」，「諸如來乘種姓有情」，都是這樣，能夠
循此道來修，才能夠證到安穩的涅槃。這裡是說
一乘。三乘的行人都要按這樣來修，才能得到這
樣離緣起的境界。離緣起則沒有雜染，惑、業、
苦三種雜染果都沒有。是故說「皆共此一妙清淨
道，皆同此一究竟清淨，更無第二。」由是說唯
有一乘，這就是無上大乘，亦即觀修如來藏的一
佛乘。不是說沒有根器的分別。

【正文】：善男子，若一向趣寂聲聞種姓補特伽羅，雖蒙諸
佛施設種種勇猛加行方便化導，終不能令當坐道
場，證得阿耨多羅三藐三菩提。何以故？由彼本
來唯有下劣種性故，一向慈悲薄弱故，一向怖畏
眾苦故。由彼一向慈悲薄弱，是故一向棄背利益
諸眾生事；由彼一向怖畏眾苦，是故一向棄背發
起諸行所作。我終不說一向棄背利益眾生事者，
一向棄背發起諸行所作者當坐道場，能得阿耨多
羅三藐三菩提，是故說彼名為一向趣寂聲聞。

【釋義】：「聲聞種姓補特伽羅」，對聲聞種姓人，佛雖施
設種種勇猛加行，唯彼不堪受，是故「終不能令
當坐道場，證得阿耨多羅三藐三菩提」。道場即
是壇城，不能坐壇城觀修而得正覺。為甚麼？因
為他們是「下劣種姓，慈悲薄弱，怖畏眾苦」，

是故不敢輪迴。「棄背利益諸眾生事」，即是他們的觀修只求自利，是故不能當坐道場得到正覺。

「一向趣寂聲聞」，「一向」是指落於一邊來觀修。聲聞趨於寂滅邊，無大乘的發心救渡眾生，是故稱為一向。從如來藏的觀點來說，聲聞只求識境的寂滅，不認識智識雙運，是故不成無上大乘的菩提心。

在此須指出，從「諸佛施設種種勇猛加行方便化導」一句，說明釋迦牟尼當年有教弟子如何觀修，其觀修即是「勇猛加行」，這便等於密乘修法了，至今密乘亦為修四部加行。施設加行，有如施設觀修的儀軌，行者依循儀軌觀修，才能於心識生起觀修的行相。

【正文】：若迴向菩提聲聞種姓補特伽羅，我亦異門説為菩薩。何以故？彼既解脱煩惱障已，若蒙諸佛等覺悟時，於所知障，其心亦可當得解脱。由彼最初為自利益修行加行脱煩惱障，是故如來施設彼為聲聞種姓。

【釋義】：「若迴向菩提聲聞種姓補特伽羅，我亦異門説為菩薩」。倘若聲聞種姓能夠迴向菩提，雖然他不是菩薩，我亦叫他做菩薩。何謂迴向菩提？菩提即是覺，求證本覺即是迴向菩提。倘若聲聞求證本覺，佛亦稱之為菩薩。即是說，聲聞所證的不是本覺，而是落於名言與句義的覺受，落於寂滅

邊的覺受。他們的名言句義是甚麼？是滅受想。他們以為覺受不起即是本覺、即是清淨。這見地錯在何處？錯在他們未離名言句義，「寂滅」已經是一個名言。因此，寂滅的覺受，亦仍然是識境的覺受，與無上大乘的覺受相比，落於邊際。覺受本身沒有錯，釋迦牟尼亦有覺受。因此不是不要覺受，而是要離名言與句義而覺，這才能稱為正覺。

例如修金剛波浪道，首先是修得一個覺受，然後是離所緣境來修覺受，亦即以此覺受為所緣境。於修覺受時，覺受如何便是如何，更不得加以名言與句義。例如不能於修覺受時，更說所修本尊有何種利益，一生利益想，立即落於名言句義，由是本覺即不起。

觀修的人常常落在名言句義上，執著這個本尊有甚麼好處，那個本尊有甚麼好處，這樣觀修十萬次，依然是修輪迴法，充其量不過是為輪迴積一點善業而已，連資糧亦不可得，因為他已經落於遍計。上來已說，持遍計見觀修，無有資糧積集。

背棄眾生利益則不能證覺（證菩提），若是迴向菩提則不同，因為二種菩提心雙運，即成自利利他，不落自利邊，若為求自利、唯求寂滅，絕對不是菩提心。若自己認為是學大乘法的人，倘若不能發菩提心，不但不能稱為菩薩，且比聲聞還不如。因為他們連寂滅都不能證得。

釋迦為引導小乘弟子趨向大乘，是故說迴向菩提
心的聲聞亦可稱為菩薩，亦即所行雖為小乘觀
修，但能發菩提心，就可以趨入大乘（菩薩
乘）。

【正文】：復次，勝義生，如是於我善說善制法毘奈耶，最
極清淨意樂所說善教法中，諸有情類意解種種差
別可得。

【釋義】：法毘奈耶即是法戒，毘奈耶的梵文是vinaya，佛善
說善制的法戒，是針對諸有情類而制，有情差別
不同，是故法戒亦即不同，釋迦所善說善制的法
戒包含各種有情類別，是故說為「最極清淨意樂
所說善教法」，因此，不能用法戒中針對聲聞的
法戒來規範大乘菩薩。聲聞的法戒並未注重菩提
心，因此不能用此為藉口來反對大乘。例如，針
對聲聞的法戒規定，小乘弟子不能讓女人踩著他
的衣影，這條法戒便不適合發菩提心的大乘菩薩
了。

上來幾段經文是說聲聞不究竟，只有修一乘才是
究竟，一乘即是無上大乘，所以此處不稱作大
乘。此一乘是聲聞、緣覺、菩薩都要證入的教
法，這個教法即是如來藏教法，以如來藏為果。
彌勒瑜伽行所傳的教法，便是一乘的觀修，以唯
識為道，以如來藏為果。

【正文】：善男子，如來但依如是三種無自性性，由深密意，於所宣說不了義經，以隱密相說諸法要，謂「一切法皆無自性、無生無滅、本來寂靜、自性涅槃。」

【釋義】：現在說到了義與不了義。釋迦牟尼說法，有很多教法。當他涅槃之時，說四依：依法不依人，依了義不依不了義，依義不依語，依智不依識。其中的「依了義不依不了義」，皆因釋迦牟尼所說常有不了義語。初轉法輪及二轉法輪所說皆不了義，三轉法輪亦有不了義的言說。唯有說如來藏的經，以及文殊師利說不二法門，才是了義，稱為「獅子吼」。

現在如何看那些不了義的經呢？

此段經文便是教導，如何將不了義的經，能夠變成如看了義的經一樣，得到這樣的利益，得到這樣的效果。

對於那些不了義的經，說出其密意，則變成了義。例如說空，其密意是，一切諸法的自性即是本性，這本性可以說為法性，自性與法性雙運，便可說為現空，這亦即是智識雙運的境界。

若問這些密意為何不說出來？此乃次第的問題。當佛說這些教法的時候，其次第還未到智識雙運界，是故唯有施設名言。當佛說性空，則要瞭解這是在說智境；當佛說緣生，則須明白這是在說識境。緣生性空的密意即在於此。能夠了知此言

說的密意，則所說雖不了義，學人亦能知了義。
能這樣理解不了義經的密意，則可理解「一切法
皆無自性、無生無滅、本來寂靜、自性涅槃」。

【正文】：於是經中，若諸有情已種上品善根已、清淨諸障
　　　　已、成熟相續已、多修勝解已，能積集上品福
　　　　德、智慧資糧，彼若聽聞如是法已，於我甚深密
　　　　意言說如實解了，於如是法深生信解，於如是義
　　　　以無倒慧如實通達，依此通達善修習故，速疾能
　　　　證最極究竟，亦於我所（說）深生淨信，知是如
　　　　來應正等覺，於一切法現正等覺。

【釋義】：此說五類有情，對如來藏教法的反應，依其根器
　　　　分別作說。

　　　　第一類有情，他們已種上品善根，已清淨諸障，
　　　　五事已具，對密意能夠如實解了，對釋迦不了義
　　　　之說，能如實信解、如實通達，由是即能現證最
　　　　究竟的教法，得正等覺。這裡強調「正等」，即
　　　　是現證大平等性。

【正文】：若諸有情已種上品善根已、清淨諸障已、成熟相
　　　　續已、多修勝解，未能積集上品福德、智慧資
　　　　糧，其性質直，是質直類。雖無力能思擇廢立而
　　　　不安住自見取中，彼若聽聞如是法已，於我甚深
　　　　祕密言說，雖無力能如實解了，然於此法能生勝
　　　　解，發清淨信，信此經典是如來說，是其甚深顯

現、甚深空性相應，難見難悟，不可尋思，非諸
尋思所行境界。微細詳審聰明智者之所解了，於
此經典所說義中，自輕而住，作如是言：諸佛菩
提為最甚深，諸法法性亦最甚深，唯佛如來能善
了達，非是我等所能解了。諸佛如來為彼種種勝
解有情轉正法教，諸佛如來無邊智見，我等智見
猶如牛跡。於此經典雖能恭敬為他宣說，書寫護
持、披閱流布、殷重供養、受誦溫習，然猶未能
以其修相發起加行，是故於我甚深密意所說言辭
不能通達。由此因緣，彼諸有情亦能增長福德、
智慧二種資糧，於彼相續未成熟者亦能成熟。

【釋義】：現在說第二類有情，雖然「已種上品善根」，卻
「未能積集上品福德、智慧資糧」。前第一類有
情是上根，而且二種資糧已經積集，五事已具。
今第二類有情雖亦是上根，可是積資糧仍未圓
滿，五事中只具四事，是故不如第一類眾生。

佛說這類眾生「其性質直」。質則不華，直則不
曲。一般有情皆為華與曲，於諸法加上名言句
義，是華；不能如實理解佛之所說，是曲。所以
現在第二類有情已比一般有情超勝。

雖然他們「無力能思擇廢立」，不懂得如何思
維，如何作抉擇；不懂得於不了義中如何離名言
句義，依密意安立等持，然而他們「不安住自見
取中」。這一點很重要，諸宗宗義的建立，其實
亦是「自見取」，所以應成派不立宗義，無上瑜
伽密亦不立宗義。我們凡夫則安住於自見取中，

依自己的觀點而取、依自己的觀點作抉擇與決定，如是則只能依文字、語言來理解佛的言說，這樣一來，不但不能理解佛的密意，反而可能將了義經作不了義的理解。倘若他們聽到現在佛說的「解深密」，則對了義經「雖無力能如實解了」，但是由於對「解深密」能生勝解、發清淨信、信此經典是如來說，便能不住自見取。

現今一些學佛之人，認為《解深密經》尚未圓滿，因為不同於他們的宗見，於是便用發展的觀點來認識，由此說初期、中期、後期，例如對如來藏便有初期、中期、後期之分，依照他們的觀點，有些如來藏說法只見於論典，不見於經，那就等於說釋迦牟尼不懂得「後期如來藏」，只懂得不究竟的如來藏，如來藏發展到後來才完善。那麼，寫論典的論師就比釋迦牟尼還要究竟。這說法聽起來就知道不合理，他們是按世間學術發展的觀點來看佛法。世間的學術是從不完善發展到完善，例如牛頓的萬有引力學說發展到愛因斯坦的相對論，再發展到量子力學，此謂之發展。所以釋迦牟尼只是牛頓；說《寶性論》的彌勒是愛因斯坦。這個現象就是不信一切教法是如來所說。我們應該這樣認識：釋迦的教法不是由發展而來，菩薩的教法則可以分為先後，因為菩薩並非同一時期說一切教法。

第二類有情能夠信解如來所說的法，是故他們「於此經典所說義中，自輕而住」。「自輕」是

唐代的語言，自輕即是不驕傲。能夠在勝義中
「自輕而住」。若是他們這樣瞭解，便能夠慢慢
增長福德、智慧二種資糧，「於彼相續未成熟者
亦能成熟」。

【正文】：若諸有情廣說乃至未能積集上品福德、智慧資
糧，性非質直，非質直類。雖有力能思擇廢立而
復安住自見取中，彼若聽聞如是法已，於我甚深
密意言說不能如實解了，於如是法雖生信解，然
於其義隨言執著，謂一切法決定皆無自性、決定
不生不滅、決定本來寂靜、決定自性涅槃。由此
因緣，於一切法獲得無見及無相見，由得無見無
相見故，撥一切相皆是無相，誹撥諸法遍計所執
相、依他起相、圓成實相。何以故？由有依他起
相及圓成實相故，遍計所執相方可施設。若於依
他起相及圓成實相見為無相，彼亦誹撥遍計所執
相，是故說彼誹撥三相。雖於我法起於法想，而
非義中起於義想。由於我法起法想故，及非義中
起義想故，於是法中持為是法，於非義中持為是
義。彼雖於法起信解故，福德增長，然於非義起
執著故，退失智慧。智慧退故，退失廣大無量善
法。

【釋義】：第三類有情「廣說乃至未能積集上品福德、智慧
資糧」，而且「性非質直」，喜歡名言概念，縱
使他們有能力思擇廢立，卻住在自見取中。雖然
懂得抉擇，但卻是住在自己的見地中來抉擇，是

故對甚深密意的教法便不能如實了解。

為甚麼不能如實了解？是因為他們住在「自見取」中，等於現在小中觀、唯識宗否定如來藏、否定瑜伽行中觀。中觀宗唯說緣生是故性空，是住在自見取中；唯識宗住在唯識無境，亦是住在自見取中。是故他們不能如實瞭解通達密意。令人擔憂的是，經中佛所指出的種種錯誤現象，說的正是現在學人的情形。

第三類有情對本經的意義隨言執著，經文說一切諸法「皆無自性」、「無生無滅」、「本來寂靜」、「自性涅槃」。他們便執著這一句話。

「由此因緣，於一切法獲得無見及無相見，由得無見無相見故，撥一切相皆是無相。」認為所有的相都是無相，否定一切相，這是根本不瞭解佛的密意。上來說過無相之後還要有相，他們卻認為佛說「一切諸法皆無自性」，便是遮撥一切相皆為無相，由是便不知三自性相的密意。例如現在有些學人，一見說三自性相，便認為是說唯識，那便不知三自性相與如來藏的關係，因此又說如來藏違反緣起。

「誹撥諸法遍計所執相、依他起相、圓成實相」，即由不了知三自性相而來。將依他相、圓成相，錯誤地認為即是無相，因為無自性，是故無相；又不知遍計自性相，實在是於依他、圓成相上，用名言句義加以分別，所以便誹撥遍計相。因為若依他、圓成相都為無相，是則不能建

立依他相。

「雖於我法起於法想，而非義中起於義想」，這即是，雖然尊重釋迦的教法，而卻理解失誤，執著於佛的言說，是故便將「非義」視之為「義」。例如將佛說的緣起，視為佛家的根本，那便是將非義當成為義。必須離緣起始能成佛，假若緣起是佛家的根本思想，那又如何能夠離去。

此外，還有執自宗見來誹撥他宗、依不了義來誹撥了義、依名言句義來誹撥離言密意，尤其慣於依人而不依法，這樣一來，佛的密意就受到誹撥。

是故第三類有情對佛的教法沒有智慧。

【正文】：復有有情從他聽聞，謂法為法、非義為義。若隨其見，彼即於法起於法想，於非義中起於義想，執法為法、非義為義。由此因緣，當知同彼退失善法。若有有情不隨其見，從彼聽聞「一切諸法皆無自性、無生無滅、本來寂靜、自性涅槃，」便生恐怖，生恐怖已，作如是言：此非佛語，是魔所說。作此解已，於是經典誹謗、毀罵。由此因緣，獲大衰損，觸大業障。由是緣故，我說若有於一切相起無相見，於非義中宣說為義，是起廣大業障方便。由彼陷墜無量眾生，令其獲得大業障故。

【釋義】：第四類有情「從他聽聞」，是從第三類有情聽聞
　　　　　佛法。他們已經有法我，而且將非義當作是義，
　　　　　然後再去教他人。被教之眾生從他聽聞，謂法為
　　　　　法，執非義為義，是故一切善法他們都學不到。
　　　　　將「一切諸法皆無自性、無生無滅、本來寂靜、
　　　　　自性涅槃」變作口頭禪，而且對這句話心生恐
　　　　　怖，認為非佛說，是魔在說法。對於凡是自己不
　　　　　理解的、與自己「自見取」不同的法門，皆作質
　　　　　疑。這類人「由此因緣，獲大衰損，觸大業
　　　　　障。」

　　　　　這類有情的弊病在於「於一切相起無相見」。事
　　　　　實上一切相不是無相，而是有相，是圓成而有。
　　　　　圓成而有即是適應相礙緣起而有，正如華嚴宗所
　　　　　說的無礙，「事事無礙」、「事理無礙」。所謂
　　　　　無礙即是適應了相礙，說為任運圓成。「於一切
　　　　　相起無相見」時，對此即不能解悟，因而起斷滅
　　　　　見，並為此斷滅見而生恐怖。

【正文】：善男子，若諸有情未種善根、未清淨障、未熟相
　　　　　續、無多勝解、未集福德、智慧資糧，性非質
　　　　　直，非質直類，雖有力能思擇廢立，而常安住自
　　　　　見取中。彼若聽聞如是法已，不能如實解我甚深
　　　　　密意言說，亦於此法不生信解，於是法中起非法
　　　　　想，於是義中起非義想，於是法中執為非法，於
　　　　　是義中執為非義，唱如是言：此非佛語，是魔所
　　　　　說。作此解已，於是經典誹謗、毀罵、撥為虛

偽，以無量門毀滅摧伏如是經典，於諸信解此經
典者起怨家想，彼先為諸業障所障。由此因緣，
復為如是業障所障，如是業障初易施設，乃至齊
於百千俱胝那庾多劫，無有出期。

善男子，如是於我善說善制法毘奈耶，最極清淨
意樂所說善教法中，有如是等諸有情類意解種種
差別可得。

【釋義】：現在說到最後一類第五類有情，因為他們五事皆
不具足 —— 未種善根、未清淨障、未熟相續、無
多勝解、未集福德、智慧資糧，是故謂之根器最
低的一類，因此，對佛密意全無所知，依自己的
主觀見解，將佛密意的法視為非法，將佛密意的
義視為非義，由是只能說相似法，如相似般若波
羅蜜多，相似如來藏，由是將佛所說視為魔說，
甚至誹謗經典視為魔說，說為偽經，將信解佛密
意法、義、經、論的人視為怨敵，由是積重重業
障，無有出期。

我們平心靜氣讀這一段經文，再結合近代的佛學
現象，應該作一省思。對那些被判為偽經偽論的
典籍，是否須要重新檢討。尤其是《楞嚴經》和
《大乘起信論》，判其為偽，是否與執持宗見有
關。

上來經文，是說五類有情於佛密意生差別意解。
佛說一切法相，由三自性相、三無自性相而說，
由是說「**一切諸法皆無自性、無生無滅、本來寂**

靜、自性涅槃」。由於根器不同，五類有情對此
有不同的理解。

經中說到「成熟相續」、「未熟相續」，關於相
續的問題，須要作一補充。

唯識宗與中觀宗最大的分別，則在於對相續的理
解。唯識宗與瑜伽行古學對於相續的問題，亦有
不同的看法，因此對如來藏的理解便有差別。

要談相續，須要先了解如何才叫做「有」。
「有」即是「存在」與「顯現」。這可以分為四
種狀態：既存在亦顯現；不存在不顯現；雖存在
不顯現；不存在但顯現。這四種狀態，前兩種沒
有問題，既存在亦顯現，自然是有；不存在不顯
現，自然是非有。但後兩種便不同了，由於宗見
不同，便不一定稱之為有，雖存在不顯現，是深
密的有，恐怕只有大中觀才認識他，因為大中觀
用相礙緣起來看事物的有，由適應相礙，而成存
在而不顯現的狀態，這當然是有，此如不同時空
的世間，彼此便都是雖存在而不顯現。三度空間
的世間與四度空間的世間，彼此當然不能相見，
是即不成顯現，但卻不能否定彼此的存在。即使
同一時空，亦可能存在而不顯現，例如人體的經
絡、穴道。

彌勒瑜伽行承認雖存在不顯現的一切法為有，可
是唯識宗卻不能稱之為有，因為唯識的定義是：
一切外境須依心識而成立，若不顯現則非心識所

緣境，既非心識所緣，那就不能說之為有，倘如承認為有，就不能說唯識無境。這就跟瑜伽行派不同，瑜伽行派將輪迴界視為法所相，即依虛妄分別而成的相，那就可以超越心識的局限，不僅承認心識所緣的識境為有，可以將超越心識，存在而不顯現的事物亦視為有。

對於相續，也牽涉到這個問題，我們的身相續、我們的心相續、我們的業力相續、我們的世間相續，如何認識這些相續為有呢？這就跟存在與顯現有關了。

在這個世俗現實中，我們從未留意到相續。相續亦即變化，我們可以從相續來瞭解自己的身體，我們的身體是一直變化的，一個變化接著一個變化，一直相續下來，是故我們覺得這個身一直存在。從出生到長大到老死，我們都是這個身。然而身體的外形變化可見，身體內部的變化則不可見（這亦可以說是存在而不顯現），那麼，「唯識無境」是否包括身相續呢？身相續是否可以說為有呢？唯識宗似乎沒有探討這個問題，他們根據瑜伽行古學承認相續，但卻沒有回答這個問題，因此就不能由相續來認識如來藏，因為他們不能認識相礙緣起。這就導致其末流學者居然違反瑜伽行的教法，否定如來藏。

用相礙緣起來認識相續非常簡單。一切法都須要適應相礙而成為有，要適應時間的相礙，就顯現為由新到舊、由少到老，這即可以說為自然的規

律。人身、心的相續亦如是，無非亦是對時間相礙的適應。例如新陳代謝，那就是身相續，死去多少細胞，同時生起多少細胞，那就叫做「生滅同時」，人就在生滅同時中相續，死去多少細胞的身滅掉，生起多少細胞的身同時生起，其實可以說已經換掉一個人，但由於同時，所以我們不覺得身體已經掉換。也可以說，其實我們已依相礙緣起，滅掉舊的「有」，同是生起新的「有」，如是適應時間的相礙。

當能用相礙緣起來認識相續時，才能超越心識來認識有與無，這就超越了「唯識無境」，甚至超越「一切唯心造」，從而悟入《入楞伽經》所說的「唯心所自見」的境界。這樣才能認識到「識境自顯現」的究竟，由是認識如來藏的智識雙運界，於認識智識雙運時，就自然信解如來藏，知道佛的密意。

既由甚深緣起悟入生滅同時，便知道「一切法皆無自性、無生無滅、本來寂靜」，這才能悟入「自性涅槃」的密意。

上來經文說：「善男子，如來但依如是三種無自性性，由深密意，於所宣說不了義經，以隱密相說諸法要，謂一切法皆無自性、無生無滅、本來寂靜、自性涅槃。」便是強調三種無自性性的重要。三無自性性即說一切「緣起有」的空性，亦即超越四重緣起而見自性涅槃。佛的深密意是依三無自性在不了義經中宣說，因此於讀經時，便

非理解其為「以隱密相說諸法要」不可。近代唯
識學者呂澂先生達到這個境界，所以在說《入楞
伽經》時，認為無經不說如來藏，只是用法異門
來說，這便是能從不了義經中，知隱密相，理解
佛的深密意。華嚴宗、天台宗亦解深密，以如來
藏為根本，由是成立他們的宗義與判教，這些都
是前輩學者的超勝。

經言：「若諸有情已種上品善根已、清淨諸障
已、成熟相續已、多修勝解已」才能知佛密意，
是即有望於學佛的人能種上品善根、清淨諸障、
成熟相續、多修勝解，由是積二資糧。

【正文】：爾時，世尊欲重宣此義而説頌曰 ——

> 一切諸法皆無性　　無生無滅本來寂
> 諸法自性恒涅槃　　誰有智言無密意
>
> 相生勝義無自性　　如是我皆已顯示
> 若不知佛此密意　　失壞正道不能往
>
> 依諸淨道清淨者　　惟依此一無第二
> 故於其中立一乘　　非有情性無差別
>
> 眾生界中無量生　　惟度一身趣寂滅
> 大悲勇猛證涅槃　　不捨眾生甚難得
>
> 微妙難思無漏界　　於中解脫等無差
> 一切義成離惑苦　　二種異説謂常樂

【釋義】：「一切諸法皆無性，無生無滅本來寂。」

何謂寂靜？去掉我們加於一切法的名言與句義
（概念）即是寂靜。一加名言與句義則不靜、則
紛亂、則顛倒、則虛妄。

「諸法自性恒涅槃。」諸法自性本來是恆常涅槃
的，然而為甚麼不能涅槃？涅槃是智境，智境不
顯現，只能隨緣顯現為識境，住於識境則不識諸
法自性為涅槃境（不知諸法自性亦是本性），若
證入如來藏，則知諸法自性恆常涅槃，亦即恆常
離識境的名言句義。

「誰有智言無密意」。此句未繙譯全，依藏譯整
句是「豈有智者無密意而能說」。意指，豈有智
者說出來的言說非根據密意而說。亦即謂智者是
根據佛的密意而說，非根據名言句義而說。

下來第二頌，「相生勝義無自性，如是我皆已顯
示。」即是三個無自性性：相無自性性、生無自
性性、勝義無自性性。由說三無自性性，顯示佛
的密意：一切諸法自性涅槃。

由上已知「一切諸法自性涅槃」即是智識雙運
境，一切諸法是識境，自性涅槃是智境。一切諸
法依於智境而成顯現，喻為螢光屏影像依於螢光
屏而成顯現，是故識境與智境恒時雙運。

下言：「若不知佛此密意，失壞正道不能往。」
這就是強調悟入「一切諸法自性涅槃」的重要，
於此須知，認識自性涅槃不能依宗義隨便作解，
一定要依佛的密意來信解，假如說一切諸法自性

空，涅槃亦自性空，所以一切諸法自性涅槃，那便是誹謗佛的密意，因為一切諸法的境界其實不能與涅槃的境界相等，是故不能用空來說一切諸法自性涅槃。佛的密意是離名言句義來悟入自性涅槃。空，亦是名言句義，是故不能悟入。這一點在讀本經時須加信解，否則便失壞正道、不能往正道。

第三頌：「依諸淨道清淨者，惟依此一無第二，故於其中立一乘，非有情性無差別。」佛是說，佛立一乘並非不依根器差別而立，只是因為唯此一乘為清淨道，更無第二乘可立。所謂清淨，即是指一切諸法無生無滅、本來寂淨，唯此一乘才能悟知。此前已說，無生無滅是由觀修相續的生滅同時而現證，本來寂淨是由抉擇四重緣起，觀修生圓雙運，從而得離名言句義，由是即可悟入自性涅槃。這便亦是彌勒瑜伽行所說的轉依。轉依依四正加行觀修，復依離相四加行觀修，由是轉捨識境而依智境，於依智境時，同時悟入智識雙運，這便是由三無自性往清淨道。

至第四頌：「眾生界中無量生，惟度一身趣寂滅，大悲勇猛證涅槃，不捨眾生甚難得。」此是說佛與菩薩的大悲。眾生界實超越時空而說，於了義經中，如《維摩》、如文殊師利諸經皆多超越時空而說眾生界，眾生界雖無量，但都由身趣寂滅而證涅槃，是即由無分別而證涅槃，所以說為「惟度一身趣寂滅」。身的寂滅，是識境而成

寂滅，佛與菩薩既趣寂滅，同時現證涅槃，不捨
眾生，是為大悲；這裡說的勇猛，即是「楞嚴」
（Suramgama），亦即由勇猛才能離識境的名言句
義，由識境經非識境而入智境，非識境的觀修即
是楞嚴。

最後一頌：「微妙難思無漏界，於中解脫等無
差，一切義成離惑苦，二種異說謂常樂。」無漏
界微妙難思，非用心識可以思量言說，此即說智
境，解脫而住於智識雙運境中，實無分別而住，
故說為「等無差」，此即謂平等性自解脫。亦即
無分別、無所得而於無漏界中解脫。這兩句頌文
強調平等性，非現證大平等性不得涅槃。

對於平等性常多誤解，將世俗的平等當作是平等
性，實不知此為佛內自證智境界，佛證大平等
性，離有為無為、離輪迴涅槃、離佛與眾生而
證，此即由智識雙運而證。由證大平等性才能如
實見一切諸法實相，這個境界非語言、思維可以
表達，亦不能用識境的理論來作詮釋。近代學人
知道一點西洋哲學，便用佛法來比附，一但覺得
所知的佛法能與西洋哲學的認識論、現象學相
通，便沾沾自喜，以為自己所知的佛法殊勝，由
是持一己之所知來誹撥他宗，認為他宗之說不合
西洋哲學，這實在是井蛙之見，佛說不可思議，
即亦不落一切西洋哲學可思議的境界，是則焉能
由西洋哲學來評價佛學呢？倘若一己之所知即西
洋哲學之所言，那就是識境中事，必與佛不可思

議的深密意相違，倘若深密意可以思議，佛早已用語言來表達，不須用不了義的語言來說深密，又更告戒我們不依語言，唯依密意。所以當我們看見這些學人說西洋哲學而自喜時，便覺得可悲，他們落於經中第五類人的層次，還到處講經說法，比第四類人講經還不如，是真末法時代之所為，離法滅盡不遠。

「一切義成離惑苦」，佛是一切義成，義的梵文是 artha，有義、境兩個意思。一切 artha 成就，即是住在佛的境界，懂得一切法的義。義是智，境是識。識境中所有的境界，以及智境中所有義，我們都能現證才能說是一切義成。

在智境中能夠認識我們三度空間、一度時間這個世界，這是一個世間。《十地經》說，初地菩薩能夠認識一百個世間，即是說一百個與我們時空不同的世間。天台宗的經典《金光明經》，說擂大法鼓，法鼓呈現金光明，金光明中顯現種種不同的世間，這些世間與我們的世間不同，與我們的結構、相續亦不同，初地菩薩即能夠認識一百個這樣的世間。如是即為義成，若一切義成，則能盡離惑、盡離苦。

「二種異說謂常樂」。此句參考藏譯，當譯作「非說二種樂或常」。這句頌文的意思，不是以樂或常為二種。樂與常，都是如來藏的功德。如來藏功德說有四種：常、樂、我、淨，在言說上雖說為四，但其實是一，所以樂與常，亦非二

種，都是如來法身的功德。

【正文】：　爾時，勝義生菩薩復白佛言：世尊，諸佛如來密
意語言甚奇、希有，乃至微妙最微妙、甚深最甚
深、難通達最難通達。如是我今領解世尊所說義
者，若於分別所行遍計所執相所依行相中，假名
安立以為色蘊，或自性相或差別相；假名安立為
色蘊生、為色蘊滅，及為色蘊永斷、遍知，或自
性相或差別相，是名遍計所執相。世尊依此施設
諸法相無自性性。若即分別所行遍計所執相所依
行相，是名依他起相。世尊依此施設諸法生無自
性性及一分勝義無自性性。如是我今領解世尊所
說義者，若即於此分別所行遍計所執相所依行相
中，由遍計所執相不成實故，即此自性無自性
性，法無我真如、清淨所緣，是名圓成實相。世
尊依此施設一分勝義無自性性。

【釋義】：　這段經文是勝義生菩薩讚歎佛之所說，然後依自
己的理解重說三無自性性，下文則更說由此引伸
的法義。

　　勝義生菩薩說三無自性性，所說的「分別所行遍
計所執相所依行相」，即是說依他相，於依他上
加以遍計。如是即「依名及字」（玄奘譯為「假
名安立」）施設色蘊等，或說為自性相，或說為
分別相，如是即說色蘊生滅。這是說遍計相如何
成立，以及成立之後的作用。

經中「及為色蘊永斷、遍知，或自性相或差別相」一句，應改譯為「永斷色蘊自性相或差別相等遍知」。這即是說於遍計自性相中，不能遍知色蘊自性相、差別相。遍知是彌勒瑜伽行的名言，在世親《三自性判定》中，有一頌說：「了知此真義，如次第頓悟，遍知及遍斷，證得三性相。」[3] 這即是說悟入遍計自性相為遍知；悟入依他自性相為遍斷；悟入圓成自性相為證得。今說永斷色蘊相的遍知，即永斷對遍計自性相的執持，亦即執持色蘊自性相、色蘊差別相，如是即永不能了知遍計自性相，即永落遍計來成立一切諸法的自性。由是佛即說相無自性性，令行者得以超越遍計。

勝義生菩薩更說依他相，是即「分別所行遍計所執相所依行相」，佛依此施設生無自性性及一分勝義無自性性，是即遍斷，斷除遍計相的所依。若於此所依上，能斷除遍計，那就是圓成相，亦即「自性無自性性、法無我真如、清淨所緣」。更依圓成相施設一分勝義無自性性，如是即離緣起、離名言句義，證得根本智、自然智。

勝義生菩薩之所說，於上來經文其實已說，這段經文所顯示的，是施設三無自性性的用意，即由三無自性性，才能遍知遍計自性相、遍斷相依自性相、證得圓成自性相。於此圓成自性相已是智

---

[3] 依拙譯，參〈三自性判定略釋〉頌31，收《四重緣起深般若》（台北：全佛文化，2005）附錄。

識雙運境界的相，亦可以說是如來藏相，但這名
言的施設著重於詮說識境，不是說智境亦有相，
只能說智境唯藉識境而成顯現，因此仍須超越此
名言，說為勝義無自性性，那才是不落智境亦不
落於識境的實相。

【正文】：如於色蘊，如是於餘蘊皆應廣說。如於諸蘊，如
　　　　是於十二處一一處中皆應廣說；於十二有支一一
　　　　支中皆應廣說；於四種食一一食中皆應廣說；於
　　　　六界、十八界一一界中皆應廣說。

【釋義】：勝義生菩薩復說，如上所言是在色蘊自性相與色
　　　　蘊差別相中成立三種無自性性，其實於一切蘊處
　　　　界中都可如是成立，不但蘊處界，於十二有支一
　　　　一支中、於四種食一一食中，都可如是成立。這
　　　　裡說的十二有支，即是十二因緣，這裡說的四種
　　　　食即是斷食、觸食、思食、識食。

【正文】：如是我今領解世尊所說義者，若於分別所行遍計
　　　　所執相所依行相中，假名安立，以為苦諦，苦諦
　　　　遍知或自性相或差別相，是名遍計所執相。

　　　　世尊依此施設諸法相無自性性。若即分別所行遍
　　　　計所執相所依行相，是名依他起相。世尊依此施
　　　　設諸法生無自性性及一分勝義無自性性。

　　　　如是我今領解世尊所說義者，若即於此分別所行

遍計所執相所依行相中，由遍計所執相不成實
故，即此自性無自性性，法無我真如、清淨所
緣，是名圓成實相。世尊依此施設一分勝義無自
性性。

【釋義】：勝義生菩薩在這裡由苦諦來說三種無自性性相，
經文同上，不須更釋。

【正文】：如於苦諦，如是於餘諦皆應廣說。如於聖諦，如
是於諸念住、正斷、神足、根、力、覺支、道支
中一一皆應廣說。

【釋義】：於苦諦如是，於餘諦亦如是，餘諦即是苦諦以外
的集、滅、道三諦。不但四諦如是，於聖諦亦如
是，此即三十七道支（三十七道品、三十七菩提
分），亦即四念住、四正斷、四神足、五根、五
力、五覺支等。於此等中皆可建立為三無自性
性。

上來所說，亦見於世親論師的《辨中邊論》。讀
此論，須明上來經中所說義。

【正文】：如是我今領解世尊所說義者，若於分別所行遍計
所執相所依行相中，假名安立，以為正定及為正
定能治所治，若正修未生令生生已，堅住不忘，
倍修增長廣大，或自性相或差別相，是名遍計所
執相。世尊依此施設諸法相無自性性。

若即分別所行遍計所執相所依行相,是名依他起相。世尊依此施設諸法生無自性性及一分勝義無自性性。

如是我今領解世尊所說義者,若即於此分別所行遍計所執相所依行相中,由遍計所執相不成實故,即此自性無自性性,法無我真如、清淨所緣,是名圓成實相。世尊依此施設諸法一分勝義無自性性。

【釋義】:此處別說正定,及正定能治、所治;正修正定,有未生令生、生已堅住、不忘倍修增長廣大的功德,若將此等功德看成是正定的自性,或於正定中建立差別相,是即遍計相,由是勝義生菩薩即說三種無自性性,此如上來經文所言。

【正文】:世尊,譬如毘濕縛藥,一切散藥、仙藥方中,皆應安處。如是世尊依此諸法皆無自性、無生無滅、本來寂靜、自性涅槃,無自性性了義言教,遍於一切不了義經皆應安處。

【釋義】:於一切法皆無自性,此處作四種比喻,第一個毘濕縛藥喻。「毘濕縛」依藏譯即是乾薑。所有的藥都放點乾薑進去,這是印度的藥方。此譬喻是說,無論是了義經,還是不了義經,無論世尊如何言說,都有「一切諸法皆無自性、無生無滅、本來寂靜、自性涅槃」這樣了義的說法在其中,有如於「散藥、仙藥方中」都有乾薑一樣。散藥

喻為不了義說，仙藥喻為了義說。雖然言說有不同，言說有次第分別，即等於藥有分別，各種不同的藥治各種不同的病，但是所有藥中皆有乾薑於其中，無論佛如何言說，都含有這個了義的密意：「一切諸法皆無自性、無生無滅、本來寂靜、自性涅槃」。

【正文】：世尊，如彩畫地遍於一切彩畫事業皆同一味，或青或黃或赤或白，復能顯發彩畫事業。如是世尊依此諸法皆無自性，廣說乃至自性涅槃，無自性性了義言教，遍於一切不了義經皆同一味，復能顯發彼諸經中所不了義。

【釋義】：第二個彩畫地喻。用彩色在地上畫畫。一切的彩畫，無論是甚麼顏色，青黃赤白諸顏色，都只是一個畫面的表達，這就比喻識境的自顯現。於畫面的表達中，亦即於識境的自顯現中，都有「一切諸法皆無自性、無生無滅、本來寂靜、自性涅槃」這個密意。

於此密意中，我們在識境中生活，在識境中觀修，便須要了知識境中一切法皆無自性，這便是必須從三無自性性來了知。於遍計，要了知相無自性性；於依他，要了知生無自性性；於圓成，要了知勝義無自性性。如是即見無生無滅，本來寂靜，這就可以得到一切法自性涅槃的決定與現證。於用彩色畫地時，我們是用彩畫來表達一切法；於外加名言句義於一切法時，即等於用彩色

畫地。唯有在我們現證一切法自性涅槃時，才證到勝義諦，亦即證入了義的無自性性。

【正文】：世尊，譬如一切成熟珍羞諸餅果內，投之熟酥，更生勝味。如是世尊依此諸法皆無自性廣說乃至自性涅槃，無自性性了義言教，置於一切不了義經，生勝歡喜。

【釋義】：第三個熟酥喻。在所有的珍饈諸餅果內，加一點熟酥都會有更好的味道。熟酥亦譯作醍醐，相當於奶酪。在印度燒菜大概都喜歡放些熟酥，好像義大利人一樣，做甚麼食物都加些奶酪。

於珍饈諸餅果內都要加熟酥，等於藥中都要用乾薑，等於彩畫都要用彩色，所表達的都是同一個意思。這些都是比喻，於一切不了義經，都有了義的密意。

【正文】：世尊，譬如虛空遍一切處皆同一味，不障一切所作事業。如是世尊依此諸法皆無自性廣說乃至自性涅槃，無自性性了義言教，遍於一切不了義經皆同一味，不障一切聲聞、獨覺及諸大乘所修事業。說是語已。

【釋義】：第四個虛空喻。「譬如虛空遍一切處皆同一味，不障一切所作事業。」到處都有虛空，一個瓶內都有虛空，此處的空，不是說空性的空，而是空

間的空,有了空間,我們作事才無所妨礙。空的
瓶子可以放東西進去、空的天空可以任飛機飛
翔,若然不空,即有障礙。這個比喻是說,一切
法自性涅槃,即等如一切法有如虛空,所以這個
「無自性性了義言教」,不妨礙聲聞的觀修、不
妨礙獨覺的觀修、不妨礙大乘的觀修,是即三乘
觀修皆可依此密意。如果佛的密意有宗義的建
立,那就反而會成防礙,小乘的宗見防礙大乘、
大乘的宗見防礙小乘。

佛這樣說,是說三乘歸於一乘,「無自性性了義
言教」即一乘教法,但這教法於三乘並無防礙,
由是故三乘可歸於一乘。

上來說四個喻,略有層次上的差別。第一個乾薑
喻是說用。佛所說的言說,「自性涅槃」等等是
用,是從事物的功能令我們瞭解佛所說的密意;
第二個彩畫地喻是說相;第三個熟酥喻是說性。
熟酥有一個性,能夠令所有食物的味道變得更
好,此是熟酥的性。等於現在燒甚麼菜都放點味
精,吃起來味道更好,此是味精的性。

上述三個喻分別是性、相、用。第四個虛空喻,
說到虛空,是比喻說性、相、用三無分別。

為甚麼說這四個喻?因為瑜伽行派很重視性相用
三無分別,成佛不但要證法報化三身,而且還要
證法報化三身無分別,僅僅證到如來法身、或者

報身、或者化身，皆不能成佛。由是四個比喻便分別說法、報、化三身與及其三無分別。

【正文】：爾時，世尊歎勝義生菩薩曰：善哉，善哉，善男子，汝今乃能善解如來所說甚深密意言義。復於此義善作譬喻，所謂世間毘濕縛藥、雜彩畫地、熟酥、虛空。勝義生，如是，如是，更無有異，如是，如是，汝應受持。

【釋義】：世尊稱讚勝義生菩薩，用四個喻表達佛言說之密意，說得很好，應該受持。

【正文】：爾時，勝義生菩薩復白佛言：

世尊初於一時，在婆羅痆斯仙人墮處施鹿林中，惟為發趣聲聞乘者，以四諦相轉正法輪，雖是甚奇、甚為希有，一切世間諸天人等，先無有能如法轉者，而於彼時所轉法輪，有上、有容，是未了義，是諸諍論安足處所。

世尊在昔第二時中，惟為發趣修大乘者，依一切法皆無自性、無生無滅、本來寂靜、自性涅槃，以隱密相轉正法輪，雖更甚奇，甚為希有，而於彼時所轉法輪，亦是有上、有所容受，猶未了義，是諸諍論安足處所。

世尊於今第三時中，普為發趣一切乘者，依一切法皆無自性、無生無滅、本來寂靜、自性涅槃，

> 無自性性以顯了相轉正法輪，第一甚奇，最為希
> 有，於今世尊所轉法輪無上無容，是真了義，非
> 諸諍論安足處所。

【釋義】：勝義生菩薩說佛之三輪教法。初時教法佛說四
諦，雖然甚為希有，天人及一切世間的人從未如
此聽說過。然而所說的四諦是有上，還有比它更
高的；是有容，還有能夠包涵它在內的。因此
「是未了義，是諸諍論安足處所」，還可以引起
許多諍論，有諍論可以立足。印度婆羅門教與佛
家辯論，對四諦提出過許多疑問，否定這個四
諦。龍樹菩薩的弟子提婆曾寫過一本論《廣百
論》，以反駁外道，維護四諦，這便是諍論。

第二時教法佛說般若、說空。「為發趣修大乘
者，依一切法皆無自性、無生無滅、本來寂靜、
自性涅槃，以隱密相轉正法輪。」隱密相即是法
義還沒有說完，其密意未說出來，只能言說般若
波羅蜜多、說空。雖然皆為言說，卻是隱密的言
說，是故「亦是有上、有所容受，猶未了義，是
諸諍論安足處所」。在《廣百論》中亦有為般
若、空與外道辯論。是故那時候說般若、說空，
依然有諍論之處。

第三時教法佛說如來藏思想，說了義的教法。
「普為發趣一切乘者，依一切法皆無自性、無生
無滅、本來寂靜、自性涅槃，無自性性以顯了相
轉正法輪。」不是為各別三乘說，而是普為一切
乘說，不是以隱密相說，而是以顯了相說了義。

由是可以施設「佛性」、「如來藏」等名言，「*所轉法輪無上無容是真了義*」。沒有比它更高的，沒有其他理論可以將它涵蓋。由是一乘可以涵蓋三乘，所以說三乘歸於一乘。

次第高的法可以涵蓋次第低的法，反之則不能，譬如，相對論可以涵蓋牛頓力學，牛頓力學則不能涵蓋相對論。對「有上」、「有容」應如是理解。

這亦即說三轉法論所說的法可以涵蓋初轉、二轉法論，反之則不能。於三轉法輪中，唯說如來藏的經始為了義，說瑜伽行只是說如來藏的觀修。於說瑜伽行時涵蓋唯識，是即涵蓋於觀修之內，因此不能說唯識是了義的教法。若持唯識教法否定如來藏，那便是用觀修來否定見地，很不合理。這段經文已通說三乘教法的次第，無可諍論。若說二轉法論為了義，三轉法論為不了義，便與本經所說不合。現代唯識學人，因為三轉法輪有說唯識，便說唯識是「*無上無容，是真了義，非諸諍論安足處所*」，那是對三轉法輪的自取見。

【正文】：世尊，若善男子或善女人，於此如來依一切法皆無自性、無生無滅、本來寂靜、自性涅槃，所說甚深了義言教，聞已信解、書寫、護持、供養、流布、受誦、修習，如理思惟，以其修相發起加行，生幾所福。說是語已。

【釋義】：隨文易知，不贅。

【正文】：爾時，世尊告勝義生菩薩曰：勝義生，是善男子或善女人，其所生福無量無數，難可喻知，吾今為汝略說少分，如爪上土比大地土百分不及一、千分不及一、百千分不及一、數算計喻鄔波尼殺曇分亦不及一。或如牛跡中水比四大海水，百分不及一，廣說乃至鄔波尼殺曇分亦不及一。如是於諸不了義經，聞已信解，廣說乃至以其修相發起加行所獲功德，比此所說了義經教，聞已信解所集功德，廣說乃至以其修相發起加行所集功德，百分不及一，廣說乃至鄔波尼殺曇分亦不及一。說是語已。

【釋義】：「鄔波尼殺曇分亦不及一」，鄔波尼殺曇的梵文是 upaniṣadam，這是印度在數學定位上一個最大的單位。世尊以此讚嘆能對佛三轉法輪法理解的人。

此處為校量功德。

【正文】：爾時，勝義生菩薩復白佛言：世尊，於是解深密法門中，當何名此教？我當云何奉持？佛告勝義生菩薩曰：善男子，此名勝義了義之教，於此勝義了義之教，汝當奉持。說此勝義了義教時，於大會中，有六百千眾生發阿耨多羅三藐三菩提心；三百千聲聞遠塵離垢，於諸法中得法眼淨；

一百五十千聲聞永盡諸漏心得解脫；七十五千菩薩得無生法忍。

【釋義】：　一般而言，當菩薩問佛如何名此教法時，照例佛會給一個教法的名字，例如名般若之類，那就是施設名言為不了義。現在佛對本經的教法未給一名，即不落在名言來說密意。然而卻不能沒有言說，此言說即是「此名勝義了義之教」，這即是說，《解深密經》是究竟的教法。若學人的宗見跟《解深密經》相違，那便是宗見的問題，不是本經的問題。若持宗見曲解本經，那便要反思一下，自己究竟落在前文所說的第幾類人？

分別瑜伽品第六

分別瑜伽品第六

　　佛家的觀修，實以瑜伽行為主，亦即修止觀。《解深密經》是唯一一部非常有系統地教授觀修瑜伽行的經。現在說到第六品《分別瑜伽品》，總結一切止觀的修習為「圓滿最極清淨妙瑜伽道」，此是釋迦牟尼教修瑜伽行最究竟的一篇。

　　所謂「分別瑜伽」，即是將瑜伽作分類，再按類別作觀修。此品篇幅頗長，主要分作二部分：先說修瑜伽的各種分類；再說修瑜伽的種種功能。

　　此時問佛的菩薩是彌勒菩薩。在般若經中，彌勒菩薩已經擔當著重要的角色，即於結經時，問佛此經應如何修。佛便吩咐他如何傳播此經，即是說以此經的見地作觀修。

　　現在於《分別瑜伽品》中，兩位聖者以一問一答的方式，將資糧道到成佛的整個瑜伽行觀修，闡述得清清楚楚。

　　修瑜伽行，在漢地通俗說為打坐，亦即禪修。禪修到底要怎麼樣修呢？在《分別瑜伽品》有原則性的提示。是故，若要瞭解佛家的觀修，此品非讀不可。

【正文】：爾時，慈氏菩薩摩訶薩白佛言：世尊，菩薩何依何住，於大乘中修奢摩他、毘缽舍那？

佛告慈氏菩薩曰：善男子，當知菩薩法假安立，及不捨阿耨多羅三藐三菩提願為依、為住，於大乘中修奢摩他、毘缽舍那。

【釋義】：奢摩他是梵文 śamatha 的音譯，意譯為止。毘缽舍那是梵文 vipaśyanā 的音譯，意譯為觀。

慈氏菩薩首先問佛，大乘行人如何修止觀。作如是問，是因為小乘的止觀與大乘的止觀不同。釋迦於初轉法輪時，教授小乘行人如何修止觀，現在於三轉法輪，大乘行人又如何修止觀呢？是故慈氏菩薩問佛，於大乘止觀修習中，以何為依？以何為住？

佛答曰：「當知菩薩法假安立，及不捨阿耨多羅三藐三菩提願為依、為住。」「菩薩法假安立」一句不易理解，依藏文當譯作「菩薩安立法假名」，則易明了其涵義。即是說，佛所教授的種種止觀教法，皆為假施設，是故「安立法假名」，是假名而已，修行人不能執實字面的表義，否則作觀修時，便有可能修錯。例如佛說觀空，其密意是說觀現空，既不落空邊，亦不落有邊，是觀現空雙運。

「不捨阿耨多羅三藐三菩提願為依、為住。」此句涵義有二：一者、於大乘止觀修習中，最根本的是發菩提心願，而且不捨此菩提心願，依於

此、住於此而作觀修。二者、此菩提心願是現證
「阿耨多羅三藐三菩提」（anuttara-samyak-
saṃbodhi），意即證「無上正圓正平等覺」，此為
佛的覺，大乘行人依此覺而安立假名作觀修。下
來所說種種止觀，皆為證「無上正圓正平等覺」
而施假名教授。

【正文】：慈氏菩薩復白佛言：如世尊說四種所緣境事：一
者有分別影像所緣境事；二者無分別影像所緣境
事；三者事邊際所緣境事；四者所作成辦所緣境
事。於此四中，幾是奢摩他所緣境事？幾是毘缽
舍那所緣境事？幾是俱所緣境事？

佛告慈氏菩薩曰：善男子，一是奢摩他所緣境
事，謂無分別影像；一是毘缽舍那所緣境事，謂
有分別影像；二是俱所緣境事，謂事邊際、所作
成辦。

【釋義】：慈氏菩薩於瞭解修止觀之所依所住之後，接著問
佛修止觀的整個大綱，亦即觀修的次第。

「所緣境事」，此中「境」字為唐玄奘所添，應
當譯作「所緣事」。

所緣事，是行者在修習禪定時心中所起的行相。
修習禪定並非心中一無所念，心念不起反而不是
正常的狀態，心如槁木死灰是即謂之「枯禪」，
屬於禪病。即使修習小乘最深的滅盡定，滅盡一
切覺受，其心念實依然相續不斷，只是極為微

細，不主動去攀緣覺受而已。以凡心念必成為一個事，這個事，即說為心所攀緣，是即名為所緣事。佛家修禪定，稱為止、觀。止，是將心止息於一個特定的事相。譬如淨土宗修「觀想唸佛」，依《觀無量壽經》所說的十六種觀想來修，依次觀想落日、大海、碧琉璃地等。每一種觀想便即是一種止的事相，此即行者的所緣事。觀，並非觀想的「觀」，它是觀察的意思，於一所緣事中，對此事加以觀察，亦並非只觀察事相，主要為觀察事的體性。例如淨土中有六種光明，這六種光明以何為體性，如是等等，依照著經教來做，這便叫做觀。

修習止觀須建立一個所緣事。佛家各宗各派修止觀的所緣事各有不同，密乘修習的所緣事，一般建立為本尊與壇城。例如寧瑪派修止觀的所緣事中，生起次第觀修壇城與本尊；圓滿次第觀修心光明，亦即心的行相，是故到圓滿次第，甯瑪派修止觀的所緣事等於禪宗修心。禪宗修習是建立自己心的行相作所緣境，亦即「參話頭」之「參」。淨土宗念佛是建立西方淨土與西方三聖（阿彌陀佛、觀世音、大勢至菩薩）為所緣事。凡此種種，佛總括為四種所緣事，並將之與止、觀、止觀雙運配合。

第一種、有分別影像所緣事。此為修止觀之觀。觀即是觀察，是緣一個影像作觀察，此「影像」即是所緣事。當行者作觀察時，其實是對所緣境

事作種種分別，正因為有這種種分別，才稱之為觀察。例如，觀想一個觀音菩薩作所緣事，觀想出來的觀音菩薩即是影像，此影像是有分別的，不能與別的本尊形像混淆。又如觀想落日，要分別「紅」是不是這落日的體性、「光」是不是這落日的體性、「圓」是不是這落日的體性、以至「熱」是不是這太陽的體性，如是作種種觀察，便即是有分別影像所緣境事。作觀察非有分別不可，不分別則不了知觀修的抉擇見或決定見是正還是邪，是對還是錯，有否落於邊見，或是已經得到中道。是故觀一定是有分別的。

第二種、無分別影像所緣事。此為修止觀之止。止是心念只止息於一個所緣的影像上，對此影像更不須起任何分別、任何觀察。例如觀想落日，只須觀想落日紅彤彤，圓卜卜，甚至可以觀想它的熱力，無論如何觀想，落日便是落日，不對此更作分別，因為一作分別，觀修的所緣事便亂套了，是故謂之無分別影像。所止的影像，亦即心的行相，除此之外，再無別的行相，是故謂之心一境性。心一境性是說心的行相與所緣事同一境性。關於心一境性，此於下來當更說。

第三種、事邊際所緣事。此為修止觀雙運，或謂之生圓雙運。何謂事邊際？首先理解「事」之涵義。佛家有「事」與「理」之分，「事」指識境，一切的具體事物與抽象概念，亦即一切法，例如色法，即指一切具有物質成份的事物或現

象。「理」指智境，此中無所謂具體事物與抽象概念。因此，可以說「事」為世俗，是識境；「理」為勝義，是智境。我們作任何觀修，皆從「事」來修，亦即是入識境來修，而不是從理來修，亦即不是入智境來修，因為我們還未有智覺，只能憑識覺作觀察。佛是住在智境，如來法身即是智境，佛以後得智見世間，是以智覺而覺，以智觀作觀察。未成佛的人沒有後得智，因此一切觀察還是心識的運作，心識住於識境，便只能用識覺，起識觀，由是所見皆為「事」，不是「理」。

事邊際之「邊際」，即指其自性或實相。所以在定境中能現證諸法實相，便即圓成了事邊際所緣事的修習。現在說第三種所緣事的止觀已見到「事」的邊際，那就是，若再向前走一步，則進入到「理」，是即悟入智境。由此即知，說「事邊際」，即是說已經到了識境的盡頭。觀修之所為，就是要從識境證入智境。

第四種、所作成辦所緣事。以法身為十地之圓成，登如來地，此即所作成辦所緣事。在此已不須修止觀，要做的事皆已辦妥，此為佛地無間道。進到佛地，無間即可成佛。

修止觀，首先須了知有四種所緣事。復次須知，此四種所緣事依次第分作止的所緣事，觀的所緣事，止觀雙運的所緣事。這是因為修止觀分三個層次：修止、修觀、修止觀雙運。大致而言，相

等於密乘寧瑪派所修的生起法、圓滿法、大圓滿
法。

瑜伽行將資糧道至無學道的觀修，建立為四重止
觀。資糧道的觀修是觀，但由於要先止後觀，所
以可以說為：止、觀。此中的止，並非觀修的目
的，所以我們姑且紀錄為：（止）觀。

加行道四位，前兩位，即暖位與頂位，修止；後
兩位，即忍位與世第一位，亦修止，然而二者的
所緣事有所不同，是故可以紀錄為止止。

見道的所緣事，是觀。於深觀中，證入初地。是
故可以紀錄為：觀。

見道菩薩的現證，名為「觸證真如」，在地位
上，稱為初登地菩薩。

二地菩薩至十地菩薩，一共九個地位，名為修
道，他們沒有特別的止觀。此中未別說修道的止
觀，蓋除首三種所緣事外，修道實無餘所緣事，
故《解深密經》沒有說一個屬於修道的所緣事。
至見道圓成，其後修道上之所修，即為反覆觀修
前三所緣串之所證，以離真如相及次第證智相。
關於這點，下來還將會說及。

「止觀雙運」是無學道（無間道），所作成辦所
緣境事，是無間道上行人之所現證。依止觀雙
運，即能「所作成辦」，即是圓成佛道。

因此由資糧道到無學道，所修的止觀過程，即

是：（止）觀、止止、觀、止觀雙運。

【正文】：慈氏菩薩復白佛言：世尊，云何菩薩依是四種奢摩他、毘缽舍那所緣境事，能求奢摩他？能善毘缽舍那？

佛告慈氏菩薩曰：善男子，如我為諸菩薩所說法假安立，所謂契經、應誦、記別、諷誦、自說、因緣、譬喻、本事、本生、方廣、希法、論議。菩薩於此善聽、善受、言善通利、意善尋思、見善通達。即於如所善思惟法，獨處空閑作意思惟。復即於此能思惟心，內心相續，作意思惟。如是正行多安住故，起身輕安及心輕安，是名奢摩他。如是菩薩能求奢摩他。彼由獲得身心輕安為所依故，即於如所善思惟法內三摩地所行影像，觀察、勝解、捨離心相。即於如是三摩地影像所知義中，能正思擇，最極思擇，周遍尋思，周遍伺察，若忍、若樂、若慧、若見、若觀，是名毘缽舍那。如是菩薩能善毘缽舍那。

【釋義】：慈氏菩薩明了修止觀的四種所緣事之後，開始問佛關於修止觀的細節問題。菩薩依於四種止觀所緣事，如何能證到止、證到觀呢？

於修止之前，先要了知佛為諸菩薩所說的十二部經教，即經文中所言，「契經」以至「論議」等十二部，對這些經教要「善聽、善受」，不僅善於聽聞正法，還要領受佛所說的密意。

「言善通利，意善尋思，見善通達。」意即通曉佛經的文字句義，而且尋思其意，對於見地要通達。

「即於如所善思惟法，獨處空閑作意思惟。」意即聞法之後，獨坐於安靜地，思維所聞之法，再作觀修，是即為抉擇。

「復即於此能思惟心，內心相續，作意思惟。」此處強調「內心相續」，因為心是相續的，即是念念相繼，是一個念頭接著一個念頭。只有心相續才能修止觀，此於下來將說到心相續與止觀之關係。

「如是正行多安住故，起身輕安及心輕安，是名奢摩他。如是菩薩能求奢摩他。」當觀修時，修到身與心皆為輕安，表明止的觀修已經修好，此即說修止得到的覺受是身與心輕安。

何謂輕安？心的輕安是與粗重相對。身的輕安只是覺得舒服，心的輕安是不落於心理負擔中。切勿以為心的輕安亦是舒服，粗重則不舒服。並非如是，此與感覺無關。當修法時，若感覺到很舒服，實在已落在一重障礙中，即此亦為粗重。

何謂障礙？每一個名言與句義即是障礙。我們生活在這個世間，依這世間的名言與句義而生活。例如，作為學生，則以學生的名言與句義做人；作為父母，則以父母的名言與句義做人，是故我們的生活非落名言與句義不可。然而我們在名言

與句義上做事，我們的心卻可以不受名言與句義
所縛。若用佛的言說，那便是，學生不落學生
想、父母不落父母想。

對修止觀而言，倘若受佛家名相所縛，例如
「空」是最能縛住我們的障礙，令我們得不到輕
安。有修行人修止觀，修到好像很舒服的境界，
於此境界中唯覺舒服，覺得這就是空。其實這並
非空，因為修空要修等持。等持是甚麼？是觀修
的境界與現前的境界要平等地持有。譬如修金剛
薩埵，修行人的所緣事是金剛薩埵與他的壇城，
而且自成金剛薩埵。事實上，眼前還有現實生活
的一切景物，此不須排除，只須同時持於所緣境
界中。是故觀想出來的境界與現實所見的境界，
不能偏於一邊，而是平等持，此謂之等持，亦是
平等住。

當得到心輕安，則不會認為眼前的桌子妨礙著蓮
花座生起，周圍的人影響壇城的建立。因為即使
在山中修行，裡面的花草樹木，飛禽走獸等等都
是眼前現實所見，決不可能住在一個空無所有的
境界來生起壇城與本尊，是故唯有平等持。

當這樣平等持的時候，心不落在名言與句義，不
分別此為桌子、紙、筆，亦不分別觀想的蓮花座
如何好，現前的桌子如何不好。不如是作種種分
別，便是輕安。因此，不落在名言與句義觀所緣
事，此謂之止。

止是無相。無相並非不見相。相是分明可見，只

是不落在名言與句義而見。切記：佛經所說的無相，並非否定現象，或是影像，並非否定眼前所見的事物，此實無須將之排除掉。不落在名言與句義來看事物便是無相，無相是無名言與句義的相。「無名言與句義的相」是觀修寂止的所緣事。當懂得何謂無相，便懂得何謂無分別，故說止是無分別。

當修止得到身心輕安之後，接著修觀。如何修觀？分為三個層次：

一者、「彼由獲得身心輕安為所依故，即於如所善思惟法內三摩地所行影像，觀察、勝解、捨離心相。」於等持中，觀察所緣境界，勝解觀想出來的事相與色聲香味觸法所現前的事相不一不異，皆為法性自顯現。捨離心的行相，此即不落於名言與句義，只是持其所覺而覺。

二者、「即於如是三摩地影像所知義中，能正思擇，最極思擇，周遍尋思，周遍伺察。」修觀時，等持的境界有其所知義，亦謂之表義。譬如修金剛薩埵，其表義為不動。此不動的涵義是：智境上有識境隨緣自顯現，然而智境未受識境污染，清淨依然，謂之不動。由是，我們給金剛薩埵建立七個金剛空性來表義：無暇、無壞、無虛、無染、無動、無礙、無能勝。釋迦牟尼成佛之前，要修金剛喻定，即是以金剛作譬喻，實為修此七個金剛空性，這金剛空性，雖說為空性，其實只是名言施設，依七個性，即知是智識雙運

的現空智，是即名為金剛喻定，即以金剛為譬喻
的定。

修金剛薩埵須了知這七個金剛空性，依此所知
義，作「**正思擇、最極思擇**」。　思擇亦即抉擇。
修行的第一步是抉擇，即將所緣事與現前的景物
一同等持，然後依法義抉擇等持中的境界，得到
一個見地，此為「**正思擇**」，直到「**最極思
擇**」，即是說，抉擇到最徹底、最究竟。　譬如上
來所說，金剛薩埵代表七個金剛空性，此空性不
動，無論生起甚麼境界，都不能污染他，不能改
變他的性質。然而於空性中，實有識境生起，否
則，就不能說為無虛、無染、無動、無礙。

然後第二步是依此究竟見作觀修，亦即作尋思、
作伺察。如何尋思與伺察？例如觀想金剛薩埵的
影像，即是我們所緣的一個影像。依儀軌規定，
觀想金剛薩埵手持金剛杵與鈴，金剛杵代表佛
父，代表方便；鈴代表佛母，代表智慧。此為伺
察。再觀想金剛薩埵為什麼是白顏色？白顏色是
代表清淨。金剛鈴為什麼可以代表空性？因為鈴
是空的，但空裡面有聲音發出。此為尋思金剛薩
埵形象的表義。

三者、「**若忍、若樂、若慧、若見、若觀，是名
毘缽舍那。如是菩薩能善毘缽舍那。**」

何謂忍？即得到一個法義之後，認同此法義，而
且能夠承擔此法義，謂之忍。最常見的是「無生
法忍」。何謂無生法忍？決定一切法無生。這與

我們平常的思維完全不同。凡夫認為一切法有生，譬如親眼所見一個杯子製做出來，此即為生；然後親眼見到這個杯子被摔破，此即為滅。一切事物的生滅，凡夫分明見到，怎能說無生呢？然而當我們觀修的時候，得到無生這個覺受，堪能承擔無生這個見地，於是得到一個決定見，說一切法無生。此時我們的心理狀態由無明開始得到智慧，雖然還未是佛智，卻得到修的證量，此證量是一個慧的境界。同時亦得到大樂的覺受，得到一個見地。

忍、樂、慧、見即是修行人觀修時候的覺受，由這些覺受得到決定見，再以此決定見作觀修，即得到現證。

現證是證甚麼？現證決定見。決定與現證差別在於：決定是思維，現證是覺受。例如吃糖，吃之前，決定糖是甜的，可是還未嚐到甜味。當把糖放入口中，則現證到糖的甜味。

是故菩薩由忍、樂、慧、見的覺受，現證到無生、現證到大樂。菩薩如是觀修，則謂之善修毘缽舍那（觀）。

得到決定，亦可以說為現觀。現觀不同現證，現觀是觀察到糖的甜味，現證是已嚐到糖的甜味，二者層次不同。

【正文】：慈氏菩薩復白佛言：世尊，若諸菩薩緣心為境，

內思惟心，乃至未得身心輕安所有作意，當名何等？

佛告慈氏菩薩曰：善男子，非奢摩他作意，是隨順奢摩他勝解相應作意。

世尊，若諸菩薩乃至未得身心輕安，於如所思所有諸法內三摩地所緣影像作意思惟，如是作意當名何等？

善男子，非毘缽舍那作意，是隨順毘缽舍那勝解相應作意。

【釋義】：現在慈氏菩薩說到：修止可得身心輕安，修觀可得忍、樂、慧、見等等覺受。倘若身心未得到輕安，思維未能究竟，觀修未能達到定的狀態，此時的作意是甚麼呢？

佛答曰：「隨順奢摩他的勝解作意」，「隨順毘缽舍那的勝解作意」

初修止與觀時，跟隨修止的方法、修觀的方法而修，可是修得不好，還未修成止、修成觀，只能修隨順作意而修止觀，亦即，依修止觀的正作意而修，如是久久串習，便可以修到身心輕安的止，得忍、樂、慧、見等的觀。

【正文】：慈氏菩薩復白佛言：世尊，奢摩他道與毘缽舍那道，當言有異？當言無異？

佛告慈氏菩薩曰：善男子，當言非有異、非無

> 異。何故非有異？以毘缽舍那所緣境心為所緣
> 故。何故非無異？有分別影像非所緣故。

【釋義】：上來所問，皆為修止與修觀的定義、範圍及其分
類。從現在開始，是問有關修止與修觀的種種功
能。慈氏菩薩問佛，寂止與勝觀二道是有異還是
無異？佛答曰：二者非有異非無異。不能說它完
全不同，亦不能說它完全同。佛之密意實是說離
四邊，即離有異、無異、亦有異亦無異、非有異
非無異四邊。

如何離四邊？

寂止是外觀；勝觀是內觀。勝觀是對寂止所緣事
作觀察。因此對同一所緣事，止與觀所修的目的
不同。寂止是住於所緣事中而生覺受，勝觀是持
著寂止的覺受，來觀察所緣事，然而，由寂止不
能得決定見，唯依勝觀才能得一決定，如前說，
得決定金剛薩埵的七金剛自性，所以說止觀二者
有異。不過，所緣事同是金剛薩埵，無論寂止或
觀察，同樣都是心的行相，所以，便可以說為二
者無異。所以說為「非有異、非無異」。

總結上文——

觀修止觀，可以說是以寂止為基礎，先成寂止，
然後才有勝觀，在止的境界中，倘若不能常住在
輕安的狀態，則有昏沉，或有掉舉。昏沉並非打
瞌睡，而是修行者住在一個境界中，沒有了思
想，見不到花的美麗，聞不到檀香的味道，以為

這樣修得最好。其實這是一個毫無生機的境界，此謂之枯禪，亦即昏沉。掉舉剛好與之相反，是心猿意馬。一方面住在所緣的境界中，一方面又受到非所緣的景物干擾，不能將二者等持。

上來說止與觀二者是非有異，因為都是禪修。然而要留意，修止的時候，止的最極端是變成枯禪，於枯禪境界則不能起觀。此外，昏沉與掉舉在止的境界出現，亦不能起觀。修觀的時候，是觀察止的境界，可是昏沉掉舉的境界則不是止的境界，不是正的止，正的止是離昏沉掉舉的止。由此說止與觀非有異。

說止與觀非無異，還可以補充一點，因為對所緣事不作分別是寂止，對所緣事作分別觀察是觀。是故二者非無異。

譬如觀察金剛薩埵，觀察所認識的金剛空性究竟是否心之所緣事。不僅是觀察一個影像，還有一個決定見，決定七個金剛空性。例如說無瑕，觀察所緣境界是否無瑕；說無礙，觀察所緣境界境是否無礙。於此所緣境界中，生起金剛薩埵的光明，卻無法將光明擴大，周遍法界，觀出來的光明只能四邊放光，不能球形放光，這就是有瑕了，是有瑕疵的所緣境界。當這麼觀察的時候，心行相中的光明就會從平面變成立體。這就是修觀時的觀察。佛家所說的圓光即是球形的光，倘若將它當成是平面的光則是有瑕，不符合金剛薩埵的七個金剛空性。

以七個金剛空性作如是觀察，都是觀察寂止的金剛薩埵，觀察所起的亦是心的行相，這便是修止觀的一例。每個人修止與觀時，都有自己觀察的方向，而且這個觀察的方向會改變。一直修，一直會有改變，漸漸修到一個真實的觀察境界，通達這個觀察境界。這就是修觀。止與觀所達到的心境截然不同，所以亦不能說為無異，是故說止與觀彼此是非有異非無異。

【正文】：慈氏菩薩復白佛言：世尊，諸毘缽舍那三摩地所行影像，彼與此心當言有異、當言無異？

佛告慈氏菩薩曰：善男子，當言無異。何以故？由彼影像唯是識故。善男子，我說識所緣，唯識所現故。

【釋義】：慈氏菩薩於了知止與觀是非有異非無異之後，進一步問：止與觀二者與心有異還是無異？止與觀是心之所緣事，那麼二者與心同還是不同？

佛答曰：當然無異。為什麼說心與止觀相同？因為唯識。經言：「由彼影像唯是識故。」其中「是」一字為唐玄奘所加。依藏譯應作「由彼影像唯識故」更恰當，若說「唯是識故」，便等於說止、觀、心都只是識，這不是經文的意思，經文的意思是，無論止、觀與心，都是「唯識」，亦即說一切行相都是唯識。這便是將止觀與心的一切法置於唯識來作理解。

日本學者高崎直道先生依藏譯，將「我說識所緣，唯識所現故」中的兩個「識」字，還原為不同的梵文，「我說識所緣」的「識」，梵文為 vijñāna；「唯識所現故」的「識」，梵文為 vijñapti。筆者據此，覺得由這兩個梵文，對經義便能作更深的理解，亦可以說是能知佛的密意。

前者 vijñāna 雖通譯為識，但其實可理解為「識覺」，因為它由 vi 與 jñāna 合成，vi 有「分別」的意思，jñāna 則可譯為「知」、「覺」。所以這段經文的後一句，可以這樣解讀：當修止觀時，所觀修的影像與心無異。為什麼呢？因為識覺所緣境（識境），唯識所現。這亦即是說，「唯識無境」非只說外境（如六塵），其實心識的行相（識覺）亦有如外境，唯識所現。

我們的心與我們所作的止、所作的觀無有分別，無異。為什麼無異？因為唯識。止與觀是唯識的境界，心亦唯識。

【正文】：世尊，若彼所行影像，即與此心無有異者，云何此心還見此心？

善男子，此中無有少法能見少法。然即此心如是生時，即有如是影像顯現。善男子，如依善瑩清淨鏡面，以質為緣還見本質，而謂我今見於影像，及謂離質別有所行影像顯現。如是此心生時，相似有異三摩地所行影像顯現。

【釋義】：由上來佛所答，引起慈氏菩薩問佛一個佛學觀修上的大問題。既然彼所行影像與心無有異，那麼，當由心見此外境影像時，豈不是「**此心還見此心**」？這是問，外境影像是心，見亦是心，若說「以心見心」，則等於說刀能自割，火能自燒。然而事實上是「刀不自割，火不自燒。」是故心應該不能見心。

再把問題清理一下。心所緣事是外境，若說外境不是心，那麼由心見外境就很合理，可是，佛說止觀所緣事的影像與心無異，都是唯識，那麼我們的心如何還能見到我們心的所緣事影像？因為心不能見心，如刀不自割、火不自燒。

佛答曰：「**此中無有少法能見少法。然即此心如是生時，即有如是影像顯現。**」沒有一樣東西能夠見到自己，故說「刀不自割，火不自燒」、「**無有少法能見少法**」。然而於觀修中，心一旦生起一個境界，即有一個影像生起為外境，此影像是以心為基生起的心行相，不是離心而成影像。是故佛舉例說，「**如依善瑩清淨鏡面，以質為緣還見本質。**」即是說，以鏡為緣還見鏡影。鏡比喻為心，心行相比喻為鏡影，但鏡影的性，其實亦即是鏡的性，這就可以比喻為：止觀所緣事的行相，實以心為性，所以佛才說它與心無異。

然則心如何見此外境影像呢？當心如是生起三摩地所行影像時，即有一與此影像相似的影像顯

現，此顯現不復為外境，實顯現於心，是即為心
所見。這樣一來，便不是以心見心，而是心中有
影像自顯現，一如鏡影於鏡中自顯現。此即經中
所言：「然即此心如是生時，即有如是影像顯
現。」

【正文】：世尊，若諸有情自性而住，緣色等心所行影像，
　　　　彼與此心亦無異耶？

　　　　善男子，亦無有異，而諸愚夫由顛倒覺，於諸影
　　　　像不能如實知唯是識，作顛倒解。

【釋義】：「若諸有情自性而住，緣色等心所行影像」，此
　　　　句依藏譯可作：「若諸有情以色等自性為心所
　　　　行，而住於其影像。」如是繙譯則容易理解。譬
　　　　如，當看見一個蘋果，則現出蘋果的顏色、形
　　　　狀，當聽到一段音樂，則現出樂聲，於是即以蘋
　　　　果的形色為蘋果自性，以樂聲為音樂自性，且以
　　　　為心所顯現即顯現其自性相，如是而住於自性相
　　　　的影像。於此時，影像與心亦是否無異？

　　　　以為自己住於一切事物的自性相中，這即是世人
　　　　的一般心理。正因如此，世人才將事物當為真
　　　　實。他們並且不知道，自己所住其實是事物的影
　　　　像相，一般人甚至不知道，自己的心實在是住於
　　　　事物的影像相中，然後才把事物當成是真實。然
　　　　事實上卻正是如此，看見的外境，只是心的行
　　　　相，並非事物的本體，因此彌勒菩薩才有此問。

佛說，彼與此心亦無有異。若以為有異，便是不知唯識的顛倒。此亦即不知一切諸法以本性為自性，如前所喻，一切鏡影皆以鏡性為自性。

佛之所說，即將一切外境事物都看成是影像，他們是鏡中的鏡影，此鏡影引生心的行相，行相在心中顯現，即由心見外境相。所以不知道這些，便是不知道外境「唯是識」。

【正文】：慈氏菩薩復白佛言：世尊，齊何當言菩薩一向修毘缽舍那？

佛告慈氏菩薩曰：善男子，若相續作意唯思惟心相。

世尊，齊何當言菩薩一向修奢摩他？

善男子，若相續作意唯思惟無間心。

世尊，齊何當言菩薩奢摩他、毘缽舍那和合俱轉？

善男子，若正思惟心一境性。

【釋義】：上來說修寂止與修勝觀的基本，現在開始說如何具體修止與修觀。

「齊何」意指根據甚麼。這即是問：菩薩根據甚麼來修止、菩薩根據甚麼來修觀。

關於勝觀：根據「若相續作意唯思維心相」來修寂止。此句可理解為「由相續起作意而作思維，

思維心行相。」相續亦即心，因為心是相續的。心相續是說念頭與念頭的相續，每一個相續都有作意，由作意而作思維，思維心的行相。譬如觀想金剛薩埵持鈴杵，便起作意思維此持鈴杵相，而且作意相續。

關於寂止：修止是相續地起作意而作思維，於修觀時，則「思維無間心」。「無間心」於下文再作詳解。

關於「和合俱轉」：即是修止觀雙運。如何修止與觀「和合俱轉」？「正思維心一境性」。「心一境性」是修禪定非常重要的心理狀態。於下文再詳解何謂「心一境性」。

【正文】：世尊，云何心相？

善男子，謂三摩地所行有分別影像，毘鉢舍那所緣。

世尊，云何無間心？

善男子，謂緣彼影像心，奢摩他所緣。

世尊，云何心一境性？

善男子，謂通達三摩地所行影像，唯是其識。或通達此已，復思惟如性。

【釋義】：下來所問，皆與心有關。

修觀時，作意思維心相。「云何心相？三摩地所

行有分別影像，毘缽舍那所緣。」三摩地即是修定，於修定時作觀察，所觀察的影像是有分別的影像，此謂之心相。定中的心相與凡夫的心相都是有分別的。然而凡夫所作的分別，只見鏡影而分別鏡影；修定所作的分別，是同時見鏡與鏡影，然後分別鏡影。凡夫的分別是顛倒的分別，既不見鏡，便將鏡影看成是真實。修止觀的心相，是正思維三摩地分別行相，既見鏡，亦能決定鏡影不成真實。

修止時，相續作意唯思維無間心。「云何無間心？緣彼影像心，奢摩他所緣。」在寂止中，緣影像的心，便說為無間心。緣一個影像，不能跳到另一個影像，是為無間心，所以無間心便即是相續，對一個所緣事相續。

修止觀雙運時，要正思維心一境性。心一境性是修止觀雙運的心理狀態。「云何心一境性？謂通達三摩地所行影像，唯是其識。或通達此已，復思惟如性。」「唯是其識」一句，依藏文當譯作「謂通達三摩地所行影像是唯識。」「或通達此已」之「或」字為唐玄奘所加，當譯作「通達此已」。所以整句經文當譯作：「謂通達三摩地所行影像是唯識，通達此已，復思惟如性。」即是說通達修定所緣的境、所緣的影像是唯識變現，不僅通達其是唯識，還要思維其如性。先通達唯識，然後通達其如性，這是一個過程。二者皆通達，則謂之心一境性。

何謂如性？如性即是，如事物的本然而見其性，亦即是見其自性即是本性。或有人難問：不是說諸法空性嗎？為何說是如性？答曰：說諸法空性是為了說明一切法的自性不真實，是故說它是空性。然而於觀修中，倘若將一切所見都說成空，只不過是推理而已，而且受空的概念所縛。當看見燈，則寂止於燈，不必分析燈有甚麼性，有甚麼功能，如何不真實，如何空。只須見其有如鏡影，那就夠了。因為這是修寂止，不是修勝觀，所以不必作觀察。

譬如修度母，若說二十一個度母皆為空性，則不是見其如性。度母是唯識變現，由其變現可以建立影像的功能，是故度母可以作事業。但二十一度母的影像，必須見為如性，倘若強調為空性，而不知以其自性即是本性故說為空，那就很難建立度母的功能。建立為如性則不然，度母所作的事業亦是鏡影，其自性亦為鏡性，由鏡性的度母作鏡性的事業，這才是心一境性。

【正文】：慈氏菩薩復白佛言：世尊，毘缽舍那凡有幾種？

佛告慈氏菩薩曰：善男子，略有三種：一者有相毘缽舍那；二者尋求毘缽舍那；三者伺察毘缽舍那。

云何有相毘缽舍那？謂純思惟三摩地所行有分別影像毘缽舍那。

> 云何尋求毘缽舍那？謂由慧故遍於彼，彼未善解了，一切法中為善了故，作意思惟毘缽舍那。
>
> 云何伺察毘缽舍那？謂由慧故遍於彼，彼已善解了，一切法中為善證得極解脫故，作意思惟毘缽舍那。

【釋義】：慈氏菩薩問佛，修觀有多少種勝觀？佛答曰略有三種。唐玄奘譯作「有相毘缽舍那，尋求毘缽舍那，伺察毘缽舍那。」此為簡略的繙譯。若依藏文，當譯作「由相所生的毘缽舍那，由尋求所生的毘缽舍那，由伺察所生的毘缽舍那」。

何謂「由相所生的毘缽舍那」？「謂純思惟三摩地所行有分別影像毘缽舍那。」此處所說的相，亦即寂止的所緣事。行者於修勝觀時，對寂止所緣事作觀察，是故有分別。這就由寂止的無分別所緣事，變為勝觀的有分別所緣事，如是即是「由相所生的毘缽舍那」。

何謂「由尋求所生的毘缽舍那」？「謂由慧故遍於彼，彼未善解了，一切法中為善了故，作意思維毘缽舍那。」這即是說，由抉擇慧遍觀察所緣事，然而未能作出決定（未善解了），為了能作出決定，便須作意觀察，由作意觀察，是即尋求，所以這時的所緣事，便是由尋求所生的勝觀。

何謂「由伺察所生的毘缽舍那」？「謂由慧故遍於彼，彼已善解了，一切法中為善證得極解脫

故，作意思惟毘缽舍那。」前說尋求所生，是遍觀察而未善解了，這裡是遍觀察已善解了（得決定）。既得決定，便作意於此所緣事中作觀察，已成現證。「善證得極解脫」便是現證。

是故三種修觀是從低層次到高層次的觀察。第一種由有相所生的毘缽舍那，是純思維的三摩地，於所緣境作抉擇見。第二種由尋求所生的毘缽舍那，是持抉擇見思維而成決定，所以超越第一種修觀，然而這還是粗的超越；第三種由伺察所生的毘缽舍那，持抉定見而修，由觀修而成現證，是思維了義，因此超越了第二種修觀，是細的超越。

【正文】：慈氏菩薩復白佛言：世尊，是奢摩他凡有幾種？

佛告慈氏菩薩曰：善男子，即由隨彼無間心故，當知此中亦有三種。復有八種，謂初靜慮乃至非想非非想處，各有一種奢摩他故。復有四種，謂慈悲喜捨四無量中，各有一種奢摩他故。

【釋義】：慈氏菩薩再問，有多少種奢摩他，亦即有多少種寂止。佛答寂止有多種，　若依無間心而言，寂止可分為三種：有相、尋求、伺察，此與上說勝觀的分類相同。

然而亦可以分為八種：是即四禪八定。下來再說。

更可以分為四種：慈、悲、喜、捨四無量心，各可成為寂止的所緣事。

現在解釋四禪八定。

四禪，是將色界諸天分為四禪天，即從初禪天、二禪天、三禪天到四禪天。禪亦謂之靜慮，是故四禪亦謂之四靜慮。色界超越欲界，是因為無欲，然而則尚有色（物質），四禪定，即可生到色界四禪天。

除了四禪的四種定之外，還有四無色定（所以總說為八定）。四無色定又名四空定，因為無色界可分為四空處：識無邊處、空無邊處、無所有處、非想非非想處，此為四無色天。無色界無欲無物質，只有微妙的精神狀態存在。

第一層次是識無邊處的境界。無色界沒有物質，只有心識，然而其心識無邊，不過，這還是比較低層次的無色天。

我們的識不是無邊，而是有邊，只能依著我們見得到的世界的心識來運作，我們的心識無法到達我們看不見的世界。不僅如此，同樣在我們這個時空，給一個星球給我們，我們的心識亦無法將它當作所緣境，只能將我們地球上的事物當作所緣境。是故當我們觀想一切佛、一切本尊時，依然是以我們這個世間的形象而建立，不能以別的星球的形象來建立金剛薩埵。但色無邊處便不同了，他的心識可以達到一切邊際，所以亦知到我

們這個世間的心識。

高一層次的是空無邊處的境界。無色天的境界我們很難瞭解，釋迦牟尼亦沒有將之表述出來，因其不可思議，無法言說。總之這個世界是無限量的空，當然，亦俱無邊的心識。

再高一個層次是無所有處的境界，亦即無所有而有。

最高一個層次是非想非非想處的境界。在這個世間沒有物質，可是還有精神。既然還有精神，便有受想行識，這些受想行識即是想，然而最高的境界是非想非非想。若說他沒有受想行識，他卻有；若說他有受想行識，他卻沒有。有非有，他的有與我們的有不同，他已經脫離了概念。釋迦牟尼說兔角即是非有非非有。是故說他想，他是非想；說他非想，他是非非想。佛家所說的想，不是如我們以思維作想。佛家的想，是說概念，所以非想是離概念，非非想是非離概念，這就是他們的心識境界。在小乘的觀修中，這是一個最高的境界。

修止若修到枯禪，則要修四無量心的止作對治，是故第三類的修止非常重要，即是修慈、悲、喜、捨四無量心。說無量，不僅是對我們眼前所見的眾生要慈悲喜捨，而且對超越時空的一切生命都要慈悲喜捨。四無量心是學佛行者須具備的心理狀態。慈無量心是與一切眾生樂，悲無量心是拔一切眾生苦，喜無量心是見人行善或離苦得

樂而心生歡喜,捨無量心是平等地對待眾生。

【正文】：慈氏菩薩復白佛言：世尊,如說依法奢摩他、毘
鉢舍那,復說不依法奢摩他、毘鉢舍那。云何名
依法奢摩他、毘鉢舍那?云何復名不依法奢摩
他、毘鉢舍那?

佛告慈氏菩薩曰：善男子,若諸菩薩隨先所受所
思法相,而於其義得奢摩他、毘鉢舍那,名依法
奢摩他、毘鉢舍那。若諸菩薩不待所受所思法
相,但依於他教誡教授,而於其義得奢摩他、毘
鉢舍那,謂觀青瘀及膿爛等,或一切行皆是無
常,或諸行苦,或一切法皆無有我,或復涅槃畢
竟寂靜。如是等類奢摩他、毘鉢舍那,名不依法
奢摩他、毘鉢舍那。

由依止法得奢摩他、毘鉢舍那故,我施設隨法行
菩薩是利根性,由不依法得奢摩他、毘鉢舍那
故,我施設隨信行菩薩是鈍根性。

【釋義】：上來說止與觀各有幾種,現在將止與觀分作二大
類別,一大類別為依法的止與觀,一大類別為不
依法的止與觀。由此二大分類,分出利根與鈍
根,其目的是方便行者根據自己的根器作止與觀
的修習。

何謂依法的止與觀?佛答曰：「若諸菩薩隨先所
受所思法相,而於其義得奢摩他、毘鉢舍那,名
依法奢摩他、毘鉢舍那。」此即是說密乘所修的

止觀。密乘依儀軌修止觀，這些儀軌依循佛的教法，依經續而造，所以是「先所受所思法相」，而且亦得其義，因為一直有上師的傳承，是故可以說為依法，亦即隨法行。

何謂不依法的止與觀？佛答曰：「若諸菩薩不待所受所思法相，但依於他教誡教授，而於其義得奢摩他、毘缽舍那，謂觀青瘀及膿爛等。」此即是說顯宗所修的止觀。譬如根據唯識的教授，依著唯識的義理修止觀；根據小中觀的教授，依著小中觀的義理修止觀；根據小乘人的教授，則作不淨觀，觀青瘀及膿爛等。或以四法印作觀，觀「一切行皆是無常，或諸行苦，或一切法皆無有我，或復涅槃畢竟寂靜。」這些只是依教授的理論而修，而非依「所受所思法相」而修，那就是隨信行，而不是隨法行。

佛施設「隨法行菩薩是利根性」，施設「隨信行菩薩是鈍根性」。利根者依法修止觀，鈍根者唯依法義修止觀。

【正文】：慈氏菩薩復白佛言：世尊，如說緣別法奢摩他、毘缽舍那，復說緣總法奢摩他、毘缽舍那。云何名為緣別法奢摩他、毘缽舍那？云何復名緣總法奢摩他、毘缽舍那？

佛告慈氏菩薩曰：善男子，若諸菩薩緣於各別契經等法，於如所受、所思惟法，修奢摩他、毘缽

> 舍那，是名緣別法奢摩他、毘缽舍那。若諸菩薩
> 即緣一切契經等法，集為一團、一積、一分、一
> 聚作意思惟。此一切法，隨順真如，趣向真如，
> 臨入真如，隨順菩提，隨順涅槃，隨順轉依，及
> 趣向彼，若臨入彼。此一切法，宣說無量無數善
> 法。如是思惟修奢摩他、毘缽舍那，是名緣總法
> 奢摩他、毘缽舍那。

【釋義】：上來說依法止觀與不依法止觀，是在止觀的方法
上作分類。現在是在止觀的見地上作分類，分作
緣別法修止觀與緣總法修止觀。

何謂緣別法？只是依著各別契經的見地修止觀，
譬如依著中觀，或依著唯識，此謂之緣別法。

何謂緣總法？了知一切契經等法，從唯識到般若
再到如來藏，皆通達佛之密意，以此作止觀修習
而見真如。經言「隨順真如，趣向真如，臨入真
如」，此可配合五道來理解。隨順真如是資糧
道，是初地以前，只是隨順真如而理解經教。趣
向真如是加行道，亦是地前，通過觀修，趣向真
如，走的路是走向見真如的路。臨入真如亦是加
行道，修的過程中，再進一步將見到真如。到真
正見到真如即是見道，亦即從識境走到智境。見
真如的目的是為證大菩提、大涅槃，是故臨入真
如的行者亦「隨順菩提，隨順涅槃，隨順轉依，
及趣向彼，若臨入彼。」

【正文】：慈氏菩薩復白佛言：世尊，如說緣小總法奢摩
他、毘缽舍那，復說緣大總法奢摩他、毘缽舍
那，又說緣無量總法奢摩他、毘缽舍那。云何名
緣小總法奢摩他、毘缽舍那？云何名緣大總法奢
摩他、毘缽舍那？云何復名緣無量總法奢摩他、
毘缽舍那？

佛告慈氏菩薩曰：善男子，若緣各別契經乃至各
別論義為一團等作意思惟，當知是名緣小總法奢
摩他、毘缽舍那。若緣乃至所受所思契經等法，
為一團等作意思惟，非緣各別，當知是名緣大總
法奢摩他、毘缽舍那。若緣無量如來法教，無量
法句文字，無量後後慧所照了，為一團等作意思
惟，非緣乃至所受所思，當知是名緣無量總法奢
摩他、毘缽舍那。

【釋義】：緣總法止觀可再分為三：緣小總法止觀、緣大總
法止觀、緣無量總法止觀。作此細分，是因為修
止觀的抉擇見與決定見有差別。

何謂緣小總法止觀？即是在了知一切佛家見地的
基礎上，只是緣一宗派的見地修止觀，譬如唯識
宗分許多派別，例如只是緣有相唯識的見地來觀
修，此謂緣小總法止觀。

何謂緣大總法止觀？如上例，若緣著唯識見來觀
修，超越宗派，唯依瑜伽行所說的唯識，那便是
緣大總法止觀。

何謂緣無量總法止觀？倘若通達三轉法輪的經

教，緣究竟義如來藏見地，依次第修止觀，譬如先觀修唯識，再觀修小中觀，進而觀修大中觀，於觀修大中觀時，此即謂緣無量種法止觀。

【正文】：慈氏菩薩復白佛言：世尊，菩薩齊何名得緣總法奢摩他、毘缽舍那？

佛告慈氏菩薩曰：善男子，由五緣故當知名得：一者於思惟時剎那剎那融銷一切粗重所依；二者離種種想得樂法樂；三者解了十方無差別相無量法光；四者所作成滿相應淨分無分別相恒現在前；五者為令法身得成滿故，攝受後後轉勝妙因。

【釋義】：慈氏菩薩問佛，要如何做才能夠得到緣總法奢摩他毘缽舍那。佛答曰「由五緣故當知名得。」

「一者於思維時剎那剎那融銷一切粗重所依。」粗重即是落於概念而成執著，此執著即為粗重，是故不落概念則能輕安。行者於觀修時，剎那剎那消融種種概念，當知名得緣總法止觀。

「二者離種種想得樂法樂。」法樂是由觀修而得樂，樂於法樂，而且這個樂非由種種概念而來。

「三者解了十方無差別相無量法光。」行者要理解而且了義地通達法光，此亦即法界光明，亦可以說為不滅明點，亦可以說為現證決定見時的心光明。

「四者所作成滿相應淨分無分別相恒現在前。」此句經文依藏譯可譯為「所作成就圓滿與淨分相應，此無分別相恆現在前。」所謂淨分即是離概念。整句話的意思是：所有離概念的相，不落於名言與句義的所緣境現前。用禪宗的話表達即是「平常心」。趙州問法，馬祖只是說「喫茶去」。為什麼不向他說法說道？因為知道他不平常，他覺得有法樂，所以希望得到一個法，以為除了日常生活之外，真的有佛法可以得到。禪宗看來，此是大錯，「平常心即道」，日常生活都是道，這才是與淨分相應。倘若將佛所說的空有等等當成概念，執以為實，則被名言與句義所縛，如是便不是淨心，無法生起與淨心相應的無分別相。日常生活便是「喫茶去」，清淨心便是「平常心」。

「五者為令法身得成滿故，攝受後後轉勝妙因。」為使圓滿地成就行者的法身，須依次第「攝受後後轉勝妙因。」

何謂後後？以一、二、三、四次第為例，對一來說，二為其後；對二來說，三為其後，如是依次來說，即為後後。譬如學佛學到空，如何空？無自性空，本性空，連這個空都要空掉的空空。當修空的時候，要曉得後後。現在所修的空亦是一個概念。《般若經》說空是施設，施設即是概念，是故連這個空亦不能執。因為還有一個空空，最後連這個空空的概念都要空掉。這一點很

重要。無論如何修空，對空都不可執著。無論修
甚麼法，都不落在那個法，這即是後後之所修。
如是依著後後作思維，作觀修，一步一步地觀
修，便能得到勝妙。

總結上來幾段經文，緣別法止觀不如緣總法止
觀，緣小總法止觀不如緣大總法止觀。最究竟的
是緣無量總法止觀，亦即依無上瑜伽密修止觀雙
運，此為最高的止觀境界。

說止觀至此，已經鉤勒出整個止觀的大綱，這實
在是一個依次第的止觀修習。首先止於一個剎那
剎那消融種種概念的境界，然後離種種想得樂法
樂。如何才能離？修無量法光，即是修十方無分
別相。當得到無量法光，則有成就、圓滿、與淨
分相應的無分別相現前。得到這樣的無分別相，
還須要以後後為因，得到勝妙因，最終所作成辦
究竟佛果。

是故修止觀，首先要通達究竟佛法、知佛密意，
如是向下善解各宗派的見地及其脈絡，並非落於
宗見而修。倘若拿著一個儀軌，毫無見地修十萬
遍，則是在浪費時間，因為心識沒有得到觸動。
有見地的修止觀，修一遍勝過修十萬遍。如何是
有見地？即是上來所說的別法與總法，總法還分
小總法、大總法、無量總法三種。若無見地，只
教授儀軌的事相，則不能稱為善知識。

【正文】：慈氏菩薩復白佛言：世尊，此緣總法奢摩他、毘
　　　　　缽舍那，當知從何名為通達？從何名得？

　　　　　佛告慈氏菩薩曰：善男子，從初極喜地名為通
　　　　　達，從第三發光地乃名為得。善男子，初業菩薩
　　　　　亦於是中隨學作意，雖未可歎，不應懈廢。

【釋義】：慈氏菩薩問佛，如何才叫做通達緣總法奢摩他毘
　　　　　缽舍那？佛答曰：初地菩薩可以說是通達總法奢
　　　　　摩他毘缽舍那，開始證到真如，謂之觸證真如，
　　　　　然而這還不能說是現證真如。現證與觸證有不
　　　　　同，觸證是沾點邊，開始證到真如，好比在一暗
　　　　　室中見到一線陽光。

　　　　　三地發光地的菩薩是得到總法奢摩他毘缽舍那。
　　　　　不是通達止觀，而是得到止觀。

　　　　　初業菩薩即是地前初發心菩薩，是作意修總法奢
　　　　　摩他毘缽舍那。雖然未曾通達，亦不應懈廢。這
　　　　　是佛對學人的鼓勵。

【正文】：慈氏菩薩復白佛言：世尊，是奢摩他、毘缽舍
　　　　　那，云何名有尋有伺三摩地？云何名無尋唯伺三
　　　　　摩地？云何名無尋無伺三摩地？

　　　　　佛告慈氏菩薩曰：善男子，於如所取尋伺法相，
　　　　　若有粗顯領受，觀察諸奢摩他、毘缽舍那，是名
　　　　　有尋有伺三摩地。

　　　　　若於彼相雖無粗顯領受觀察，而有微細彼光明

念，領受觀察諸奢摩他、毘缽舍那，是名無尋唯伺三摩地。

若即於彼一切法相都無作意領受觀察諸奢摩他、毘缽舍那，是名無尋無伺三摩地。

復次，善男子，若有尋求奢摩他、毘缽舍那，是名有尋有伺三摩地。若有伺察奢摩他、毘缽舍那，是名無尋唯伺三摩地。若緣總法奢摩他、毘缽舍那，是名無尋無伺三摩地。

【釋義】：此段經文說修止觀的具體方法及其定義。首先佛說三種三摩地，即是三種定。三摩地是音譯，意譯為等持，亦叫做平等住。

修止與觀，各有三種三摩地：一、有尋有伺三摩地，二、無尋唯伺三摩地，三、無尋無伺三摩地。

有尋有伺三摩地如何修止觀？「於如所取尋伺法相，若有粗顯領受，觀察諸奢摩他、毘缽舍那。」無論是修止還是修觀，行者根據所緣境而取境。「尋伺法相」即是對所緣事的相作尋伺。對此法相有一個感覺，即謂之領受。此如吃糖時領受糖味。然而此時還未到覺的境界，還未到法的層次，而且這個領受還是粗的顯現，譬如觀修三摩地，觀修後，覺得全身溫煖及鬆弛，這樣便是粗領受，感覺不能說為微妙，微妙的感覺則無可說。

無尋唯伺三摩地如何修止觀？「若於彼相雖無粗

顯領受觀察，而有微細彼光明念，領受觀察諸奢摩他、毘缽舍那」。無尋唯伺三摩地無粗顯領受，卻有微細彼光明念，亦即有心的光明生起。「光明念」即是念光明，領受這個光明。

領受光明，即是開始見到心的光明，此為瑜伽行止觀的特色。瑜伽行止觀非常重視心光，當行者通達一法義之時，心生光明，謂之義光明。此光明不是入定修出來，而是行者對一個法義徹底瞭解時，心住在這個法義的境界中尋思、思維，此時心自然有光明生起，是故叫做義光明。倘若修止觀，所領受的是念光明。為什麼說是念？因為行者念念都住在所修的境界裡面，全部心意都放在所緣事中，因此而生起一個心的行相，此心行相即是光明相，名為念光明，因每一念都住在此光明境界中。

無尋無伺三摩地如何修止觀？「若即於彼一切法相都無作意領受觀察諸奢摩他、毘缽舍那。」行者於止觀境界中，不作意思維所緣境，譬如不作意思維金剛薩埵、種子字光明等等。當觀察止觀時，因為是無作意領受，是故可說為生起一個覺受，而非領納覺受。

佛說完三種三摩地的觀修，再說其定義。

何謂有尋有伺三摩地？即是尋求止的境界、尋求觀的境界。

何謂無尋唯伺三摩地？即是伺察止觀的境界。

伺察與尋求分別何在？譬如修壇城本尊，倘若是有尋求，則完全依照儀軌生起本尊的莊嚴及手印、生起日月輪、蓮花座的形狀、色彩。上來說過的依法奢摩他毘缽舍即是如此。倘若是有伺察，則觀想的是一個生動活潑的金剛薩埵，與我們平常人一樣，然而卻不失金剛薩埵的自性。因此，有尋求是粗相，尋求只得到一個無動態的相；伺察則微細，得到的是一個有動態的相。當觀想金剛薩埵上供諸佛、下施有情，或是加持六道眾生，或是作息增懷誅四種事業，金剛薩埵可以有種種不同的行相。這才是無尋唯伺三摩地。

何謂無尋無伺三摩地？亦即緣總法奢摩他毘缽舍那。上來已說緣別法與緣總法的奢摩他毘缽舍那。若緣別法而修止觀，只是依著一系列經典的見地而修。若緣總法而修止觀，則總攝諸佛密意而修。譬如修如來藏，當然是依照如來藏系列的經典，但亦總攝一切法異門的密意，於通達究竟法義之後而修止觀。此時無須尋求，亦無須伺察，所修的不是一個本尊的形象，連動態都不是，而是修本尊的光明。現在行者是憑總法而了知法義，當這個法義都通達了，然後建立本尊，修本尊光明。修本尊光明的基礎是修上師光明。

上來所說的三種三摩地，顯示行者對所緣境的見地逐步提高。依見地的次第，依次為尋求、伺察、無尋求亦無伺察。因此，行者對三種三摩地的領受境界亦有不同，第一個是粗的領受；第二

個是微細的領受，變作念光明；第三個是無作意、無領受，開始有覺受。

【正文】：慈氏菩薩復白佛言：世尊，云何止相？云何舉相？云何捨相？

佛告慈氏菩薩曰：善男子，若心掉舉或恐掉舉時，諸可厭法作意及彼無間心作意，是名止相。若心沈沒或恐沈沒時，諸可欣法作意及彼心相作意，是名舉相。若於一向止道，或於一向觀道，或於雙運轉道，二隨煩惱所染污時，諸無功用作意及心任運轉中所有作意，是名捨相。

【釋義】：三摩地修習的過程，亦是一個心相續的過程，有種種心的行相顯現，導致種種過患。於是佛說三種方法：止相、舉相、捨相，用以對治行者的心理偏差。

一者止相。心掉舉即是觀想不能集中，恐掉舉即是，有怕自己觀想不能集中的心理負擔。由是即對諸可厭法有所作意，對無間心有所作意。諸可厭法，例如忽然想到所緣境外的事相，無間心即是怕自己的所緣境不能持續。如是種種心理負擔，即是止相。稱為止相，是行者想止息的境界相。

二者舉相。心沈沒是所緣境模糊，恐沈沒即是怕所緣境模糊。由是即對可欣法作意，及心相作意。所緣境即是可欣法，作意令其顯明，由是又

於心相作意。如是名為舉相。稱為舉相，是行者想顯現（舉）的境界相。

三者捨相。當修止、修觀、修止觀雙運時，行者有煩惱與隨煩惱生起，是故受污染。於是行者便以捨作對治。如何捨？行者以「諸無功用作意及心任運轉中所有作意」去捨。所謂「無功用作意」，即是不作意捨離，於無捨離而捨離；所謂「心任運轉中所有作意」，即是對煩惱與隨煩惱生起時的心境作適應，這適應亦可說是調節，如是即能不作意於捨離而成捨離，所以稱為捨相。

上來說三種對治止觀過患的方法，止相的方法是令不應顯現的所緣境不生起，是從相作止；舉相的方法是令應當顯現的所緣境生起，是歸到法義作舉；捨相的方法是隨著所緣境作適應，令煩惱與隨煩惱不起。

【正文】：慈氏菩薩復白佛言：世尊，修奢摩他、毘鉢舍那諸菩薩眾，知法知義。云何知法？云何知義？

佛告慈氏菩薩曰：善男子，彼諸菩薩由五種相了知於法：一者知名，二者知句，三者知文，四者知別，五者知總。

云何為名？謂於一切染淨法中，所立自性想假施設。

云何為句？謂即於彼名聚集中，能隨宣說諸染淨

義依持建立。

云何為文？謂即彼二所依止字。

云何於彼各別了知？謂由各別所緣作意。

云何於彼總合了知？謂由總合所緣作意。如是一切總略為一，名為知法。如是名為菩薩知法。

【釋義】：修止觀須知法知義始能修。如何方能知法知義？佛在此作詳細解答。

此處先說知法。由五種相了知於法，即知名、知句、知文、知別、知總。

何謂名？「謂於一切染淨法中，所立自性想假施設。」亦即於一切法中，無論是染法還是淨法，皆安立一個自性而施設這個法，謂之名。我們世間的一切法，皆如是施設出來。對一個事物，施設一個概念給它，然後安立一個名相，譬如說杯、筆、燈。這樣施設很有用，彼此容易溝通。一將名相說出來，整個概念清清楚楚。無論是淨法還是染法，都須要給一個名相，是故經中有諸多名相，每一個名相說出來，則了知其義。當說色、受、想、行、識，立刻知道色代表物質，受表示領納等等。

何謂句？「謂即於彼名聚集中，能隨宣說諸染淨義依持建立。」亦即等於給名一個定義，隨著這個定義而建立一個法。譬如一事物名「燈」，施設「燈」的定義是能夠照明，此定義即是句，句

亦等於是概念。

何謂文?「謂即彼二所依止字。」將名與句所依止的字寫出來即是文。譬如說燈,將燈之名與燈之定義寫出來,二者即是文。行者不僅要通達清淨法中經論的名、句、文,還要通達世間法的名、句、文。五地菩薩專學世間的名、句、文。外道的名、句、文,不同文化背景的名、句、文皆要通達。

何謂別?「謂由各別所緣作意。」各別了知法,譬如只懂得空,或者只懂得唯識。因為只懂得別,是故將自己所懂的法放在第一位。

何謂總?「謂由總合所緣作意。」總了知法,此即既了知如來藏究竟教法,復能依總法抉擇別別法異門,了知其次第,了知其密意,如是即得「總合所緣作意」。

菩薩即由名、句、文、別、總五種相了知於法,此中總相最為重要,是故經言:「如是一切總略為一,名為知法」。

【正文】:善男子,彼諸菩薩由十種相了知於義:一者知盡所有性;二者知如所有性;三者知能取義;四者知所取義;五者知建立義;六者知受用義;七者知顛倒義;八者知無倒義;九者知雜染義;十者知清淨義。

善男子，盡所有性者，謂諸雜染清淨法中，所有一切品別邊際，是名此中盡所有性。如五數蘊、六數內處、六數外處，如是一切。

如所有性者，謂即一切染淨法中所有真如，是名此中如所有性。此復七種：一者流轉真如，謂一切行無先後性；二者相真如，謂一切法補特伽羅無我性及法無我性；三者了別真如，謂一切行唯是識性；四者安立真如，謂我所說諸苦聖諦；五者邪行真如，謂我所說諸集聖諦；六者清淨真如，謂我所說諸滅聖諦；七者正行真如，謂我所說諸道聖諦。當知此中由流轉真如、安立真如、邪行真如故，一切有情平等平等。由相真如、了別真如故，一切諸法平等平等。由清淨真如故，一切聲聞菩提、獨覺菩提、阿耨多羅三藐三菩提平等平等。由正行真如故，聽聞正法，緣總境界勝奢摩他、毘缽舍那所攝受慧平等平等。

能取義者，謂內五色處，若心、意、識及諸心法。

所取義者，謂外六處。又能取義，亦所取義。

建立義者，謂器世界於中可得建立一切諸有情界。謂一村田若百村田、若千村田、若百千村田，或一大地至海邊際此百、此千、若此百千，或一贍部洲此百、此千、若此百千，或一四大洲此百、此千、若此百千，或一小千世界此百、此千、若此百千，或一中千世界此百、此千、若此百千，或一三千大千世界此百、此千、若此百

千,或此拘胝、此百拘胝、此千拘胝、此百千拘胝,或此無數、此百無數、此千無數、此百千無數,或三千大千世界無數、百千微塵量等,於十方面無量無數諸器世界。

受用義者,謂我所說諸有情類,為受用故攝受資具。

顛倒義者,謂即於彼能取等義,無常計常,想倒、心倒、見倒。苦計為樂,不淨計淨,無我計我,想倒、心倒、見倒。

無倒義者,與上相違。能對治彼,應知其相。

雜染義者,謂三界中三種雜染:一者煩惱雜染,二者業雜染,三者生雜染。

清淨義者,謂即如是三種雜染,所有離繫菩提分法。

善男子,如是十種,當知普攝一切諸義。

【釋義】:上來說了知於法,現在說了知於義。佛說由十種相了知於義:

一者,知盡所有性。盡所有性者,謂諸雜染清淨法中,所有一切品別邊際,是名此中盡所有性。如五蘊、六內處、六外處,如是一切。

每一個法,無論它是清淨還是雜染,都知道它的邊際。所謂知道邊際,即是盡其邊際而知,如是始為盡所有性。菩薩應該得到盡所有性,然後才能夠知義。例如五蘊、十二處、十八界,關於它

們的一切都須通達，如其所有而知其義，此中更無增上。

二者，知如所有性。如所有性者，謂即一切染淨法中所有真如，是名此中如所有性。此復七種真如：

一、流轉真如，謂一切行無先後性。流轉真如即是了知輪迴相，所看到的真相是流轉的相。我們輪迴即是流轉相。懂得怎麼樣流轉，有如懂得密乘的中有法。佛說《中陰經》，即是說我們的中有身如何流轉。若不懂得流轉真如，則認為有一個靈魂，這個靈魂怎麼樣投胎。其實不然。不是靈魂投胎，是業力取異熟身，這業力叫做阿陀那，亦叫做阿賴耶。因為業力包括宿生的業力，所以說流轉無先後性。

二、相真如，謂一切法補特伽羅無我性及法無我性。相真如即是人無我與法無我，人我空與法我空。人我是指個體，法我是指一切法。人沒有一個真實的個體，一切法亦非真實。

三、了別真如，謂一切行唯識。了別真如即是唯識。識的功能是了別。了別與分別不同，了別是不依名言與句義作辨別；分別則落在名言與句義。凡夫一切行都是識性，由分別起行。於唯了別而無分別時，即是了別真如。

四、安立真如，謂我所說諸苦聖諦。佛為了說法，安立種種法門，例如安立苦集滅道。我們要

知道佛為何用言說來安立這種種法門,而不是將
言說作為真實。當知道佛的安立義,則能通達。

五、邪行真如,謂佛所說諸集聖諦。佛說苦是安
立出來的苦,現在佛說集,集是邪行,所有五蘊
都是邪行。因為有五蘊,所以我們才非輪迴不
可。我們住在五蘊中,將色受想行識分別安立自
性,不將之看作是鏡影,看作是螢光屏上的影
像,卻依自性建立之為真實,如是即是邪行,能
於此通達,即是邪行真如。

六、清淨真如,謂佛所說諸滅聖諦。清淨真如是
滅,滅是為了滅苦,因此是清淨。

七、正行真如,謂佛所說諸道聖諦。正行真如是
道,佛所修的道是正行。

上來是知如所有性的七個真如,並由七個真如而
有四種平等:一切有情平等平等;一切諸法平等
平等;一切聲聞菩提、獨覺菩提、阿耨多羅三藐
三菩提平等平等;聽聞正法,緣總境界勝奢摩
他、毘缽舍那所攝受慧平等平等。

三者,知能取義。能取義者,謂內五色處,若
心、意、識及諸心法。是即行者須了知內識。

四者,知所取義。所取義者,謂外六處。由能取
的眼、耳、鼻、舌、身、意,取外境色、聲、
香、味、觸、法,知所取,即須了知外境。

五者,知建立義。建立義者,謂器世界於中可得

建立一切諸有情界，即是建立我們這個世界。所有法界中的世界，都是由那裡的眾生建立出來的。當時沒有說超越時空，可是佛卻從最小單位的村田，說到十方面無量無數諸器世界，我們就曉得佛其實是在說超越時空，在說種種時空的器世間建立。

六者，知受用義。受用義者，謂佛所說諸有情類，為受用故攝受資具。因此資具即是我們的受用，包括衣、食、住、行。知受用義，便即是知一切資具。

七者，知顛倒義。顛倒義者，謂即於彼能取等義，無常計常、無苦計苦等，想倒、心倒、見倒。

佛說四法印是無常、苦、無我、不淨。與四法印相反的是常、樂、我、淨。佛說無常，我們把它當作常，所以是顛倒。佛說苦，我們當作樂等等，此是四顛倒。

可是當說如來藏時，由如來藏的功德來說如來藏性，則剛好是常、樂、我、淨四德。此為究竟見，由智識雙運而見，無常、苦、無我、不淨，則只是依識境而見，若持之以否定智識雙運見，那便亦是顛倒，必須如是了知，才能名為知顛倒義。

八者，知無倒義。無倒義者，與上相違。能對治彼，應知其相。何謂無倒？與顛倒相反即是無倒。

九者，知雜染義。雜染義者，謂三界中三種雜染：一者煩惱雜染，二者業雜染，三者生雜染。凡夫的心有這三種雜染，此三種雜染的果，便是惑、業、苦。凡夫一生出來就有這三種雜染。落在名、句、文就已經是煩惱雜染。而且，我們一定還有種種作業，身口意都有作業，於識境中作業，就必有雜染。若了知雜染意，則能住於雜染的世間，對心識的雜染無捨離而離，此於如來藏系列諸經都有說及。

十者，知清淨義。清淨義者，謂即如是三種雜染，所有離繫菩提分法。是即要離開三種雜染的繫縛，唯有以三十七菩提分為行持。

【正文】：復次，善男子，彼諸菩薩由能了知五種義故，名為知義。何等五義？一者遍知事，二者遍知義，三者遍知因，四者得遍知果，五者於此覺了。

善男子，此中遍知事者，當知即是一切所知。謂或諸蘊，或諸內處、或諸外處，如是一切遍知義者，乃至所有品類差別所應知境，謂世俗故，或勝義故，或功德故，或過失故，緣故，世故，或生或住或壞相故，或如病等故，或苦集等故，或真如、實際、法界等故，或廣略故，或一向記故，或分別記故，或反問記故，或置記故，或隱密故，或顯了故。如是等類，當知一切名遍知義。

言遍知因者，當知即是能取前二菩提分法，所謂念住或正斷等。

得遍知果者，謂貪恚癡永斷毘奈耶，及貪恚癡一切永斷諸沙門果，及我所說聲聞如來若共不共世出世間所有功德，於彼作證。

於此覺了者，謂即於此作證法中諸解脫智，廣為他說宣揚開示。

善男子，如是五義，當知普攝一切諸義。

【釋義】：上來說菩薩當知的十種義，現在另說五種義，即是遍知事、遍知義、遍知因、遍知果、於此覺了。

何謂遍知事？一切蘊處界的事都要了知。上來已說佛家的「事與理」。「事」是說識境中的一切諸法，亦即佛說的五蘊、十二處、十八界；「理」是說智境中的智。是故遍知事即是遍知識境，亦即遍知蘊處界。

何謂遍知義？對所有境要懂得分別它是世俗還是勝義。例如說空，空是智境還是識境？如是或依勝義世俗、或依功德過失等，如經所言，而了遍知。

何謂遍知因？「言遍知因者，當知即是能取前二菩提分法，所謂念住或正斷等」。此謂身念住、受念住，依此，受當以身為因；又謂心念住、法念住，依此，法當以心為為因。又如於四正斷，

已生惡令永斷、未生惡令不生，此二當以遍斷為
因；又未生善令生、已生善令增長，此二當以作
證為因。

何謂得遍知果？「得遍知果者，謂貪恚癡永毘奈
耶，及貪恚癡一切永斷諸沙門果，及我所說聲聞
如來若共不共世出世間所有功德，於彼作證。」

「貪恚癡永斷毘奈耶」即為永守貪瞋癡戒，「貪
恚癡一切永斷」即為永斷除貪瞋癡。此說是兩個
境界。須守戒的是凡夫，能永斷的是沙門。於凡
夫外道之外，則為聲聞與佛，由共不共、世出世
的功德，能捨離或無捨離而得捨離貪恚癡。

何謂於此覺了者？是即能證覺。所謂證覺，即於
諸法中得解脫智。

了知上述五種義，則一切義皆了知。

【正文】：復次，善男子，彼諸菩薩由能了知四種義故，名
為知義。何等四義？一者心執受義，二者領納
義，三者了別義，四者雜染清淨義。

善男子，如是四義，當知普攝一切諸義。

【釋義】：上來所說的十種義及五種義是客觀的存在，故須
認識了知。現在說的四種義是主觀的認知，是分
層次的了知。此四種義是：心執受義、領納義、
了別義、雜染清淨義。

何謂心執受義？此為最初步的主觀認知。譬如，

聽佛說法後，只是印記於心中，住在佛所說的義裡面。此為執受，未經過判別及分析。

何謂領納義？領納義即是有一個分析的過程，例如說1+1=2，倘若只是記住1+1就是2，這是執所受。領納深一層次，例如知道這個加號的涵義，1+1便是一個再添一個。

何謂了別義？了別不是分別。了別是不落於概念來認識事物，分別是落於概念來認識事物。所以了別是客觀的認知，分別是主觀的認知。

何謂雜染清淨義？雜染即是煩惱雜染、業雜染、生雜染，亦即惑、業、苦。離惑、業、苦即是清淨。

【正文】：復次，善男子，彼諸菩薩由能了知三種義故，名為知義。何等三義？一者文義，二者義義，三者界義。

善男子，言文義者，謂名身等。

義義，當知復有十種：一者真實相，二者遍知相，三者永斷相，四者作證相，五者修習相，六者即彼真實相等品類差別相，七者所依能依相屬相，八者即遍知等障礙法相，九者即彼隨順法相，十者不遍知等及遍知等過患功德相。

言界義者，謂五種界：一者器世界，二者有情界，三者法界，四者所調伏界，五者調伏方便

界。

善男子，如是五義，當知普攝一切諸義。

【釋義】：還有三種義要了知：文義、義義、界義。

一、何謂文義？言文義者，謂名身等。名即是由字母拼成一個字，身即是字母。

二、何謂義義？義義者當知復有十種：

一者，「真實相」，即是佛法的究竟。譬如說一切法是如來藏智識雙運境裡面的隨緣自顯現，此為真實的相。

二者，「遍知相」，即是超越時空而遍知，此為最究竟的遍知，如若不然，則只能遍知我們這個世間。

三者，「永斷相」，即是永斷我們的貪瞋癡以及雜染、習氣等，這些的根源是甚麼？最究竟的根源是名言與句義。

四者，「作證相」，當行者修法的時候，其境界可以為佛所說的法義作證。例如修十二因緣，真正懂得生與死之間究竟是怎樣一種狀態。此為作證相。

五者，「修習相」，即是修止觀時所起的心理狀態。

六者，「即彼真實相等品類差別相」，「即彼真實相」是說當修一個法，只知道這一個法的真實

相，彼以外的東西都不知道。例如修四重緣起，若依照相依緣起而修，是故便只知道相依緣起的真實狀態如何，相依以外的緣起相則不知道。「品類差別相」，即是有各種不同的修法，是故有品類不同。知道這一個品類，其它品類則不須要知道。

七者，「所依能依相屬相」，這有多種層次的說法，如有情界依於器世間，那麼便可以將器世間說為所依，有情界說為能依；又如修壇城與本尊，本尊即是能依，壇城即為所依；再向上建立，可以將如來法身視為所依，因為如來法身即是法界，一切識境即為能依。

八者，「即遍知等障礙法相」，即是瞭解有甚麼障礙著我們，如果說是雜染，那麼雜染又從何而來。如果說由名言顯現而來，那麼名言又從何而來。如是可以說，名言由二取來，二取由我與我所來，我與我所則由習氣而來，這樣雜染、名言、二取、能所、習氣便都是等障礙法相。

九者，「即彼隨順法相」，隨順著一個法義所起的境界。例如觀察相礙緣起，即可隨順相礙而觀察陽燄相。陽燄因應局限而成不同的相狀，遠看是水相，近看則不見水，由這樣我們便可以知道，何謂相礙緣起相。一切法於相礙中任運，由是而得圓成，這便是隨順法相的觀察，由此而知此法相的義理。倘若去觀察一個人如何得任運圓成，實在無法觀察，那就不成隨順。

十者,「不遍知等及遍知等過患功德相」。由不
遍知生起的過患,由遍知生起的功德,即是此所
說相。

三、何謂界義?言界義者,謂五種界:

一者,「器世界」,我們生活的世間即是器世
界。

二者,「有情界」,即是有生命的世界。此「有
情」只包括有感情的動物,沒有感情的動物不在
其列,譬如原生蟲則不將之看作是有情,然而螞
蟻可以說是有情。

三者,「法界」,即是如來內自證智境界,亦可
說為如來法身。法身、智境、法界亦只是名言建
立,由此三個名言,來言說一個不可思議的境
界。所以,這三個名言實在無可分別。是故佛家
即言,須現證身、智、界三無分別才可以成佛,
所以對於法界,我們不能作「界」想,須離開識
境中「界」的概念來理解這個法界。佛經常言,
法界無量無邊,無量,是離開識境的量;無邊,
是離開識境的邊,亦即不能用識境的理則、不能
用識境的邊見,來思議法界。

四者,「所調伏界」,即是所有受佛調伏的諸有
情,說明為界。

五者,「調伏方便界」,有情種類不同,便有不
同的善巧方便來作調伏,如是即別別成為調伏方
便界。例如我們的人間,便須要用剛強語來作調

伏，因此，說為空，是即用剛強語對人類的執著作否定，如是即為方便。

【正文】：慈氏菩薩復白佛言：世尊，若聞所成慧了知其義，若思所成慧了知其義，若奢摩他、毘缽舍那，修所成慧了知其義。此何差別？

佛告慈氏菩薩曰：善男子，聞所成慧依止於文，但如其說未善意趣，未現在前隨順解脫，未能領受成解脫義；思所成慧亦依於文，不唯如說能善意趣，未現在前轉順解脫，未能領受成解脫義；若諸菩薩修所成慧，亦依於文亦不依文，亦如其說亦不如說，能善意趣，所知事同分三摩地所行，影像現前極順解脫，已能領受成解脫義。

善男子，是名三種知義差別。

【釋義】：這段經文，是由修止觀來說知義的差別。從六個方面說聞、思、修所成慧了知其義的差別。

聞所成慧：一、「依止於文」；二、「但如其說」；三、「未善意趣」；四、「未現在前」；五、「隨順解脫」；六、「未能領受成解脫義」。

聞所成慧了知其義，只是聽到佛所說文字的表義，卻未了知佛所表達的密意。所以，其所知的義，便只是言說義。

思所成慧：一、「亦依於文」；二、「不唯如

說」；三、「能善意趣」；四、「未現在前」；五、「轉順解脫」；六、「未能領受成解脫義」。

思所成慧了知其義，不只跟隨佛所說的文字來理解，經過思擇，還能善知密意。譬如佛說空，行者不在名言上理解空，而是思維空的密意。上來說：一切法自性即是本性，那便是空的密意。這樣就超越了「無自性空」、「緣起故空」的說法。

修所成慧：一、「亦依於文亦不依於文」；二、「亦如其說亦不如其說」；三、「能善意趣」；四、「所知事同分三摩地所行影像現前」；五、「極順解脫」；六、「已能領受成解脫義」。

修所成慧不但了知密意，而且還依密意觀修。所以就能成就上來所說的六種功德。由此極信解脫，得領受成解脫義。

【正文】：慈氏菩薩復白佛言：世尊，修奢摩他毘缽舍那諸菩薩眾知法知義。云何為智？云何為見？

佛告慈氏菩薩曰：善男子，我無量門宣說智見二種差別，今當為汝略說其相。若緣總法修奢摩他毘缽舍那，所有妙慧是名為智；若緣別法修奢摩他毘缽舍那，所有妙慧是名為見。

【釋義】：慈氏菩薩於明了何為知法、何為知義之後，進一

步問佛何為智、何為見。佛以無量的法門說智與見二種差別。

一者、緣總法修止觀,所得的慧謂之智。智是行者所悟,是自己得到的覺。緣總法是通達佛的密意,由密意而成證悟,所以其證量便可以說明為智。

二者、緣別法修止觀,所得的慧謂之見。因為只能修別法,便一定落於言說而未解密意,由是所得的便只是一個見地。此如落於「空」這個言說,於觀修時便力求現證空性,那便是根據言說來修證,所能證到的亦只是空這個見地。若以證空為究竟,那就落於宗見的邊。

說中觀應成派為究竟,即是因為他們不立宗見,所以可以應敵而成破,破一切邊見。

【正文】：慈氏菩薩復白佛言:世尊,修奢摩他毘缽舍那諸菩薩眾,由何作意?何等、云何除遣諸相?

佛告慈氏菩薩曰:善男子,由真如作意除遣法相及與義相。若於其名及名自性無所得時,亦不觀彼所依之相,如是除遣。如於其名於句於文,於一切義當知亦爾。乃至於界及界自性無所得時,亦不觀彼所依之相,如是除遣。

【釋義】：上來所說是抉擇見,現在問佛觀修的問題。

「何等,云何除遣諸相?」當解作「云何除遣諸

相、除遣何等相?」此即問兩個問題。

全句,彌勒問「由何作意?云何遣除諸相?遣除何等相?」那麼一共便是三個問題。依佛所答,那便是說:一、由真如作意;二、於其名、文、句、自性無所得,即成遣除;三、要除遣的是法與義相。此即如次答彌勒三問。

上來已說修止觀須知法知義,現在要除遣的正是知法所得的法相,知義所得的義相。由此表明真真正正的瑜伽行是不落在任何的法與義中,是故由真如作意除遣法相與義相。如何而成除遣?由無所得而成除遣。對此,經文已說得很明白,對法相與義相,既不執著其名言,亦不依名言而起自性想,亦不由是而生起名言相,如是便無所得。遍除遣已,即不落於相。

【正文】:世尊,諸所了知真如義相,此真如相亦可遣不?

善男子,於所了知真如義中,都無有相亦無所得,當何所遣?

善男子,我說了知真如義時,能伏一切法義之相,非此了達餘所能伏。

【釋義】:佛說須除遣法相及義相,然而,菩薩了知真如義相,此真如相是否亦可遣除。

佛答得很明快,於菩薩所了知的真如義中,無相可以建立,因為真如是佛智所見的境界,佛智境

界不可思議，亦非識境之所得，是故無所得，既然無相亦無所得，便無所除遣。

佛更說，用真如義可以調伏一切法相義相，對真如的了達，沒有相能作調伏。這是強調真如的境界。對於真如，其實我們可以簡單地理解：佛於證自然智的同時，起後得智，所謂後得智，即是觀察識境的智，由此智所見便是真如相，亦稱為實相。既然是由智所見，當然不能用識之所見來作調伏。

【正文】：世尊，如世尊說濁水器喻、不淨鏡喻、撓泉池喻，不任觀察自面影相。若堪任者與上相違。如是若有不善修心，則不堪任如實觀察所有真如。若善修心堪任觀察，此說何等能觀察心？依何真如而作是說？

善男子，此說三種能觀察心：謂聞所成能觀察心，若思所成能觀察心，若修所成能觀察心。依了別真如作如是說。

【釋義】：佛說三個喻，即是濁水器喻、不淨鏡喻、撓泉池喻。三個喻的共同點是「不任觀察自面影相」，不能將影像照得清清楚楚，因為水器污濁，鏡面不淨，泉水亂動。此三個喻分三層次，分別依基、道、果來說。

濁水器喻：人不能用盛水器來照影，須藉水而照，倘若盛水器本身受污染，則器中的淨水亦會

變成濁水，如是影像自然不清晰。因此這是本基不淨，而不是水不淨，盛水器喻為基。

不淨鏡喻：鏡可以照影，然而，若鏡面不淨，則所照出來的影像不清晰，是故對不淨鏡要作清洗。不淨鏡喻是說道，清洗即是道，名言說為淨治。

撓泉池喻：泉水能照影，卻須要水面平靜。倘若水亂動不已，則看不清影像。泉水照影此事，照出來的影像可以說是果。泉水靜則影像靜，泉水動則影像動，是即為果。

這三個喻表明，若基、道、果不淨，則不能如實顯現影像，這就比喻心的行相，凡夫心的行相不淨亦不定，可以說是基、道、果皆不淨，由是所顯現出來的，便是亂相。

為能如實觀察得見真如，則要「善修心」，亦即「觀察心」。如何「觀察心」？「謂聞所成能觀察心，若思所成能觀察心，若修所成能觀察心。」由聞所成慧觀察，心便如淨盛水器；由思所成慧觀察，心便如淨鏡面；由修所成慧觀察，心便如不撓動的泉水。此中，聞所成慧是資糧道，思所成慧是加行道，修所成慧是見道與修道。

「依何真如而作是說？」「依了別真如作如是說」。上來已經說過七種真如，其中有一了別真如。了別真如者，謂一切行唯識，依了別真如觀

察心，即了別一切名言句義唯依心識而有相，是
故若不落於名言句義之中，即無分別，由是即能
對心作正觀察。

【正文】：世尊，如是了知法義菩薩，為遣諸相勤修加行，
有幾種相難可除遣？誰能除遣？

善男子，有十種相空能除遣，何等為十？

一者了知法義故，有種種文字相，此由一切法空
能正除遣。

二者了知安立真如義故，有生滅住異性相續隨轉
相，此由相空及無先後空能正除遣。

三者了知能取義故，有顧戀身相及我慢相，此由
內空及無所得空能正除遣。

四者了知所取義故，有顧戀財相，此由外空能正
除遣。

五者了知受用義，男女承事資具相應故，有內安
樂相，外淨妙相，此由內外空及本性空能正除
遣。

六者了知建立義故，有無量相，此由大空能正除
遣。

七者了知無色故，有內寂靜解脫相，此由有為空
能正除遣。

八者了知相真如義故，有補特伽羅無我相、法無

我相、若唯識相、及勝義相，此由畢竟空、無性
空、無性自性空、及勝義空能正除遣。

九者由了知清淨真如義故，有無為相無變異相，
此由無為空、無變異空能正除遣。

十者即於彼相對治空性作意思惟故，有空性相，
此由空空能正除遣。

【釋義】：說不住在名言與句義，事實上很難做得到，雖然
依了別真如觀察心，有些相還是很難除遣。於是
慈氏菩薩問佛，了知法義的菩薩，為遣諸相勤修
加行，有幾種相難可除遣？用甚麼能夠遣除？佛
之所答，即言：有十種相難以除遣，空則能夠除
遣這十種相。因此，佛施設種種法義不同的空以
對治十種相。

一者，「了知法義故」，有種種文字相，此由一
切法空能正除遣。行者由文字相（言說相）來了
知法義，如是即落於言說，亦即落於法，如是即
用「一切法空」來正除遣。

二者，「了知安立真如義」，即了知識境的生、
滅、住、異相，如是相續隨轉，雖不將相續隨轉
相視為真實，但依然住於生、滅、住、異相中，
此即由「相空」及「無先後空」來正除遣。

何謂「相空」？由一個名言、一個概念則生出一
個相，因為相由名言與句義建立，是故說相空。

何謂「無先後空」？無先後空是《解深密經》所

特有的名相。無先後空是因為相續。生、住、異、滅是一個相續的過程，從生到住到異（變動）到滅，不斷地相續，相續因此有先後。然而，我們不能說先的空，後的不空；或者說後的空，先的不空。不分先後都空，此即無先後空，於是在一相續中，能知生空，便同是可知住、異、滅空。

三者，「了知能取義」。我們的心識是能取，因有能取，是故有我慢、我愛等，由是顧戀身相及我慢相，此由「內空」及「無所得空」能正除遣。若無能取即無所得故。

四者，「了知所取義」，所取為外境，人為了養生，不能不取資財，是故積聚資財，便是所取的外境，此由「外空」作正除遣。

五者，「了知受用義」，人無論男女，都須要享用資具，這享用便是受用，對此很難對受用相作除遣，然而，卻可以由「內外空」及「本性空」作正除遣。

受用是內識與外緣相觸，是故須用「內外空」來除遣，這除遣即是除遣受用，如是即無受用相可得。

何謂「本性空」？前面已經說過，一切法的自性即是本性，將本性建立為空，一切法則有如鏡影，因此鏡影中的資具與受用皆無真實，此即除遣。

六者，「了知建立義」。一切法皆由建立、施設而來，是故便有無量相。我們隨時都可以建立種種名言與句義，同時便有種種相成立。

說用「大空」來除遣，何謂「大空」？即是，無論有多少名言與句義，皆能認知其不真實，都是影像。在影像世界是真實，離開影像世界則不真實，由是即成「除遣」。

七者，「了知無色」。行者以為無色（物質）便是人無我，由是所修的禪定為內寂靜解脫，此即令心識不起，由是而成寂靜，但這寂靜實由壓伏心識而來，所以是有作意、是有為法，此由「有為空」而正除遣。

八者，「了知相真如義」。行者落於別法來作觀修，便會落在「人無我相」、「法無我相」、「唯識相」、「勝義相」。這些相其實都落於佛的言說，未知密意。然而，行者卻以為依言說之所得，已經了知相真如，亦即落在「相真如」的概念，來觀修人無我相等，此即用「畢竟空」、「無性空」、「無性自性空」、「勝義空」作正除遣。

「畢竟空」是究竟空；「無性空」是建立本性空；「無性自性空」是一切法自性即是本性，如是而空；「勝義空」是建立如來法身為空。

九者，「由了知清淨真如義」。行者依言說來了知清淨真如，於是建立「無為法」，「圓成自性

相」為真實，或建立「如來法身」為真實，如是即有種種相，且自以為是清淨相，若將這些相說之為空，反而會被譴責是斷滅空，此用「無為空」、「無變異空」作正除遣。

「無為空」，是說一切無為法空，因為無為法亦有如鏡影。

「無變異空」，是說智境上雖有識境隨緣自顯現，然而智境卻無變異，此無變異可說為智境的空性，是故無為法等，即可由智境無變異而說為空。

十者，「空性相」。行者落於唯空見，於一切法唯見空相，是即落於佛的言說，不知空的密意，亦即不知一切法自性即是本性，是故由空成立空性相，此用「空空」作正除遣。

空空即是說空亦是空。所以將如來法身建立為空，將佛內自證智境界建立為空，只是言說，此空亦非真實。

上來所述的十八個空是瑜伽行所用[4]，中觀用二十個空。以十八個空對治遣除十種相，其實針對的都是名言與句義。當行者落在某一境界而得到某種相，則能以相應的空作對治。

【正文】：世尊，除遣如是十種相時，除遣何等？從何等相

---

[4]　玄奘譯只列述十七空，於「八者」段缺「自性空」（依菩提流支譯）。

而得解脫？

善男子，除遣三摩地所行影像相，從雜染縛相而
得解脫，彼亦除遣。

善男子，當知就勝説如是空，治如是相，非不一
一治一切相，譬如無明非不能生乃至老死諸雜染
法。就勝但説能生於行，由是諸行親近緣故。此
中道理當知亦爾。

【釋義】：慈氏菩薩問佛二個問題：除遣這十種相時，遣除
的究竟是甚麼？把它們除遣之後，從甚麼相得到
解脫？換言之，修行人當然要除遣諸相，然而諸
相不能不見，見到諸相，實質上要除遣的是甚麼
呢？倘若諸相都除遣了，又如何解脫呢？

佛答曰：「除遣三摩地所行影像相，從雜染縛相
而得解脫，彼亦除遣。」即是除遣修禪定時所得
到的影像相。修法的人總是覺得修止觀要有一個
止觀的相可得，以此相當作是自己的證量。例如
小乘行人修四禪八定，將心識狀態慢慢地壓服下
來，壓到不動，然後入到非想非非想定，於是覺
得超越了滅盡定，心識得到調伏。其心識不能說
動，亦不能說不動，覺得自己這個境界是很高的
證量，由此得到一個相，這個相即是非想非非想
相。以為此相離有無二邊，是故得到解脫。然而
他們以為得到的相，正是佛所說要除遣的相，如
佛於《金剛經》所說：「凡所有相皆是虛妄，若
見諸相非相即見如來。」是故無一相可得，然後
才能見到真實。

如何才能見到真實？見如來。如何才能見如來？
了知凡所有相皆是虛妄，諸相非相，不落一切
相，此為禪宗所修，亦是甯瑪派所修，亦是薩迦
派所修。與《金剛經》的說法一樣，是故能除遣
諸相。任何大套理論說諸相怎麼合理皆是徒勞，
既然凡所有相皆是虛妄，那就必定是一切止觀所
得的影像都要除遣。

或難言：既然諸相要除遣，為何還要觀修？修定
是一個層層超越的過程。當修定得到一個證量
時，則有一個心行相生起。現在是要將此心行相
除遣，所以不是否定觀修，而是除遣觀修所得的
行相，這是一個進修的次第過程。

除遣諸相即是層層超越諸相，好似在學校讀書，
學習的過程即是層層超越的過程。中學超越小
學，大學超越中學，碩士超越學士，博士超越碩
士，套句話說，「凡有所學皆是虛妄，若見諸學
非學，才是學者，才是大學者，才是大師。」書
是要念的，然而小學的書念完即可除遣，進而念
中學的書、大學的書，不要被先前的書所縛。

學佛亦是同樣道理，不能被種種名相所縛，不落
名言與句義相，一落相則落到虛妄。要通過諸相
了知佛的密意，是故本經說十種相，同時施設十
八個空將它們一一除遣。離所對治相，離能對治
相，離真如相，離證智相，凡所有相都要除遣，
這是最徹底的除遣，這即是大空、勝義空、空
空。我們修無上瑜伽有很多施設，要懂得如何對

治這些證智相,自己的證量亦要對治。是故菩薩建立為十地,每地菩薩都有每地的證智相,倘若永遠不離這些證智相,則永遠只是這一地的菩薩而已。

怎麼樣才能得到解脫?「從雜染縛相而得解脫,彼亦除遣。」雜染相即是煩惱雜染、業雜染、生雜染。離雜染相則得到解脫,倘若落在名言與句義,則受雜染相所縛,不得解脫。然而,這解脫相亦要除遣。因為無所得才能解脫,亦即無一解脫相可得。也可以這樣說,無所得相便即是解脫相。若能真實觀修,對無所得相便能現證,否則,便只能這樣去理解。

「當知就勝說如是空,治如是相,非不一一治一切相。譬如無明非不能生乃至老死諸雜染法。」說由甚麼樣的空對治甚麼樣的相,就殊勝而言,並不是說只有這個空才能對治這個相,實在是,任一個空都可以對治任一個相,例如說十二因緣(無明緣行、行緣識、識緣名色、名色緣六入、六入緣觸、觸緣受、受緣愛、愛緣取、取緣有、有緣生、生緣老死),對治一個無明,便能將餘下十一個因緣都對治。

「就勝但說能生於行,由是諸行親近緣故。此中道理當知亦爾。」當說無明緣行時,並不是說無明只能生行,就殊勝而言,無明就能生餘十一因緣,以此為例,任一個空都可以對治一切相。正如說無明緣行,是由親近緣而說,現在說這個空

可以對治這個相，亦是由親近緣而說。

於此亦有密意。於說瑜伽行時，若以為由十八個空來分別對治十個相，那就要做十八種不同的抉擇、觀修，然後得十八種不同的決定，復有十種現證。這顯然是不合理的事。於十種相，任依一空性見作抉擇，如是觀修，得無相的決定，復能現證無相，那就能對治一切相，這才是殊勝。

【正文】：爾時，慈氏菩薩復白佛言：世尊，此中何等空是總空性相？若諸菩薩了知是已無有失壞，於空性相離增上慢。

爾時，世尊歎慈氏菩薩曰：善哉！善哉！善男子，汝今乃能請問如來如是深義，令諸菩薩於空性相無有失壞。何以故？善男子，若諸菩薩於空性相有失壞者，便為失壞一切大乘。是故汝應諦聽，諦聽。當為汝說總空性相。善男子，若於依他起相及圓成實相中，一切品類雜染清淨，遍計所執相畢竟遠離性，及於此中都無所得，如是名為於大乘中總空性相。

【釋義】：依藏譯，「總空性相」當譯作「總攝空相」。甚麼空能夠總攝空相？上來佛說十八個空皆能對治十種相，然而哪一個空能夠總攝空相？倘若諸菩薩了知哪一個空能夠總攝空相，則對於空相無有失壞，不會壞掉世俗而修空，且能離增上慢。

經言：「於空性相離增上慢」，即是對空性相如

實了知，更不加以任何的名言句義而知。倘若對
證得的空性相，再用名言句義來形容，那便是在
空性相上添加了戲論，如是即是增上，在名言上
又稱為「簡別」。以能簡別空性而起慢，即是增
上慢。

佛讚嘆慈氏菩薩能夠問這樣深義的法，令諸菩薩
對於總攝空相無有失壞，是故有很大的功德。總
攝空相的問題非常重要，因為總攝空相即是不二
法門，即是如來藏，這是最究竟的法門，餘法異
門都是施設。於佛經中凡說無上大乘，即說不二
法門、即說如來藏。

「若於依他起相及圓成實相中，一切品類雜染清
淨，遍計所執相畢竟遠離性，及於此中都無所
得，如是名為於大乘中總攝空相。」在依他相、
圓成相上皆有遍計，將所有遍計除遣，即等於將
一切雜染（惑、業、苦）除遣，是即究竟遠離，
於遠離中更無所得。

說依他相，是心與境相依，亦即內與外相依。當
這樣成立依他的時候，還是落在名言與句義，其
實已經有遍計。

再說清淨依他相，清淨依他是相對，即是心性與
法性相對。在這裡層次好像比依他高一等，成為
清淨依他，可是當我們說心性與法性的時候，還
是落在名言與句義，都是施設。因此連這些相都
要遣除。

說圓成相，一切諸法都有自己的局限，能夠任運
（適應局限）則是圓成。這樣的建立，可以說已
不落名言與句義，一切諸法如是適應便如是適
應，更沒有任何名言句義作為指引。然而，若依
世間識境相來看圓成，則不了知其為法爾，那就
會仍然落於名言句義來定義圓成相，如是圓成相
即成遍計。

【正文】：慈氏菩薩復白佛言：世尊，此奢摩他毘缽舍那，
　　　　能攝幾種勝三摩地？

　　　　佛告慈氏菩薩曰：善男子，如我所說，無量聲
　　　　聞、菩薩、如來有無量種勝三摩地，當知一切皆
　　　　此所攝。

【釋義】：慈氏菩薩問佛修「總攝空相」的止觀，有幾種殊
　　　　勝的定？佛答曰：數之不盡，因為有無量殊勝的
　　　　定。

【正文】：世尊，此奢摩他毘缽舍那以何為因？

　　　　善男子，清淨尸羅、清淨聞思所成正見以為其
　　　　因。

【釋義】：這樣的止觀以何為因？以「清淨尸羅，清淨聞思
　　　　所成正見以為其因。」「尸羅」即是戒。即是說
　　　　修這些正定，修「總攝空相」定的行者，以守清
　　　　淨戒，以清淨聞、清淨思所成的正見為因。

【正文】：世尊，此奢摩他毘缽舍那以何為果？

善男子，善清淨心、善清淨慧以為其果。

復次，善男子，一切聲聞及如來等，所有世間及出世間一切善法，當知皆是此奢摩他毘缽舍那所得之果。

【釋義】：這樣的止觀以何為果？以得到善清淨心、善清淨慧為果。此時還未證到佛的智，是故稱作慧。

「一切聲聞及如來等」，指所有觀修的行人，包括十地菩薩。

「所有世間及出世間一切善法」，世間如後得智，出世間如根本智，二者恆時雙運，故說為智識雙運。於智識雙運中，一切法都是如是止觀果。

【正文】：世尊，此奢摩他毘缽舍那能作何業？

善男子，此能解脫二縛為業，所謂相縛及粗重縛。

【釋義】：這樣的止觀有甚麼作業？此能解脫二縛為業。二縛即是相縛及粗重縛。

何謂相縛？即是受諸相所縛，是故要除遣諸相，從相中解脫。

何謂粗重縛？每地的菩薩都有二愚一粗重。愚即

是受縛，有這種愚，則有心理負擔，此心理負擔謂之粗重。粗重與輕安相對。給東西縛住則沒有輕安，只有粗重。

於此須知，佛不說觀修行人從性中解脫，而是說從相中解脫。因為凡所觀修，其所緣境必是相。若在相中能證無自性空，由是於自性中解脫，恐怕這便只是一種心理暗示而已。由相中解脫，並不是說所緣境忽然不見，所緣境依舊顯現，然而行人則能由空性見，見其無相，如是即不受相所縛，更能不受愚與粗重所縛，是即解脫。在這觀修中，空性見只是用來作抉擇與決定，不能說用空性見來作觀修所緣境。

【正文】：世尊，如佛所說五種繫中，幾是奢摩他障？幾是毘缽舍那障？幾是俱障？

善男子，顧戀身財是奢摩他障；於諸聖教不得隨欲，是毘缽舍那障；樂相雜住，於少喜足，當知俱障。由第一故不能造修，由第二故所修加行不到究竟。

【釋義】：現在是說修道上的種種障礙。慈氏菩薩問佛，修止與觀各有哪些障礙。佛答有五種繫是修止觀的障礙。何謂五種繫？繫即是束縛，亦是障礙。顧戀身、顧戀財、於諸聖教不得隨欲、樂相雜住、於少喜足，此為修止觀的五種束縛。

「顧戀身財」是止的障。凡有顧戀，即使能止，

亦不能寂。

「於諸聖教不得隨欲」是觀的障。不通達一切聖教，只知別法言說，則不能通盤作觀。

「樂相雜住，於少喜足」二者是止與觀的俱障。修止觀時，住於所欣欲的所緣境而不能離；或於所緣境中稍得證量，便生喜足，是即既不能寂止，亦不能由觀察而得決定見。

「由第一故不能造修」，「第一」是指顧戀身財。顧戀身財則不成修習；「由第二故所修加行不到究竟」，「第二」是指於諸聖教不得隨欲。不得隨欲則障礙修觀，「所修加行不到究竟」。我們修的法都是加行法，正行只是直指教授。因為所修加行不到究竟，則不能以智識雙運作決定見而層層超越。

此段經文是說，修止觀要離這五種繫，才能修到「總攝空相」。

【正文】：世尊，於五蓋中，幾是奢摩他障？幾是毘缽舍那障？幾是俱障？

善男子，掉舉、惡作是奢摩他障；惛沈、睡眠、疑是毘缽舍那障；貪欲、瞋恚當知俱障。

【釋義】：何謂蓋？蓋是煩惱的別名，因為煩惱能覆蓋行者心性，使之不生善法，故謂之蓋。

掉舉、惡作是止的障。掉舉即是胡思亂想，心不

定。惡作是惡的作意，譬如觀修時，要求一定要
見光，一定要見種子字，一定要見金剛薩埵的眉
毛，此謂之惡作。

惛沈、睡眠、疑是觀的障。惛沉即是思想模糊；
睡眠即是欲入睡；疑是懷疑自己的觀察，不敢作
抉擇與決定，是故整個觀察則不能現證。

「貪欲、瞋恚」是止與觀的障。

【正文】：世尊，齊何名得奢摩他道圓滿清淨？

善男子，乃至所有惛沈、睡眠，正善除遣，齊是
名得奢摩他道圓滿清淨。

世尊，齊何名得毘缽舍那道圓滿清淨？

善男子，乃至所有掉舉、惡作，正善除遣，齊是
名得毘缽舍那道圓滿清淨。

【釋義】：彌勒問佛：根據甚麼，可以名為得寂止道圓滿清
淨、根據甚麼，可以名為得勝觀道圓滿清淨。佛
之所答，即言能除止觀障，即是圓滿清淨。

【正文】：世尊，若諸菩薩於奢摩他毘缽舍那現在前時，應
知幾種心散動法？

善男子，應知五種：一者作意散動，二者外心散
動，三者內心散動，四者相散動，五者粗重散
動。

善男子，若諸菩薩捨於大乘相應作意，墮在聲
聞、獨覺相應諸作意中，當知是名作意散動。

若於其外五種妙欲諸雜亂相，所有尋思隨煩惱
中，及於其外所緣境中縱心流散，當知是名外心
散動。

若由惛沈及以睡眠，或由沈沒或由愛味三摩鉢
底，或由隨一三摩鉢底，諸隨煩惱之所染污，當
知是名內心散動。

若依外相於內等持所行諸相，作意思惟，名相散
動。

若內作意為緣生起所有諸受，由粗重身計我起
慢，當知是名粗重散動。

【釋義】：慈氏菩薩問佛，諸菩薩在修止觀現前的時候，
「應知幾種心散動法？」即是心有幾多種散動。
佛答曰有五種：「作意散動」，「外心散動」，
「內心散動」，「相散動」，「粗重散動」。

何謂「作意散動」？所謂作意，指作意於小乘或
大乘。若依小乘觀修時，作意於大乘法；或於大
乘觀修時，作意於小乘法，都名散動。

何謂「外心散動」？修止觀時，有五妙欲，即是
色、聲、香、味、觸。由是而起覺受，若覺受落
於尋伺分別，即成雜亂相，如是即是「外心散
動」。

何謂「內心散動」？於此佛說二相：一者、由惛

沈、睡眠，或於等至（三摩缽底，梵文samāpatti）
中沈沒、愛味；二者、任一等至境界受隨煩惱染
污，此即如於境界中生起我慢、我愛等想。

何謂「相散動」？對所緣境作意思維，如觀本
尊，連衣飾的花紋都作意思維，那便可能因過份
注意細節，反而失去所緣境的總相。這種散動，
由外境而生。

何謂「粗重散動」？粗重即是心理負擔。此如於
修止觀時，除了所緣境，還覺得應該有一個自身
存在，由是就成為身粗重，且起我慢。這種散
動，由內心而生。

【正文】：世尊，此奢摩他毘缽舍那，從初菩薩地乃至如來
地，能對治何障？

善男子，此奢摩他毘缽舍那，於初地中，對治惡
趣、煩惱、業、生雜染障；第二地中，對治微細
誤犯現行障；第三地中，對治欲貪障；第四地
中，對治定愛及法愛障；第五地中，對治生死涅
槃一向背趣障；第六地中，對治相多現行障；第
七地中，對治細相現行障；第八地中，對治於無
相作功用，及於有相不得自在障；第九地中，對
治於一切種善巧言辭不得自在障；第十地中，對
治不得圓滿法身證得障。善男子，此奢摩他毘缽
舍那，於如來地對治極微細、最極微細煩惱障及
所知障。由能永害如是障故，究竟證得無著無礙

一切智見依於所作成滿所緣，建立最極清淨法身。

【釋義】：從初地菩薩到如來，每一地道要對治甚麼障，佛於此依密意而說。

初地菩薩「對治惡趣障」及「雜染障」。對治惡趣障，這對治未離業力因果，但因菩薩已觸證智境，已證智識雙運，是故由雙運而離業力，是即對治。這對治並不是別別對治，住於雙運境界而作修持與行持，由串習力，即能離業力障。

二地菩薩「對治微細誤犯現行障」，是即對治微細業，仍由住於智識雙運境而修持行持。

三地菩薩「對治欲貪障」，依密意為對法的欲貪，此時，對智識雙運境亦不能起欲貪。可以說，初地、二地菩薩的能對治，於三地即成為所對治。

四地菩薩「對治定愛及法愛障」，是離法障。對定生愛、對法生受，即成執著，如是即永住於四地，是故當離，是亦可名為離所知障。

五地菩薩「對治生死涅槃一向背趣障」，此如背離生死，趣向涅槃，如是亦成邊見而有所希求，故須對治向背，入無願解脫門。

六地菩薩「對治相多現行障」。現證六地即現證般若波羅蜜多，此由無相而證，故須對治相多現行障，由此對治入無相解脫門。

七地菩薩「對治細相現行障」，是即對治微細相，此如心理狀態，尤其是依習氣而成的心理狀態。這裡說的習氣，未必是凡夫習氣，應指菩薩修道所成的習氣，雖然微細，是亦有相，故須對治，圓成無相解脫門。

關於六地、七地的障，還要從五地說起。五地菩薩要學世間法，通達世間伎藝，生起的都是心性相，這一個地叫做難行地。到六地證到心性相等於法性相，因此心性自解脫，同時住在法性，亦即證到般若。此時法性相增多，見到本尊與壇城；見到金剛鍊，金剛鍊變作佛像，變作佛的宮殿、樓台；見到種種光明相。這些相是心性轉為法性時出現的相，謂之法性相。菩薩以此作為自己的證量，若受這些相所縛，反而成為障礙，不能證到深般若波羅密多。六地菩薩所對治的相多現行障，便是由串習而得的法性相。

到七地不是法性相增多，而是出現細相，亦即微細相。微細相是與生俱來的心性相，每一個人的性格不同，串習不同，都可以由習氣起不同的心性相。此即妨礙我們住於法性。原來心性相已經變為法性相，現在法性相又變為心性相，此即微細習氣所至，是故須離。

八地菩薩「對治無相作功用」，及於有相不得自在障。如果永遠住於無相，則不能入無上大乘，亦即不能現證深般若波羅蜜多，是故須由無相而

證入有相，這有相，是智識雙運境相、是如來藏相、是一切諸法不二相。所以仍然作意於無相，對無相作功用，及不能對有相自在，即永遠住於無相的境界，那就永遠不能圓成八地的修證而現證，是故須離。

九地菩薩「對治不得善巧言辭自在」，這些言辭，是說佛的密意，是即不能善巧宣說佛的密意，由是不得辯才無礙。若辯才無礙，則無論依何法異門而說、依何經典而說，都能善巧表達佛的密意。

九地菩薩以說法為事業，這是因為已現證智識雙運，所以說法時，就能住於智識雙運境界中來言說，是即辯才無礙。辯才無礙的菩薩，即使在初轉法輪的經典中，亦能用名言來表達出其密意為說如來藏。因此即使用初轉法輪的名言，亦能說出三轉法輪的法。

十地菩薩應能現證如來法身，此即由智識雙運而證智境，若以螢光屏喻，便即是能由螢光屏與影像雙運，而能離影像而證螢光屏。

無學道如來地，「對治極微細、最極微細的煩惱障及所知障」，是即由金剛喻定，現證最極清淨如來法身。金剛喻定其實亦是智識雙運的定境，依此定境現證法身，即證得佛內自證智，亦即自然智、根本智，此際同時起後得智，是即於證得極清淨如來法身的同時，又由根本智與後得智雙運而入智識雙運境。這時則說為：如來法身與如

來法身功德雙運。

【正文】：慈氏菩薩復白佛言：世尊，云何菩薩依奢摩他毘
　　　　缽舍那勤修行故，證得阿耨多羅三藐三菩提？

　　　　佛告慈氏菩薩曰：善男子，若諸菩薩已得奢摩他
　　　　毘缽舍那，依七真如，於如所聞所思法中，由勝
　　　　定心，於善審定，於善思量，於善安立真如性中
　　　　內正思惟。彼於真如正思惟故，心於一切細相現
　　　　行尚能棄捨，何況粗相？

　　　　善男子，言細相者，謂心所執受相，或領納相，
　　　　或了別相，或雜染清淨相，或內相或外相或內外
　　　　相，或謂我當修行一切利有情相，或正智相，或
　　　　真如相，或苦集滅道相，或有為相或無為相，或
　　　　有常相或無常相，或苦有變異性相，或苦無變異
　　　　性相，或有為異相相，或有為同相相，或知一切
　　　　是一切已有一切相，或補特伽羅無我相或法無我
　　　　相，於彼現行心能棄捨，彼既多住如是行故，於
　　　　時時間，從其一切繫蓋散動善修治心，從是已
　　　　後，於七真如有七各別自內所證通達智生，名為
　　　　見道。由得此故，名入菩薩正性。離生生如來家
　　　　證得初地，又能受用此地勝德。

　　　　彼於先時，由得奢摩他、毘缽舍那故，已得二種
　　　　所緣，謂有分別影像所緣，及無分別影像所緣。
　　　　彼於今時，得見道故，更證得事邊際所緣。復於
　　　　後後一切地中進修修道，即於如是三種所緣，作

　　意思惟。譬如有人，以其細楔出於粗楔，如是菩
　　薩依此以楔出楔方便，遣內相故，一切隨順雜染
　　分相皆悉除遣。相除遣故，粗重亦遣。

　　永害一切相粗重故，漸次於彼後後地中，如煉金
　　法陶煉其心，乃至證得阿耨多羅三藐三菩提，又
　　得所作成滿所緣。善男子，如是菩薩於內止觀正
　　修行故，證得阿耨多羅三藐三菩提。

【釋義】：　慈氏菩薩問佛，菩薩依止觀勤修行，如何證得無
　　　　　　上正圓正等覺。這等於問如何成佛，因為成佛必
　　　　　　須證得無上正圓正等覺，佛的因地無間道、如來
　　　　　　地，對此尚有極微細障未能現證。

　　　　　　佛由資糧道起說。資糧道知法知義，經中說為依
　　　　　　七真如作抉擇，由聞、思、修起正思維。這正思
　　　　　　維便即是決定，由此決定，除遣粗細相。至於加
　　　　　　行道，主要是除遣觀修時所起的細相，如經所
　　　　　　言，「謂心所執受相，或領納相，或了別相」
　　　　　　等。

　　　　　　於見道，現證七真如，各別有內自證智生起，是
　　　　　　即名觸證真如。

　　　　　　七真如為：流轉真如、相真如、了別真如、安立
　　　　　　真如、邪行真如、清淨真如、正行真如。此已涵
　　　　　　蓋智境與識境。當菩薩各別生起現證七種真如的
　　　　　　內證智境時，可以說，對世俗的識境，對勝義的
　　　　　　智境，二者皆已通達，所以是觸證智識雙運的基
　　　　　　礎。

若以四種所緣事來說，見道菩薩已得有分別影像
所緣事、無分別影像所緣事，於今菩薩更證得事
邊際所緣事，是即已通達事的邊際，由是即可現
證無邊，亦即不落一切邊見。上來所說能除遣的
一切相，都落邊見而成立，是故無邊即無此一切
相。

由二地到十地的菩薩，即反覆修習上來所說的三
種所緣事。佛比喻他們的修習，為納入細楔而出
粗楔，這比喻他們之所修，愈觀修所證愈細緻。
由是能除遣內相，亦即除遣一切隨雜染分而來的
相，如是即能除遣各地的愚及粗重，以至成佛為
止。

上來所說，即是依觀修寂止與勝觀，可以證覺成
佛，其次第觀修義理即如所說。

【正文】：慈氏菩薩復白佛言：世尊，云何修行引發菩薩廣
　　　　大威德？

　　　　善男子，若諸菩薩善知六處，便能引發菩薩所有
　　　　廣大威德：一者善知心生，二者善知心住，三者
　　　　善知心出，四者善知心增，五者善知心減，六者
　　　　善知方便。

　　　　云何善知心生？謂如實知十六行心生起差別，是
　　　　名善知心生。十六行心生起差別者：一者不可覺
　　　　知堅住器識生，謂阿陀那識；二者種種行相所緣
　　　　識生，謂頓取一切色等境界分別意識，及頓取內

外境界覺受，或頓於一念瞬息須臾，現入多定見，多佛土見，多如來分別意識；三者小相所緣識生，謂欲界繫識；四者大相所緣識生，謂色界繫識；五者無量相所緣識生，謂空識無邊處繫識；六者微細相所緣識生，謂無所有處繫識；七者邊際相所緣識生，謂非想非非想處繫識；八者無相識生，謂出世識及緣滅識；九者苦俱行識生，謂地獄識；十者雜受俱行識生，謂欲行識；十一喜俱行識生，謂初二靜慮識；十二樂俱行識生，謂第三靜慮識；十三不苦不樂俱行識生，謂從第四靜慮乃至非想非非想處識；十四染污俱行識生，謂諸煩惱及隨煩惱相應識；十五善俱行識生，謂信等相應識；十六無記俱行識生，謂彼俱不相應識。

云何善知心住？謂如實知了別真如。

云何善知心出？謂如實知出二種縛，所謂相縛及粗重縛。此能善知應令其心從如是出。

云何善知心增？謂如實知能治相縛粗重縛心，彼增長時，彼積集時，亦得增長亦得積集，名善知增。

云何善知心減？謂如實知彼所對治相，及粗重所雜染心。彼衰退時彼損減時，此亦衰退此亦損減，名善知減。

云何善知方便？謂如實知解脫勝處及與遍處，或修或遣。

善男子，如是菩薩於諸菩薩廣大威德，或已引發
或當引發或現引發。

【釋義】：彌勒問，菩薩應如何修行才能引發廣大威德，所
謂威德，即是修行成就所現證，依現證同時引發
威德。

佛答，由六處引發威德，六處是：「善知心
生」，「善知心住」，「善知心出」，「善知心
增」，「善知心減」，「善知方便」。

今將六處略釋如下：

一、何謂善知心生？謂如實知下來所說的十六行
心所起差別，是名善知心生。所謂行心，即是由
心識所緣而生起行相，由此而成差別，這些差
別，分說如下——

一者「不可覺知堅住器識」所生的差別，即謂阿
陀那識所生。阿陀那是不可見、不可覺知的生
機，有此生機，我們的器世間與有情世間以及我
們的心識才能夠生起。所以我們對此生機雖不覺
知，但卻能堅住於生機之中，由是阿陀那便可稱
為「不可覺知堅住器識」。這是最重要的行心，
由此行心所起差別，即是心生差別。

二者「種種行相所緣識生」的差別，即是心識緣
心行相所起種種差別，這些差別，如經言：為分
別識境、取內外境界覺受、於一念際現入多定見
（如於四禪八定中持一種定而修時，卻同時起八
種定見）、現多佛土見（專注一佛土而修，但卻

見多佛土，如修西方阿彌陀佛淨土，現見西方有恆河沙數淨土）、現多如來見（依一佛內自證智境，見恆河沙數如來）。如是即成為所緣識生的差別。

三者「小相所緣識」所生差別。「小相」即是欲界的境相，小相所緣識，即是欲界所繫的識，由此所生差別。當以心轉境時，差別即相續生起，

四者「大相所緣識」所生差別，「大相」即是色界的境相，大相所緣識，即是色界所繫的識，由此所生差別。當心緣色境時，差別即相續生起。

五者「無量相所緣識」所生差別，謂空無邊處、識無邊處繫識，是即無色界繫識。空與識無邊，是故即有無量相差別。

六者「微細相所緣識」所生差別，謂無所有處繫識，此亦為無色界繫識，因為是無色界，所以心識只起微細相，緣此微細相，即生細相差別。這也可以說是一種微妙的心理狀態。

七者「邊際相所緣識」所生差別，謂非想非非想處繫識，說為邊際，即是到了想的盡頭，所以說名非想非非想。於此心識行相中，起差別相。

八者「無相識」所生差別，謂出世識及緣滅識。心能出離識境，得見無相。能出離識境，即是出世及緣滅。此種心識的行心，即成差別。

九者「苦俱行識」所生差別，此如地獄中有情的

心識，由於心識與苦同時俱有，所以說為苦俱行識，此種心識的行心，即成差別。

十者「雜受俱行識」所生差別，謂欲行識，此為欲界的根本識，與欲界中種種雜受同時俱有，此種心識的行心，即成差別。

十一「喜俱行識」所生差別，謂修初二靜慮行人的心識，亦即色界初禪與二禪的定中心識，與喜俱行，此種心識的行心，即成差別。

十二「樂俱行識」所生差別，謂修第三靜慮行人的心識，亦即色界第三禪的定中心識，與樂俱行，此種心識的行心，即成差別。

十三「不苦不樂俱行識」所生差別，謂觀修從第四靜慮乃至非想非非想處行人的心識。這即是色界第四禪，及無色界的四次第定，此四次第為：空無邊處，識無邊處，無所有處，非想非非想處。於此等定中，其心理狀態，可說為不苦不樂，此種心識的行心，即成差別。

十四「染污俱行識」所生差別，這是與諸煩惱及隨煩惱相應的識，亦等於是凡夫的心識。由於與煩惱及隨煩惱相應，所以與染污俱行，此種心識的行心，即成差別。

十五「善俱行識」所生差別，這是說，與十一個善行法相應的心識，十一善行法為：信、慚、愧、無貪、無瞋、無癡、勤、輕安、不放逸、行捨、不害。學道的人，心識生起善行法，然而此

心識的行心，即成差別，

十六「無記俱行識」所生差別，謂與一切善惡俱不相應的心識，是名無記，此心識的行心雖不落善惡，亦成差別，因為無記與善惡已經是差別。

上來所說，是十六種識分別緣行心相而起的心理狀態，十六種狀態都是分別相，所以了知這十六種識生，才名為「善知心生」。

二，何謂善知心住？謂如實知了別真如。心識已了別為本性，既離分別，對識境仍能區別，只是不依心識分別而作區別，是名了別，所以如實知七真如中的了別真如，即善知心的本性，亦即善知心住。

三，何謂善知心出？謂如實知出相縛及粗重縛。相縛是心識落於心行相，粗重縛是由落於分別而起的心理負擔，由此二縛，是故輪迴，如實知心識如何出此二縛，即是善知心出。

四．何謂善知心增？謂如實知能對治上說兩種縛的心識，若兩種縛增長時、積集時，能對治的心識，亦同時增長、積集，是即名為善知心增。

五，何謂善知心減？謂如實知所對治相的心識。所對治即是上說兩種縛，連同由粗重所起的雜染。當所對治衰退時、損減時，能對治的心識亦應同時衰退損減，否則便成執著，是即名為善知心減。

六，何謂善知方便？謂如實知住於何處始能得勝解脫，同時又須知周遍解脫，當知此時，即知由方便而得解脫，此如認為住於空性中即得勝解脫，但亦不能唯空，同時須知無相、無願，如是由一門入而知三門，即是善知方便。

了知上述六處，便引發菩薩廣大威德，或在過去世中已引發，或現在現引發，或在未來世中當引發。

【正文】：慈氏菩薩復白佛言：世尊，如世尊説，於無餘依涅槃界中，一切諸受無餘永滅，何等諸受於此永滅？

善男子，以要言之，有二種受無餘永滅。何等為二？一者所依粗重受，二者彼果境界受。

所依粗重受當知有四種：一者有色所依受，二者無色所依受，三者果已成滿粗重受，四者果未成滿粗重受。果已成滿受者，謂現在受；果未成滿受者，謂未來因受。

彼果境界受亦有四種：一者依持受，二者資具受，三者受用受，四者顧戀受。

於有餘依涅槃界中，果未成滿受，一切已滅，領彼對治明觸生受，領受共有，或復彼果已成滿受，又二種受一切已滅，唯現領受明觸生受。

於無餘依涅槃界中，般涅槃時，此亦永滅，是故

　　　　　說言：於無餘依涅槃界中，一切諸受無餘永滅。

【釋義】： 何謂無餘依涅槃？涅槃梵文為 nirvana。「涅槃」
　　　　殆屬音譯，若譯意即為「圓寂」。圓是圓滿一切
　　　　智德，寂是寂滅一切惑業。是故修行人的入涅
　　　　槃，即能解脫，出離生死，不落輪迴。

　　　　涅槃有四種，即是自性涅槃、有餘依涅槃、無餘
　　　　依涅槃、無住處涅槃。自性涅槃乃證悟諸法本然
　　　　具有之真實本質，此本質不假外求，法爾具足。
　　　　一切有情皆是此本質，只是能證悟者便是聖者。
　　　　聖凡之別，僅在於此。有餘依涅槃與無餘依涅
　　　　槃，所謂「依」是指物質身而言。雖證涅槃，而
　　　　物質身猶在，即謂「有餘依」。倘若連所依的物
　　　　質身亦滅，其後亦不更取物質身，便是無餘依涅
　　　　槃。無住處涅槃者，謂既不住於生死，亦不住於
　　　　涅槃，是故不常不斷。然卻須知，前者乃就本體
　　　　而言，後者則就功用而說。本體不常而功能不
　　　　斷，所以涅槃仍有生機，其所顯現，即是大菩提
　　　　（梵文 bodhi 意譯為覺）。是故若謂涅槃是
　　　　「死」，此說大謬，死即再無功用；若謂涅槃仍
　　　　「生」，此說亦謬，生即永恆，違佛所教。因
　　　　此，涅槃實為一不生不滅、非生非死的境界，此
　　　　境界唯佛能證。

　　　　在無餘依涅槃中，既然無餘依，所有的受則永
　　　　滅。由此引出一個疑問：佛說涅槃不是要滅掉甚
　　　　麼東西，而是無生無滅。然卻又說，修止觀乃至
　　　　得證無餘依涅槃時，「於無餘依涅槃界中，一切

諸受無餘永滅。」那麼究竟是甚麼受在此永滅？
這個是對佛說不生不滅的一個質疑。

佛說有二種受無餘永滅：一者所依粗重受。粗重
即是一切心理負擔，心理狀態不得自在，不得自
在所以粗重。此粗重受永滅，否則不得涅槃。二
者彼果境界受。無餘依涅槃即是果，領受無餘依
涅槃的境界，即是果境界受，此亦須永斷，否則
亦不能涅槃。

所依粗重受分作四：

「有色所依受」，此即身受。

「無色所依受」，此即心受。

「果已成滿粗重受」，此即果受，果已成滿，以
領納此果為受。

「果未成滿粗重受」，此即因受。果未成滿，以
領納得果之因為受。

彼果境界受又分作四種：

「依持受」，即是於定的境界，依持甚麼法來得
這個果，如是即有所受，是即障礙涅槃。

「資具受」，行者對資具仍有領受，由此領受即
成粗重，是即障礙涅槃。

「受用受」，對一切受用仍有領受，包括精神與
物質二者，是即障礙涅槃。

「顧戀受」，於事物仍有顧戀，領受此顧戀，即

障礙涅槃。

佛說不生不滅，並非說不能滅一個受而成佛，滅受亦不是生滅的現象，是故無餘依涅槃，對粗重受與境界受皆須永滅。

佛又說有餘依涅槃以為對比，經言：「於有餘依涅槃界中，果未成滿受，一切已滅，領彼對治明觸生受，領受共有，或復彼果已成滿受，又二種受一切已滅，唯現領受明觸生受。」

玄奘譯難解，於「領彼對治明觸生受，領受共有」一句，譯意不明，今依藏譯解此全句——

先說觸，即是遍行五心所（觸、作意、受、想、思）中的觸。碰到、見到、聽到、想到等等謂之觸。

「於有餘依涅槃界中，果未成滿」，所以受便未永滅，所未滅的，即是對觸仍有領受，所領受的，是領受果未成滿。這個受如何生起，即由領受果未成滿而生觸，由此觸與未成滿果的受，二者和合，如是又生一受，此受即不能永斷。

若於有餘依涅槃界中，果已成滿，由對成滿生觸，此觸亦和合領納成滿果而更起一受，此受亦不能永斷。

無餘依涅槃，無有餘依涅槃此種受，因無餘依即無觸，是故無與觸和合而生的受。

此外，有餘依涅槃還有一個受，玄奘未有譯出。

這個受是一切異品未滅所起的受，所謂異品，即
相違法，凡與涅槃相違者，都名為異品。行者因
異品未滅，於是即對此異品未滅有所領受，此受
於涅槃境界中亦未永滅。

【正文】：爾時，世尊說是語已，復告慈氏菩薩曰：善哉，
　　　　善哉，善男子，汝今善能依止圓滿最極清淨妙瑜
　　　　伽道請問如來，汝於瑜伽已得決定最極善巧。吾
　　　　已為汝宣說圓滿最極清淨妙瑜伽道，所有一切過
　　　　去未來正等覺者，已說當說皆亦如是。諸善男子
　　　　若善女人，皆應依此勇猛精進當正修學。

【釋義】：釋迦讚歎慈氏菩薩能問深法，說自己已為他宣說
　　　　「圓滿最極清淨妙瑜伽道」，為三世諸佛之所
　　　　說，是即本品之所說。

【正文】：爾時，世尊欲重宣此義而說頌曰：

　　　　　　於法假立瑜伽中　　若行放逸失大義
　　　　　　依止此法及瑜伽　　若正修行得大覺

　　　　　　見有所得求免難　　若謂此見為得法
　　　　　　慈氏彼去瑜伽遠　　譬如大地與虛空

　　　　　　利生堅固而不作　　悟已勤修利有情
　　　　　　智者作此窮劫量　　便得最上離染喜

　　　　　　若人為欲而說法　　彼名捨欲還取欲
　　　　　　愚癡得法無價寶　　反更遊行而乞丐

於諍誼雜戲論著　應捨發起上精進
為度諸天及世間　於此瑜伽汝當學

【釋義】：佛先宣說，此瑜伽道為假立，雖然假立，學人仍
　　　　不能對此放逸，失瑜伽道義。依止此法，及正修
　　　　行瑜伽，即能得大覺。

　　　　若瑜伽行人，見有所得而不有所捨離，或自見為
　　　　得法，彼則去瑜伽道甚遠。（第二頌「慈氏彼去
　　　　瑜伽遠」一句，應標點為「慈氏，彼去瑜伽
　　　　遠」，即是於言說間呼慈氏之名，而說彼人去瑜
　　　　伽道遠）其遠有如大地遠離虛空。

　　　　下來三頌，說菩薩應起大悲，為眾生說法，若為
　　　　欲而說法，即有作意而說法，即無利益。若說法
　　　　而不作說法想，勤修瑜伽，即能得最上離染喜。
　　　　若不離作，即如得無價寶而不知，反自謂貧窮而
　　　　乞丐，最後一頌，說應捨「諍誼雜戲論」，而
　　　　「發起上精進」，學此瑜伽道。

【正文】：爾時，慈氏菩薩復白佛言：世尊，於是解深密法
　　　　門中，當何名此教？我當云何奉持？

　　　　佛告慈氏菩薩曰：善男子，此名瑜伽了義之教，
　　　　於此瑜伽了義之教，汝當奉持。

　　　　說此瑜伽了義教時，於大會中有六百千眾生，發
　　　　阿耨多羅三藐三菩提心；三百千聲聞遠塵離垢，
　　　　於諸法中得法眼淨；一百五十千聲聞諸漏永盡心

得解脱；七十五千菩薩獲得廣大瑜伽作意。

【釋義】：此為《囑咐品》，囑咐彌勒奉持此瑜伽了義之教。聞法眾得聞法利益。

本品為佛說瑜伽行最究竟的一篇，共答彌勒四十一問，諸如瑜伽修行境界、如何分類等，以至說應如何修習瑜伽，如說知法、知義等，又說離知法相、知義相，更說次第觀修有何障礙。知此四十一問，即知由資糧道到無學道的整個瑜伽次第。

地波羅蜜多品第七

地波羅蜜多品第七

第七第八兩品，說果的密意，第七品為菩薩果，第八品為佛果，今觀自在菩薩所問，即依菩薩所得果及如何得果而問。

觀自在菩薩所問，可分為三分。第一分問十地，第二分問波羅蜜多，第三分綜合前兩分而問。

問十地，依菩薩的清淨分而問。

問波羅蜜多，內容甚廣，依次為：問六波羅蜜多、問四波羅蜜多、問六波羅蜜多各各差別、問波羅蜜多所得異熟果，然後問及雜染與清淨，最後又建立三波羅蜜多（軟、中、上）。於此諸問，佛皆依密意而答。

問十地與波羅蜜多，依十地果而問隨眠及粗重斷，重要的是，問及證果相以及菩薩之現證，問其功德及過失。最後，問及一乘，歸結本經。

讀者可能有一個疑問：既然本經是說觀修如來藏的經典，那為甚麼還依波羅密多來說。此則須知，深般若波羅蜜多即是不二法門，即是如來藏。釋迦先說般若，目的是說深般若波羅蜜多，因此現在即不離般若波羅蜜多來說如來藏的觀修，然而這亦不能只說般若波羅蜜多，所以便通說六波羅蜜多，同時還要更說四波羅蜜多。

筆者對前六品皆依文句詮釋，那是為了方便初學，於第七、八品，不打算這樣做，對名言不再詳細詮釋，因為現證果

已離名言句義，如果還用眾多的名言句義來說果的密意，很不適合，反容易令讀者落在名相之中，為眾多名相所困，如是反而難以掌握果的密意。

【正文】： 爾時，觀自在菩薩白佛言：世尊，如佛所說菩薩
十地，所謂極喜地、離垢地、發光地、焰慧地、
極難勝地、現前地、遠行地、不動地、善慧地、
法雲地，復說佛地為第十一。如是諸地幾種清淨
幾分所攝？

【釋義】： 此即問諸地各有幾種清淨，諸地如何攝此清淨
分。這即是以清淨為各地的現證果。於下來經文
當知：菩薩的現證果，非由作意而得，非由捨離
而得，這即是不二法門的意趣。觀自在菩薩所
問，實為引起佛的密意而問，全品皆同此體例。

經中所說「極喜地」即「歡喜地」。所謂歡喜或
極喜，即是密乘所說的「大樂」，亦即如來法身
功德。由如來法身功德始能有識境顯現，是故以
世間的顯現為大樂。初地菩薩證得大樂，是即證
入如來法身功德。

此中「難勝地」又名「極難勝地」。因為五地菩
薩要通達世間伎藝，即是通達哲學、政治、經
濟、科學等等，還要懂得外道的宗教，術數、天
文、地理、星象等等，是故說為難勝。

【正文】： 爾時，世尊告觀自在菩薩曰：善男子，當知諸地
四種清淨，十一分攝。

云何名為四種清淨能攝諸地？謂增上意樂清淨攝
於初地；增上戒清淨攝第二地；增上心清淨攝第
三地；增上慧清淨，於後後地轉勝妙故，當知能

攝從第四地乃至佛地。善男子，當知如是四種清
淨普攝諸地。

【釋義】：佛說四種清淨：初二三地分別攝前三種清淨，第
四種清淨則攝四至佛地。所以此中便有次第——

初為意樂清淨。這即是發菩提心，發菩提心可以
說為勝義、世俗菩提心雙運，但其密意則可依次
第說為：一者，心性（識境）與如來法身功德雙
運；二者，如來法身功德與如來法身雙運。

次為增上戒清淨。這裡所說的戒，並非說一般所
持的戒律，亦不只限於菩薩戒，所以無上瑜伽密
續，便有無上戒的施設，此依不二法門而施設。[5]

三為增上心清淨。於心清淨得增上時，即心法性
顯露，已悟入智識雙運境界。

四為增上慧清淨。菩薩現證所得，不名為智，稱
之為慧，此即次第證入智識雙運如來藏的慧，至
佛地，則現證自然智，同時起後得智，於起後得
智時，便即說為增上。

【正文】：云何名為十一種分能攝諸地？

【釋義】：以下所說，除首分外，其餘的形式都是：由A圓
滿，而未能 A1，是故於此分中便未能圓滿，經精
勤修習，此分即得圓滿（施設為 B）；接著，由

---

[5]　詳可參不敗尊者造，拙釋，沈衞榮譯《幻化網秘密藏續釋・光明藏》，
　　（台北全佛 2010 年）。

B圓滿，而未能 B1，是故於此分中便未能圓滿，
經精勤修習，此分即得圓滿（施設為 C），如是
環環相扣。

依這個程式，即是說，A雖圓滿，但同時引生未能
圓滿的心理狀態 A1，菩薩的修習，即是令 A1 亦
能圓滿，而且須與 A 無相違而圓滿。此即十一種
清淨分能攝諸地。

【正文】：謂諸菩薩先於勝解行地，依十法行極善修習勝解
忍故，超過彼地證入菩薩正性離生。

【釋義】：勝解行是菩薩修習的基礎，能於修習中現證勝
解，且能隨順此勝解，便說為得勝解忍，地地的
超入，即由地地現證的勝解忍而來。

【正文】：彼諸菩薩由是因緣此分圓滿，而未能於微細毀
犯，誤現行中正知而行，由是因緣於此分中猶未
圓滿。為令此分得圓滿故，精勤修習便能證得。

彼諸菩薩由是因緣此分圓滿，而未能得世間圓滿
等持等至，及圓滿聞持陀羅尼。由是因緣於此分
中猶未圓滿，為令此分得圓滿故，精勤修習便能
證得。

彼諸菩薩由是因緣此分圓滿，而未能令隨所獲得
菩提分法，多修習住，心未能捨諸等至愛及與法
愛，由是因緣於此分中猶未圓滿。為令此分得圓

滿故，精勤修習便能證得。

彼諸菩薩由是因緣此分圓滿，而未能於諸諦道理如實觀察，又未能於生死涅槃，棄捨一向背趣作意，又未能修方便所攝菩提分法，由是因緣於此分中猶未圓滿。為令此分得圓滿故，精勤修習便能證得。

彼諸菩薩由是因緣此分圓滿，而未能於生死流轉如實觀察，又由於彼多生厭故，未能多住無相作意，由是因緣於此分中猶未圓滿。為令此分得圓滿故，精勤修習便能證得。

彼諸菩薩由是因緣此分圓滿，而未能令無相作意，無缺無間多修習住，由是因緣於此分中猶未圓滿。為令此分得圓滿故，精勤修習便能證得。

彼諸菩薩由是因緣此分圓滿，而未能於無相住中捨離功用，又未能得於相自在，由是因緣於此分中猶未圓滿。為令此分得圓滿故，精勤修習便能證得。

彼諸菩薩由是因緣此分圓滿，而未能於異名眾相訓詞差別一切品類，宣說法中得大自在，由是因緣於此分中猶未圓滿。為令此分得圓滿故，精勤修習便能證得。

彼諸菩薩由是因緣此分圓滿，而未能得圓滿法身現前證受，由是因緣於此分中猶未圓滿。為令此分得圓滿故，精勤修習便能證得。

> 彼諸菩薩由是因緣此分圓滿，而未能得遍於一切
> 所知境界，無著無礙妙智妙見，由是因緣於此分
> 中猶未圓滿。為令此分得圓滿故，精勤修習便能
> 證得。

> 由是因緣此分圓滿，此分滿故，於一切分皆得圓
> 滿。善男子，當知如是十一種分普攝諸地。

【釋義】：在這裡要注意的是，諸分所未能得的圓滿，可將
之依次開列如下。由此次第即知諸地菩薩所須得
的圓滿。

1 即前說之未能得勝解忍 → 2 於微細毀犯未正知
→ 3 未得世間圓滿等持等至，及圓滿聞持陀羅尼
→ 4 未能得多修習而住三十七菩提分，未能捨對
等至及法的愛 → 5 未能觀察諸諦道理，及未能捨
離涅槃與輪迴的分別 → 6 未能對生死流轉如實觀
察，及厭於生死而未得無相 → 7 未能住無相而修
習 → 8 未能住無相而捨離功用，是即有作意，由
是於相不得自在 → 9 未能於通達言說，即未能於
用言說宣說密意時得自在 → 10 未能現證圓滿法身
現前 → 11 未能遍一切所知境，無著無礙，妙智妙
見。

如上所說，即為地地超越所須得的勝解忍，菩薩
住於一地，雖清淨分圓滿，但同時即有勝解忍不
圓滿，此即上來所說。上列的勝解忍不圓滿，由
世間說至出世間，由識境說至智識雙運境界，此
即上來所說的密意。所以，成佛並非捨離世間而
成，而是無捨離而捨離，是即地地超越，所謂圓

滿，即是無捨離而捨離圓滿，若作意捨離，即此分猶未圓滿。

對於無捨離而捨離，不要以為是很難的事，佛家稱之為「盡」，其實凡夫亦有「盡」，如超越嬰孩狀態而至少年，於少年時，嬰孩狀態即盡，少年不須要作意捨離嬰孩狀態，然而此嬰孩狀態，實已無捨離而捨離。菩薩的地地超越亦即如是。

【正文】：觀自在菩薩復白佛言：世尊，何緣最初名極喜地，乃至何緣說名佛地？

佛告觀自在菩薩曰：善男子，成就大義，得未曾得出世間，心生大歡喜，是故最初名極喜地。

遠離一切微細犯戒，是故第二名離垢地。

由彼所得三摩地及聞持陀羅尼，能為無量智光依止，是故第三名發光地。

由彼所得菩提分法，燒諸煩惱智如火焰，是故第四名焰慧地。

由即於彼菩提分法方便修習，最極艱難方得自在，是故第五名極難勝地。

現前觀察諸行流轉，又於無相多修作意方現在前，是故第六名現前地。

能遠證入無缺無間無相作意，與清淨地共相鄰接，是故第七名遠行地。

由於無相得無功用，於諸相中不為現行煩惱所動，是故第八名不動地。

於一切種說法自在，獲得無罪廣大智慧，是故第九名善慧地。

粗重之身廣如虛空，法身圓滿譬如大雲，皆能遍覆，是故第十名法雲地。

永斷最極微細煩惱及所知障，無著無礙，於一切種所知境界現正等覺，故第十一說名佛地。

【釋義】：上來說十地與佛地，是即上來所說的十種猶未圓滿得圓滿，由是而成超越。

又，「善男子，成就大義，得未曾得出世間，心生大歡喜，是故最初名極喜地」，此句依藏文應解說為：「初地菩薩證得二喜：出世間之心喜及殊勝之大喜，是故最初名極喜地。」此說初地菩薩已能出離（喻為心識已能離開螢光屏），得出世間，於是心喜；更能證得如來法身功德（喻為住在螢光屏中的人能證到螢光屏的功能），於是殊勝大喜。心喜與殊勝大喜是即二喜。玄奘譯不治。

【正文】：觀自在菩薩復白佛言：於此諸地有幾愚癡有幾粗重，為所對治？

佛告觀自在菩薩曰，善男子，此諸地中有二十二種愚癡十一種粗重，為所對治。

謂於初地有二愚癡：一者執著補特伽羅及法愚癡；二者惡趣雜染愚癡，及彼粗重為所對治。

於第二地有二愚癡：一者微細誤犯愚癡；二者種種業趣愚癡，及彼粗重為所對治。

於第三地有二愚癡：一者欲貪愚癡；二者圓滿聞持陀羅尼愚癡，及彼粗重為所對治。

於第四地有二愚癡：一者等至愛愚癡；二者法愛愚癡，及彼粗重為所對治。

於第五地有二愚癡：一者一向作意棄背生死愚癡；二者一向作意趣向涅槃愚癡，及彼粗重為所對治。

於第六地有二愚癡：一者現前觀察諸行流轉愚癡；二者相多現行愚癡，及彼粗重為所對治。

於第七地有二愚癡：一者微細相現行愚癡；二者一向無相作意方便愚癡，及彼粗重為所對治。

於第八地有二愚癡：一者於無相作功用愚癡；二者於相自在愚癡，及彼粗重為所對治。

於第九地有二愚癡：一者於無量說法、無量法句文字、後後慧辯陀羅尼自在愚癡；二者辯才自在愚癡，及彼粗重為所對治。

於第十地有二愚癡：一者大神通愚癡；二者悟入微細祕密愚癡，及彼粗重為所對治。

於如來地，有二愚癡：一者於一切所知境界極微

細著愚癡；二者極微細礙愚癡及彼粗重為所對
治。

善男子，由此二十二種愚癡及十一種粗重故，安
立諸地而阿耨多羅三藐三菩提，離彼繫縛。

【釋義】：說十地菩薩及如來地，各有二種愚與一種粗重，
此中所說的愚，即是菩薩安住於地上的心理執
著，此中所說的粗重，即由此執著而來的心理負
擔。此亦可與上來所說的十一清淨分對應參閱。

將十一分與諸地對應，復與諸地的愚對應，如是
通盤觀察，即能勝解十地與佛地的密意，此前已
說為「盡」，說為無捨離而捨離。於根本自然覺
性中既名言句義盡，是即作意盡，是故由「盡」
即可地地超越。此重密意甚為深密，若與密意相
違，便不能無分別、無所得。

【正文】：觀自在菩薩復白佛言：世尊，阿耨多羅三藐三菩
提，甚奇希有，乃至成就大利大果，令諸菩薩能
破如是大愚癡羅網、能越如是大粗重稠林，現前
證得阿耨多羅三藐三菩提。

【釋義】：佛現證覺，即阿耨多羅三藐三菩提，譯言無上正
圓正等覺，觀自在菩薩讚歎此為希有，喻愚為羅
網，喻粗重為稠林，即說十地之愚與粗重，實難
超越。由是知不二法門、如來藏教法之深密。

【正文】：觀自在菩薩復白佛言：世尊，如是諸地幾種殊勝之所安立？

佛告觀自在菩薩曰：善男子，略有八種：一者增上意樂清淨、二者心清淨、三者悲清淨、四者到彼岸清淨、五者見佛供養承事清淨、六者成熟有情清淨、七者生清淨、八者威德清淨。

善男子，於初地中所有增上意樂清淨，乃至威德清淨，後後諸地乃至佛地所有增上意樂清淨，乃至威德清淨，當知彼諸清淨展轉增勝，唯於佛地除生清淨。

又初地中所有功德，於上諸地平等皆有，當知自地功德殊勝。一切菩薩十地功德皆是有上，佛地功德當知無上。

【釋義】：觀自在菩薩問，由何殊勝安立諸地？佛答由八種清淨安立。八種清淨通攝十地，由二地起，八種清淨輾轉增勝，此如增上意樂清淨成就，即可增上心清淨，由心清淨成就，即可增上悲清淨，如是等等。

由八種清淨次第可見，以菩提心為因，生起大悲，成就威德，即由此次第安立諸地，亦即次第現證如來藏。

「諸地幾種殊勝之所安立」一句，依藏文，是問諸地有幾多種清淨，而不是問諸地有幾多種殊勝之所安立。

此段經文中，有二句須作改動才能明白其意，即將「唯於佛地除生清淨」一句移至「又初地中所有功德，於上諸地平等皆有」之後，即成：「又初地中所有功德，於上諸地平等皆有，唯於佛地除生清淨，當知自地功德殊勝。」

整段經文是說，在初地與上諸地平等皆有此八個清淨，但佛地卻沒有生清淨，諸地菩薩要知自己所證該地的功德殊勝。

為什麼佛地沒有生清淨？因為當證到如來法身時，如來法身不是識境，即無顯現，有顯現才能稱之為生。佛經中說「生」是說「顯現」；說「有」是「顯現」與「存在」，既無顯現，即不能說有生，更不能說有生清淨。

【正文】：觀自在菩薩復白佛言：世尊，何因緣故，說菩薩生於諸有生最為殊勝？

佛告觀自在菩薩曰：善男子，四因緣故：一者極淨善根所集起故、二者故意思擇力所取故、三者悲愍濟度諸眾生故、四者自能無染除他染故。

【釋義】：觀自在菩薩問，何以說菩薩生於「諸有生」最為殊勝。所謂「諸有生」，即此世間有種種有法的建立。佛用四因緣來答，即是說菩薩應由「諸有生」來集起、思擇諸有，復由於諸有，悲愍眾生，至自能無染而除他染，而得究竟。此如諸佛，由言說宣說密意，不受言說所染而能除他

染，此即由密意以除他染。

【正文】：觀自在菩薩復白佛言：世尊，何因緣故，說諸菩薩行廣大願、妙願、勝願？

佛告觀自在菩薩曰：善男子，四因緣故：謂諸菩薩能善了知涅槃樂住；堪能速證而復棄捨；速證樂住無緣無待發大願心；為欲利益諸有情故，處多種種長時大苦。是故我說彼諸菩薩，行廣大願妙願勝願。

【釋義】：由此段起說波羅蜜多。先由菩薩行廣大願、妙願、勝願而說。依佛所說，波羅蜜多的建立，實依菩薩行的願而施設，至於菩薩願，則有四因緣。這四因緣，即由菩薩厭離世間、求住涅槃，並依其成就而發無願大悲。

【正文】：觀自在菩薩復白佛言：世尊，是諸菩薩凡有幾種所應學事？

佛告觀自在菩薩曰：善男子，菩薩學事略有六種：所謂布施、持戒、忍辱、精進、靜慮、慧到彼岸。

【釋義】：下來即說六波羅蜜多為菩薩學事，並說六波羅蜜多種種功德。

【正文】：觀自在菩薩復白佛言：世尊，如是六種所應學
事，幾是增上戒學所攝、幾是增上心學所攝、幾
是增上慧學所攝？

佛告觀自在菩薩曰：善男子，當知初三但是增上
戒學所攝；靜慮一種但是增上心學所攝；慧是增
上慧學所攝；我說精進遍於一切。

【釋義】：由戒定慧說六波羅蜜多，是即布施、持戒、忍辱
為增上戒學所攝，靜慮為增上心學所攝，慧為增
上慧學所攝，精進遍攝六波羅蜜多。此即說菩薩
觀修次第，先修戒學，再修定學（心學），圓成
慧學，次第觀修都須精進。且戒、定、慧的次
第，是因為必須得增上戒才能入禪定。於增上戒
中，以安忍最難，能安住於法、安住於決定，不
但得勝解，還要安住，而且還要無捨離而能捨離
此安住，是故為難。

【正文】：觀自在菩薩復白佛言：世尊，如是六種所應學
事，幾是福德資糧所攝、幾是智慧資糧所攝？

佛告觀自在菩薩曰：善男子，若增上戒學所攝
者，是名福德資糧所攝；若增上慧學所攝者，是
名智慧資糧所攝；我說精進、靜慮二種遍於一
切。

【釋義】：菩薩所行為積資糧，此說戒學所攝為福德資糧，
慧學所攝為智慧資糧，精進、靜慮通攝二種資
糧，是故菩薩最應精進修定。

【正文】：觀自在菩薩復白佛言：世尊，於此六種所學事中，菩薩云何應當修學？

佛告觀自在菩薩曰：善男子，由五種相應當修學：一者，最初於菩薩藏波羅蜜多相應微妙正法教中，猛利信解；二者，次於十種法行，以聞思修所成妙智精進修行；三者，隨護菩提之心；四者，親近真善知識；五者，無間勤修善品。

觀自在菩薩復白佛言：世尊，何因緣故，施設如是所應學事，但有六數？

佛告觀自在菩薩曰：善男子，二因緣故：一者饒益諸有情故；二者對治諸煩惱故。當知前三饒益有情，後三對治一切煩惱。前三饒益諸有情者，謂諸菩薩由布施故，攝受資具，饒益有情；由持戒故，不行損害逼迫惱亂，饒益有情；由忍辱故，於彼損害逼迫惱亂堪能忍受，饒益有情。後三對治諸煩惱者，謂諸菩薩由精進故，雖未永伏一切煩惱，亦未永害一切隨眠，而能勇猛修諸善品。彼諸煩惱不能傾動善品加行，由靜慮故永伏煩惱，由般若故永害隨眠。

【釋義】：本段經文即說六波羅蜜為菩薩所應修學事，由所應修學，成立六波羅蜜多。

【正文】：觀自在菩薩復白佛言：世尊，何因緣故，施設所

餘波羅蜜多，但有四數？

【釋義】：六波羅蜜多之外，復有四波羅蜜多，即方便波羅蜜多，願波羅蜜多，力波羅蜜多，智波羅蜜多。

【正文】：佛告觀自在菩薩曰：善男子，由前六種波羅蜜多為助伴故。謂諸菩薩於前三種波羅蜜多所攝有情，以諸攝事方便善巧，而攝受之安置善品，是故我說方便善巧波羅蜜多，與前三種而為助伴。

若諸菩薩於現法中煩惱多故，於修無間無有堪能，羸劣意樂故，下界勝解故，於內心住無有堪能，於菩薩藏不能聞緣善修習故，所有靜慮不能引發出世間慧，彼便攝受少分狹劣福德資糧，為未來世煩惱輕微心生正願，如是名願波羅蜜多。由此願故，煩惱微薄能修精進，是故我說願波羅蜜多與精進波羅蜜多而為助伴。

若諸菩薩親近善士，聽聞正法如理作意，為因緣故，轉劣意樂成勝意樂，亦能獲得上界勝解，如是名力波羅蜜多。由此力故，於內心住有所堪能，是故我說力波羅蜜多與靜慮波羅蜜多而為助伴。

若諸菩薩於菩薩藏，已能聞緣善修習故，能發靜慮，如是名智波羅蜜多。由此智故，堪能引發出世間慧，是故我說智波羅蜜多與慧波羅蜜多而為助伴。

【釋義】：佛說四波羅蜜多為六波羅蜜多的助伴。

　　　　布施、持戒、安忍以方便波羅蜜多為助伴，此即以此三者為攝一切有情的方便。

　　　　精進波羅蜜多以願波羅蜜多為助伴，由願力克服種種困難才能精進。

　　　　靜慮波羅蜜多以力波羅蜜多為助伴，所謂力，即由劣轉勝之力。

　　　　慧波羅蜜多以智波羅蜜多為助伴，此所謂智，即生起禪定的智。

　　　　此四波羅蜜多實依佛密意而建立。

【正文】：觀自在菩薩復白佛言：世尊，何因緣故，宣說六種波羅蜜多如是次第？

　　　　佛告觀自在菩薩曰：善男子，能為後後引發依故，謂諸菩薩若於身財無所顧吝便能受持清淨禁戒，為護禁戒便修忍辱，修忍辱已能發精進，發精進已能辦靜慮，具靜慮已便能獲得出世間慧。是故我說波羅蜜多如是次第。

【釋義】：此說六波羅蜜多的次第，即說菩薩先須出離世間，然後才能受清淨戒；既受已，復能安忍；安忍已，始能精進；精進已，始能修禪定；復由禪定得出世間慧，此出世間慧即是般若，但不是深般若。

【正文】：觀自在菩薩復白佛言：世尊，如是六種波羅蜜
多，各有幾種品類差別？

【釋義】：下來即說六波羅蜜多各有三種差別。

【正文】：佛告觀自在菩薩曰：善男子，各有三種。

施三種者：一者法施、二者財施、三者無畏施。

戒三種者：一者轉捨不善戒、二者轉生善戒、三
者轉生饒益有情戒。

忍三種者：一者耐怨害忍、二者安受苦忍、三者
諦察法忍。

精進三種者：一者被甲精進、二者轉生善法加行
精進、三者饒益有情加行精進。

靜慮三種者：一者無分別寂靜極寂靜無罪故，對
治煩惱眾苦樂住靜慮、二者引發功德靜慮、三者
引發饒益有情靜慮。

慧三種者：一者緣世俗諦慧、二者緣勝義諦慧、
三者緣饒益有情慧。

【釋義】：於各各三種差別，不復解釋其名相，但於實修
時，則須了知其差別。一般來說，上師於說修習
儀軌時，即依學人的須要而有所說。

【正文】：觀自在菩薩復白佛言：世尊，何因緣故，波羅蜜多說名波羅蜜多？

佛告觀自在菩薩曰：善男子，五因緣故：一者無染著故、二者無顧戀故、三者無罪過故、四者無分別故、五者正迴向故。

無染著者，謂不染著波羅蜜多諸相違事。

無顧戀者，謂於一切波羅蜜多諸果異熟及報恩中，心無繫縛。

無罪過者，謂於如是波羅蜜多無間雜染法，離非方便行。

無分別者，謂於如是波羅蜜多，不如言詞執著自相。

正迴向者，謂以如是所作所集波羅蜜多，迴求無上大菩提果。

【釋義】：此段說由五因緣，波羅密多說名波羅蜜多。即由此五因緣可到彼岸，下來對五因緣即有解說。

【正文】：世尊，何等名為波羅蜜多諸相違事？

善男子，當知此事略有六種：

一者，於喜樂欲財富自在，諸欲樂中深見功德及與勝利。

二者，於隨所樂縱身語意，而現行中深見功德及與勝利。

三者，於他輕蔑不堪忍中，深見功德及與勝利。

四者，於不勤修著欲樂中，深見功德及與勝利。

五者，於處憒闇世雜亂行，深見功德及與勝利。

六者，於見聞覺知言說戲論，深見功德及與勝利。

【釋義】：此說無染著。染著有六種，都跟波羅蜜多相違，此如，「於喜樂欲財富自在」，行者在欲樂中深見欲樂的功德、欲樂的勝利，是即與布施波羅蜜多相違。舉此一例，其餘五者即可知其相違。這六種染著，分別與六波羅蜜多對應，依次為相違品。

【正文】：世尊，如是一切波羅蜜多，何果異熟？

善男子，當知此亦略有六種：一者得大財富、二者往生善趣、三者無怨無壞多諸喜樂、四者為眾生主、五者身無惱害、六者有大宗葉。

【釋義】：此說無顧戀，是即不顧戀異熟。由不顧戀故，得六種果異熟，與六波羅蜜多次第相應，如因布施，果異熟為得大財富；因持戒，果異熟為得往生善趣，如是等等。

至於「大宗葉」，元魏菩提流支譯為「大威德力」。

【正文】：世尊，何等名為波羅蜜多間雜染法？

善男子，當知略由四種加行：一者無悲加行故、二者不如理加行故、三者不常加行故、四者不慇重加行故。不如理加行者，謂修行餘波羅蜜多時，於餘波羅蜜多遠離失壞。

世尊，何等名為非方便行？

善男子，若諸菩薩以波羅蜜多饒益眾生時，但攝財物饒益眾生便為喜足，而不令其出不善處安置善處，如是名為非方便行。何以故？善男子，非於眾生唯作此事名實饒益，譬如糞穢，若多若少，終無有能令成香潔。如是眾生由行苦故，其性是苦，無有方便，但以財物暫相饒益可令成樂，唯有安處妙善法中，方可得名第一饒益。

【釋義】：此說無罪過。所謂罪過即間雜染法及非方便行，經言由四種加行成間雜染法，於饒益眾生，唯依事相而不善安置，即成非方便行。

【正文】：觀自在菩薩復白佛言：世尊，如是一切波羅蜜多有幾清淨？

佛告觀自在菩薩曰：善男子，我終不說波羅蜜多除上五相有餘清淨。然我即依如是諸事總別，當說波羅蜜多清淨之相。總說一切波羅蜜多清淨相者，當知七種。何等為七？

一者，菩薩於此諸法不求他知。

二者，於此諸法見已不生執著。

三者，即於如是諸法不生疑惑，謂為能得大菩提不。

四者，終不自讚毀他有所輕蔑。

五者，終不憍傲放逸。

六者，終不少有所得便生喜足。

七者，終不由此諸法於他發起嫉妒慳吝。

【釋義】：觀自在菩薩又問波羅蜜多清淨相，佛答，前說五相，其實已經具足，此五相即上來經文所言：無染著、無顧戀、無罪過、無分別、正迴向等五因緣相，然而清淨相亦可總說為七種，即如經文所言。

此中，「菩薩於此諸法不求他知」，即說唯依佛所教，不更於佛所教之外復作尋求。此如今人說大圓滿，於甯瑪派之外更求他知，於是便向苯教大圓滿作探討，是即不成清淨相。

【正文】：別說一切波羅蜜多清淨相者，亦有七種。

何等為七？謂諸菩薩如我所說，七種布施清淨之相，隨順修行。一者，由施物清淨行清淨施；二者，由戒清淨行清淨施；三者，由見清淨行清淨施；四者，由心清淨行清淨施；五者，由語清淨行清淨施；六者，由智清淨行清淨施；七者，由

垢清淨行清淨施。是名七種施清淨相。

又諸菩薩，能善了知制立律儀一切學處；能善了知出離所犯；具常尸羅；堅固尸羅；常作尸羅；常轉尸羅；受學一切所有學處，是名七種戒清淨相。

若諸菩薩，於自所有業果異熟深生依信，一切所有不饒益事現在前時，不生憤發亦不反罵；不瞋不打不恐不弄；不以種種不饒益事反相加害，不懷怨結；若諫誨時不令恚惱；亦復不待他來諫誨；不由恐怖有染愛心而行忍辱；不以作恩而便放捨。是名七種忍清淨相。

若諸菩薩，通達精進平等之性；不由勇猛勤精進故；自舉凌他；具大勢力；具大精進有所堪能；堅固勇猛；於諸善法終不捨軛。如是名為七種精進清淨之相。

若諸菩薩，有善通達相三摩地靜慮；有圓滿三摩地靜慮；有俱分三摩地靜慮；有運轉三摩地靜慮；有無所依三摩地靜慮；有善修治三摩地靜慮；有於菩薩藏聞緣修習無量三摩地靜慮。如是名為七種靜慮清淨之相。

若諸菩薩，遠離增益損減二邊行於中道，是名為慧。由此慧故，如實了知解脫門義，謂空、無願、無相三解脫門；如實了知有自性義，謂遍計所執若依他起若圓成實三種自性；如實了知無自性義，謂相生勝義三種無自性性；如實了知世俗

諦義，謂於五明處；如實了知勝義諦義，謂於七真如；又無分別離諸戲論，純一理趣；多所住故，無量總法為所緣故，及毘鉢舍那故，能善成辦法隨法行。是名七種慧清淨相。

【釋義】：於清淨相又可依波羅蜜多作別說，是即六種波羅蜜多各有七種清淨相。

於此中須稍作解釋者為七種慧清淨相——

1. 空、無相、無願三解脫門，為門清淨。

2. 遍計依他圓成三種自性，為自性清淨。

3. 相無自性性、生無自性性、勝義無自性性，為無自性清淨。

4. 於五明處了知世俗諦義，為世俗清淨。

5. 由了知七真如而如實了知勝義諦義，為勝義清淨。

6. 由無分別、離諸戲論為理趣清淨。

7. 緣無量總法，善成辦隨法行，為行清淨。

此七種，即佛密意。如解脫，密意即三解脫門，如自性，密意為三種自性。如是等等。

【正文】：觀自在菩薩復白佛言：世尊，如是五相各有何業？

佛告觀自在菩薩曰：善男子，當知彼相有五種

業：謂諸菩薩無染著故，於現法中於所修習波羅蜜多，恒常殷重勤修加行無有放逸。

無顧戀故，攝受當來不放逸因。

無罪過故，能正修習極善圓滿、極善清淨、極善鮮白波羅蜜多。

無分別故，方便善巧波羅蜜多速得圓滿。

正迴向故，一切生處波羅蜜多，及彼可愛諸果異熟皆得無盡，乃至無上正等菩提。

【釋義】：觀自在菩薩問五因緣相能作何業？是即問於今生及異熟中有何功能。佛之所答隨文易知。

【正文】：觀自在菩薩復白佛言：世尊，如是所說波羅蜜多，何者最廣大、何者無染污、何者最明盛、何者不可動、何者最清淨？

佛告觀自在菩薩曰：善男子，無染著性、無顧戀性、正迴向性，最為廣大。無罪過性、無分別性、無有染污、思擇所作，最為明盛。已入無退轉法地者，名不可動。若十地攝、佛地攝者，名最清淨。

【釋義】：此問波羅蜜多功德，佛以五因緣相作答，由佛答可知，八地以前所證，唯能說為廣大，無污染，至八地始能名為不動，至十地及佛地始能名為最清淨。由此即知，菩薩於十地中的功德，六地以前廣大，六七地無污染，八九地不可動，十地及

佛地極清淨。

本經由五因緣相分別十地，是即次第觀修瑜伽行的密意，凡夫修證，先須求廣大，即須求無染著性、無顧戀性、正迴向性，然後求無污染，如是等等而成觀修。此密意唯於此經宣說。

【正文】：觀自在菩薩復白佛言：世尊，何因緣故，菩薩所得波羅蜜多諸可愛果，及諸異熟常無有盡，波羅蜜多亦無有盡？

佛告觀自在菩薩曰：善男子，展轉相依生起修習無間斷故。

觀自在菩薩復白佛言：世尊，何因緣故，是諸菩薩深信愛樂波羅蜜多，非於如是波羅蜜多所得可愛諸果異熟？

佛告觀自在菩薩曰：善男子，五因緣故：一者，波羅蜜多是最增上喜樂因故；二者，波羅蜜多是其究竟饒益一切自他因故；三者，波羅蜜多是當來世彼可愛果異熟因故；四者，波羅蜜多非諸雜染所依事故；五者，波羅蜜多非是畢竟變壞法故。

【釋義】：此說波羅蜜多功德，由五因緣，菩薩所得波羅蜜多果及果異熟無盡，波羅蜜多亦無盡。所謂無盡，即恆時為福德、智慧資糧。

佛說五因緣，增上喜樂因、饒益一切自他因、當

來世彼可愛果異熟因，為福德資糧；非雜染所依事、非是畢竟變壞法，為智慧資糧。此五因緣，由前三種，故諸可愛果及果異熟常無有盡，由後二種，故波羅蜜多亦無有盡。

【正文】：觀自在菩薩復白佛言：世尊，一切波羅蜜多，各有幾種最勝威德？

佛告觀自在菩薩曰：善男子，當知一切波羅蜜多，各有四種最勝威德：一者，於此波羅蜜多正修行時，能捨慳吝、犯戒、心憤、懈怠、散亂、見趣所治；二者，於此正修行時，能為無上正等菩提真實資糧；三者，於此正修行時，於現法中能自攝受饒益有情；四者，於此正修行時，於未來世能得廣大無盡可愛諸果異熟。

【釋義】：說一切波羅蜜多有四威德。第一種依正修行時的抉擇見而得，由抉擇見，自然能捨慳吝、犯戒等；第二種依正修行時的觀修而得，由觀修得「無上正等菩提真實資糧」；第三種依正修行時的決定見而得，決定智悲雙運（深般若則為決定智識雙運），是故「於現法中能自攝受饒益有情」；第四種依正修行時的證入而得，既能證入，自然「於未來世能得廣大無盡可愛諸果異熟」。

【正文】：觀自在菩薩復白佛言：世尊，如是一切波羅蜜

多，何因、何果、有何義利？

佛告觀自在菩薩曰：善男子，如是一切波羅蜜多，大悲為因；微妙可愛諸果異熟，饒益一切有情為果；圓滿無上廣大菩提，為大義利。

【釋義】： 此說波羅蜜多的因果義利，最重要的是以大悲為因。佛說大悲，即說世間，以世間為因，即不離世間，始能證得出世間；不離世俗，始能證得勝義。正由於此，行者雖厭離世間，但卻不能作意捨離，須無作意、無捨離而捨離，此即前說之所謂「盡」。正由於此，才能說為智悲雙運，或智識雙運境，否則即落智邊。至於得果，仍然是得世間果，這才能說為大悲。以大悲為因，證大悲果，是即因果無二。大義利為「圓滿無上廣大菩提」，是即圓滿自生根本覺。此根本覺為本來具足，非重新生起，所謂圓滿，即是令此自生根本覺得以發揮功能，於時有情惑亂的覺受即盡，既盡，是即圓滿。

此處雖說因果，但不能落於緣生的因果來看波羅蜜多，說大悲為因，並非說由因生起波羅蜜多；說可愛諸果異熟，並非說正修行波羅蜜多，以得果為究竟。所以能得如是種種果，只是因為有二種資糧積集，既有如是資糧，自然得如是果。

【正文】： **觀自在菩薩白佛言：世尊，若諸菩薩具足一切無盡財寶，成就大悲，何緣世間現有眾生貧窮可**

得？

佛告觀自在菩薩曰：善男子，是諸眾生自業過
失。若不爾者，菩薩常懷饒益他心，又常具足無
盡財寶，若諸眾生無自惡業能為障礙，何有世間
貧窮可得。譬如餓鬼為大熱渴逼迫其身，見大海
水悉皆涸竭，非大海過是諸餓鬼自業過耳。如是
菩薩所施財寶，猶如大海無有過失，是諸眾生自
業過耳，猶如餓鬼自惡業力令無有水。

【釋義】：這是一個很現實的問題，既然菩薩具足財寶，又
　　　　成就大悲，何以世間眾生還會貧窮？將問題引
　　　　伸，即是菩薩已具足威德，又成就大悲，何以世
　　　　間眾生還會受苦？

　　　　佛說這時，眾生自業過失。餓鬼與大海水喻，即
　　　　說因餓鬼自業，以致大海於彼成為涸竭，菩薩不
　　　　能救濟自業過失所得果。

　　　　這裡其實涉及加持這問題。若以為能得佛菩薩加
　　　　持，即能離諸苦，那是迷信，而且可能演變為對
　　　　偶像迷信。所謂加持，筆者曾舉過一個譬喻，不
　　　　懂游泳的人，將他推落游泳池三次，他就懂得游
　　　　泳，那就是加持。依這個譬喻，即知何謂自業的
　　　　成就與過失。能令眾生成就業功德，減損業過
　　　　失，那才是真正的加持。

【正文】：觀自在菩薩復白佛言：世尊，菩薩以何等波羅蜜
　　　　多，取一切法無自性性？

佛告觀自在菩薩曰：善男子，以般若波羅蜜多，能取諸法無自性性。

世尊，若般若波羅蜜多能取諸法無自性性，何故不取有自性性？

善男子，我終不說以無自性性取無自性性。然無自性性離諸文字，自內所證，不可捨於言說文字而能宣說，是故我說般若波羅蜜多，能取諸法無自性性。

【釋義】：此說般若波羅蜜多，能取諸法無自性性，由此解說何謂無自性性。

觀自在菩薩問佛，何以取諸法無自性性，而不取諸法有自性性？這問題，即是為了解說「以般若波羅蜜多，能取諸法無自性性」而問。

佛說：不是用無自性性來取無自性性。這一點很重要，無自性性只是為了超越遍計等三自性性而施設，是故亦不可取證。諸法的無自性性，實在是因為一切諸法只是由名言句義建立為有，若離諸文字、離諸言說，即可內自證其為無自性性。那就是說，諸法本來是無自性性，一切自性都由眾生增上而成，然而諸法並不如其增上的自性而成為有。

佛在究竟說時，說「一切諸法本性自性」，此即謂一切諸法的自性即是本性。所謂本性，是本初已經具足的性，此如鏡影，若問鏡影以何者為自性，只能說，一切鏡中影像實以鏡性為自性，這

鏡性，亦即鏡中影像的本性，故說為「本性自性」。由此說，即可了知一切諸法無自性性。

【正文】：觀自在菩薩復白佛言：世尊，如佛所說波羅蜜多、近波羅蜜多、大波羅蜜多。云何波羅蜜多、云何近波羅蜜多、云何大波羅蜜多？

佛告觀自在菩薩曰：善男子，若諸菩薩經無量時，修行施等成就善法，而諸煩惱猶故現行，未能制伏，然為彼伏，謂於勝解行地軟中勝解轉時，是名波羅蜜多。

復於無量時修行施等，漸復增上成就善法，而諸煩惱猶故現行，然能制伏非彼所伏，謂從初地已上，是名近波羅蜜多。

復於無量時修行布施等，轉復增上成就善法，一切煩惱皆不現行，謂從八地已上，是名大波羅蜜多。

【釋義】：菩薩正修行波羅蜜多，可區別為近波羅蜜多、大波羅蜜多二位。觀自在菩薩實在是想問此二位，於問時，連同波羅蜜多而問。

佛說菩薩正修行善法，未能制伏煩惱，而且還受煩惱制伏，這便是在菩薩勝解行地中，由「軟」而生起勝解，這便是波羅蜜多的通義。此中所謂「軟」，是勝解行地中的三位之一，勝解行地有軟、中、上三位，上位得波羅蜜多堅固，相對於

堅固，下位便稱為「軟」。

若菩薩正修行善法，雖然有煩惱現前，但卻能制伏煩惱，而不受煩惱所制，那便是近波羅蜜多。近的意思，是說他近於大波羅密多。這是勝解行地上的中位，由此位生勝解。這是初地至六地菩薩之所證。

若菩薩正修行善法，已無煩惱現前，此即大波羅蜜多。這是勝解行地上的上位，由此位生勝解。這是八地菩薩以上之所證。

區別波羅蜜多，若只說般若時，則說分為兩種：初地至六地所證，說為般若波羅蜜多；八地以上所證，說為深般若波羅蜜多。

【正文】：觀自在菩薩復白佛言：世尊，此諸地中煩惱隨眠可有幾種？

佛告觀自在菩薩曰：善男子，略有三種：

一者，害伴隨眠，謂於前五地。何以故？善男子，諸不俱生現行煩惱，是俱生煩惱現行助伴，彼於爾時永無復有，是故說名害伴隨眠。

二者，羸劣隨眠，謂於第六第七地中微細現行，若修所伏不現行故。

三者，微細隨眠，謂於第八地已上，從此已去一切煩惱不復現行，唯有所知障為依止故。

【釋義】：所謂隨眠，即是有不善的傾向，然而尚未起現
行，所以，可以看成是潛伏的煩惱。依瑜伽行的
名言，隨眠煩惱即是潛伏在阿賴耶識中的煩惱種
子。

菩薩未成佛，仍有煩惱隨眠，此說為三種 ——

一，初地至五地，有害伴隨眠。此謂由不俱生煩
惱，如放逸、懈怠等，起現行煩惱，同時由俱生
煩惱，如見、疑等作助伴，由是而起煩惱。菩薩
由正修行令助伴的煩惱永滅，既無助伴，不俱生
煩惱即不起現行，是即「害伴」，害其助伴令其
不成助伴，故說菩薩此隨眠為害伴隨眠，其實意
思是，由害伴而令隨眠不起。

二，六七二地，有羸劣隨眠。這是說無明隨眠力
弱，是故由正修行，即能伏此隨眠，令煩惱不起
現行。故說菩薩此隨眠為羸劣隨眠。

三，八地以上，有微細隨眠。無明煩惱隨眠已不
能起現行，唯有微細所知障，故說菩薩此隨眠為
微細隨眠。

由上來所說可知，即使要制伏（害）煩惱隨眠，
亦應以俱生煩惱為主，所以行者於不俱生煩惱，
不須作意捨離。這是佛的重要開示。

【正文】：觀自在菩薩復白佛言：世尊，此諸隨眠，幾種粗
重斷所顯示？

佛告觀自在菩薩曰：善男子，但由二種，謂由在皮粗重斷故顯彼初二；復由在膚粗重斷故顯彼第三；若在於骨粗重斷者，我說永離一切隨眠位在佛地。

觀自在菩薩復白佛言：世尊，經幾不可數劫能斷如是粗重？

佛告觀自在菩薩曰：善男子，經於三大不可數劫或無量劫。所謂年月半月晝夜一時半時，須臾瞬息剎那量劫不可數故。

【釋義】：觀自在菩薩所問，即問：要斷幾種粗重，才能斷諸隨眠。佛以皮、膚、骨作喻，說三種粗重斷，復有佛地，則永離一切隨眠。

觀自在菩薩又問，經歷幾時能斷粗重。佛說為三大不可數劫，或無量劫，此以劫為時的單位，但接著，又用年、月、半月、晝、夜、一時、半時、須臾、瞬息、剎那為劫的單位，此即說經無量年，以至無量剎那，即能斷粗重。這即是說「無時」，此密意應須了知，不宜堅執三大阿僧祇劫。

【正文】：觀自在菩薩復白佛言：世尊，是諸菩薩於諸地中所生煩惱，當知何相、何失、何德？

佛告觀自在菩薩曰：善男子，無染污相。何以故？是諸菩薩於初地中，定於一切諸法法界已善

通達，由此因緣，菩薩要知方起煩惱，非為不知，是故說名無染污相。於自身中不能生苦，故無過失。菩薩生起如是煩惱，於有情界能斷苦因，是故彼有無量功德。

觀自在菩薩復白佛言：甚奇世尊。無上菩提乃有如是大功德利，令諸菩薩生起煩惱，尚勝一切有情、聲聞、獨覺善根，何況其餘無量功德。

【釋義】：問佛諸地所生煩惱何相、有何過失、有何功德。其實是想顯示佛的密意，不離煩惱而有功德，因為煩惱無相，即無過失與功德，雖然煩惱無相，但煩惱不因無相而不轉起，所以菩薩於初地時，便如實能知諸煩惱生起。若煩惱有相，即成污染。何謂有相，即落於識境中的名言句義而知煩惱，煩惱即依名言句義而有相。因此要斷煩惱，非作意捨離而斷，實由悟入一切諸法法界，了知一切諸法法界，始能令煩惱盡。

由無污染相，煩惱即不能生諸苦，是故無有過失。而且，菩薩還能由無相而為有情斷苦因，是即有無量功德。

煩惱無污染相、無過失、有功德，即是智識雙運境界的密意，觀自在菩薩即讚歎此重密意，此即諸菩薩生起煩惱，具足功德，是即明煩惱不須作意斷除、世間不須作意斷除、識境不須作意斷除。

【正文】：觀自在菩薩復白佛言：世尊，如世尊說，若聲聞
乘、若復大乘，唯是一乘。此何密意。

佛告觀自在菩薩曰：善男子，如我於彼聲聞乘中
宣說種種諸法自性，所謂五蘊或內六處或外六
處，如是等類，於大乘中即說彼法，同一法界、
同一理趣故，我不說乘差別性。於中或有如言於
義，妄起分別，一類增益、一類損減。又於諸乘
差別道理謂互相違，如是展轉遞興諍論，如是名
為此中密意。

【釋義】：此說一乘密意。由佛種種言說，可以建立聲聞
乘、大乘。若依法界一味（即玄奘譯「同一法
界、同一理趣」），則唯有一乘。若對法界一味
作增益減損，即起諍論。

【正文】：爾時，世尊欲重宣此義，而說頌曰 ——

諸地攝想所對治　　殊勝生願及諸學
由依佛說是大乘　　於此善修成大覺

宣說諸法種種性　　復說皆同一理趣
謂於下乘或上乘　　故我說乘無異性

如言於義妄分別　　或有增益或損減
謂此二種互相違　　愚癡意解成乖諍

【釋義】：此三頌，玄奘意譯，而且將頌句移置，若依元魏
菩提流支譯，則文義較易明瞭，今引其譯文如
下：

種種諸法相　我依一理說
生於下劣解　我說名二乘

如聞聲分別　而不知彼義
故諸乘相違　憍慢眾生諍

知諸地妙相　及諸願生處
此勝相對治　我說是大乘

【正文】：爾時，觀自在菩薩摩訶薩復白佛言：世尊，於是解深密法門中，此名何教？我當云何奉持？

佛告觀自在菩薩曰：善男子，此名諸地波羅蜜多了義之教。於此諸地波羅蜜多了義之教，汝當奉持。

說此諸地波羅蜜多了義教時，於大會中有七十五千菩薩，皆得菩薩大乘光明三摩地。

【釋義】：此為囑咐，說本經密意為「諸地波羅蜜多了義之教」，是即所說為大波羅蜜多、深般若波羅蜜多之教。此亦即不二法門之教，以上來已說法界一味故；此亦即如來藏之教，以上來已說智識雙運而成唯一故。

如來成所作事品第八

如來成所作事品第八

這一品,問佛果,於中說及佛地無間道上的觀修果,因此,可以說是如來成所作事。上來已經說過四種所緣事,所作成辦所緣事即是佛地的止觀。

此品由文殊師利菩薩來問。文殊稱為法王子,以王子來比喻他可以繼承佛位。文殊所說名不二法門,他說不二法門的一系列經典,又稱為文殊法門。經為佛之所說,由菩薩結集為經,至於由菩薩說法,則是特殊情形,由此可知文殊師利菩薩地位之高,現在由他來問法,佛所說的自然是甚深法,而且本經實全經說如來藏,如來藏的見修行果與不二法門的見修行果無二,是故於本品中,佛與菩薩的對話,所說自然是說究竟法,雖落於言說而說,讀者亦易由言說而知究竟密意,因為文殊所問,恰恰是讀過前七品的讀者心中想問的話。

本品可分為三科:1、問法身相,由此並問及如來所說的事與相。這一問,佔了本品的大部份篇幅。

2、問如來心生起相,又問化身佛的身相、如來所行境界,再問及佛成正等覺時、轉法輪時、入大涅槃時的心理狀態。於此兩科中,其實即說如來法身與法身功德雙運、如來法身功德與識境雙運、如來法身與識境雙運,這些都是要了知不二法門、了知如來藏的根本義理。

3、問如來的威德,這即是問如來法身對識境的功能。

今即依此三科,註本品密意。

【正文】：爾時，曼殊室利菩薩摩訶薩白佛言：世尊，如佛
　　　　所說如來法身，如來法身有何等相？

　　　　佛告曼殊室利菩薩曰：善男子，若於諸地波羅蜜
　　　　多，善修出離轉依成滿，是名如來法身之相。當
　　　　知此相二因緣故：不可思議無戲論故，無所為
　　　　故，而諸眾生計著戲論有所為故。

　　　　世尊，聲聞、獨覺所得轉依，名法身不？

　　　　善男子，不名法身。

　　　　世尊，當名何身？

　　　　善男子，名解脫身。由解脫身，故說一切聲聞、
　　　　獨覺與諸如來平等平等，由法身故說有差別。如
　　　　來法身有差別故，無量功德最勝差別，算數譬喻
　　　　所不能及。

【釋義】：如來法身是佛內自證智境界，此不獨為本經所
　　　　說，於《入楞伽經》、《勝鬘經》等經典都有說
　　　　及。甚至可以說，凡是說不二法門、說如來藏的
　　　　經典，都必說及這身與智無二的境界。還不止於
　　　　此，同時亦必說及，法界亦與法身、法智無二。
　　　　這即是如來的甚深密意。

　　　　如來身、智、界都是不可思議的境，所以對識
　　　　境有情來說，便不可見、不可聞、不可思維、不
　　　　可言詮，亦即是，如來身、智、界對識境有情都
　　　　不成顯現。筆者比喻之為螢光屏，螢光屏對螢光
　　　　屏中的影像世界，亦不成顯現，然而，這影像世

界亦必不能離開螢光屏而成顯現，所以如來的身、智、界，於識境雖不成顯現，但識境亦必不能與之異離而成顯現。此即稱為不二，亦稱為如來藏。

所以文殊在這裡問法身相，便實在是問及上來所說的義理。

復次，人或以為如來由解脫而得法身，所以文殊便問及聲聞與獨覺是否亦有法身，因為聲聞與獨覺亦得解脫。這一問，是想澄清法身非獨由解脫而得。

佛答：如來法身由轉依而來，所以，聲聞、獨覺未成轉依，卻已得解脫，便只能稱為解脫身，不能稱為法身。從解脫來說，聲聞、獨覺與佛平等，從法身來說便有差別，以此差別，功德的差別便非常大，大到不能計量。

所謂轉依，通俗來說，可以說是心理狀態的轉變。由凡夫的心理轉變為佛的心理。若依佛說，轉依實甚深密，前已略說[6]。今只能一說的是，轉依亦有兩種：一者不究竟，轉阿賴耶識而依真如；二者究竟，離淨染二邊，得如來法身。本經所說的轉依，即為後者。

復次，依無著論師說：「**爾時依轉得二道成就：**

---

[6]　讀者可參考筆者及邵頌雄的《辨法法性論及釋論兩種》（台北全佛，2009），此外，《無修佛道》（台北全佛，2009）一書亦實全書都說轉依。《無修佛道》初名《甯瑪派次第禪》（香港密乘，1998）。

一得極清淨出世智道，二得無邊所識境界智道，是名轉依。」所說二道，前者即現證自然智境，後者即現證後得智境實相，此二，非分別現證，實於轉依時同時現證，所以此即證入智識雙運境界，亦即現證如來藏。是故可說究竟轉依即現證如來藏，當然，此亦即現證不二法門。

經中佛說，如來法身相不可思議離戲論，亦無所為。無所為即是一切有為法盡，是故，如來法身於識境無有所作。由此亦可理解為：這亦有如無著論師所說的二道，不可思議離戲論是「極清淨出世智道」；一切有為法盡，是離有為而見識境的「無邊所識境界智道」。

復次，「由解脫身，故說一切聲聞、獨覺與諸如來平等平等。」此句經文中的「平等平等」，依藏譯是「似平等」，若說「平等平等」，即是說小乘與如來法身平等。其實不然，現在是說小乘與如來法身都不輪迴，得到解脫身，是故小乘與如來法身「似平等」。因此下來便說「由法身故說有差別」，若從法身來說，小乘與如來法身便有差別，此差別是：小乘不是離戲論，不是無所作。

【正文】：曼殊室利菩薩復白佛言：世尊，我當云何應知如來生起之相？

佛告曼殊室利菩薩曰：善男子，一切如來化身作

業，如世界起一切種類，如來功德眾所莊嚴住持
為相。當知化身相有生起，法身之相無有生起。

曼殊室利菩薩復白佛言：世尊，云何應知示現化
身方便善巧？

佛告曼殊室利菩薩曰：善男子，遍於一切三千大
千佛國土中，或眾推許增上王家，或眾推許大福
田家，同時入胎、誕生、長大、受欲、出家、示
行苦行、捨苦行已、成等正覺，次第示現。是名
如來示現化身方便善巧。

【釋義】：文殊接著問，然則對如來生起之相，當如何認
知。

佛之所答，即等於說，世界相即是化身相，因為
二者都由如來法身功德而成，都可以說為是一切
功德的莊嚴。此答，即等如說，如來法身不成顯
現，唯藉化身而成顯現、唯藉識境而成顯現。

文殊再問，應怎樣認識如來的化身方便善巧？佛
即以「八相成道」作答。此即由佛出生及所經
歷，以至成等正覺，由此次第，知如來如何方便
善巧示現化身。

這個回答，只說化身佛的示現，未說世界如何依
於如來法身而成顯現，此則於下來經文中廣說。

【正文】：曼殊室利菩薩復白佛言：世尊，凡有幾種一切如
來身所住持言音差別？由此言音所化有情，未成

熟者令其成熟，已成熟者，緣此為境速得解脫。

佛告曼殊室利菩薩曰：善男子，如來言音略有三
種：一者契經、二者調伏、三者本母。

【釋義】：言說亦是識境相，因此亦可以說是如來的化身，
由是文殊便問，依如來法身的住持力，有多少種
言說為眾生說法。佛答為三種，下來大段經文即
說此三種，要說這三種差別，為清眉目，須先作
科判如下 ——

甲一・契經

　乙一・依四事

　　丙一・聽聞事

　　丙二・歸趣事

　　丙三・修學事

　　丙四・菩提事

　乙二・依九事

　　丙一・施設有情事

　　丙二・彼所受用事

　　丙三・彼生起事

　　丙四・彼生已住事

　　丙五・彼染淨事

　　丙六・彼差別事

　　　乙十・過患相

　　　乙十一・勝利相

【正文】：世尊，云何契經，云何調伏，云何本母？

　　　曼殊室利，若於是處，我依攝事顯示諸法，是名契經，謂依四事或依九事，或復依於二十九事。

　　　云何四事：一者聽聞事、二者歸趣事、三者修學事、四者菩提事。

【釋義】：佛將所說法攝為四事：為聽者所聞的言說；令信者歸依的言說；與修學事有關的言說；與證正等覺有關的言說。

【正文】：云何九事：一者施設有情事、二者彼所受用事、三者彼生起事、四者彼生已住事、五者彼染淨事、六者彼差別事、七者能宣說事、八者所宣說事、九者諸眾會事。

【釋義】：對有情作六種宣說：施設有情，說其如何而成為有，說其依名言句義而住，說其如何成雜染及如何得清淨；說有情差別，如凡夫、聲聞、獨覺、菩薩等。

　　　復作三種宣說：如來法身為能宣說，此即宣說密意；言說為所宣說；於聲聞、菩薩諸眾會中，因問法者所問而宣說。

【正文】：云何名為二十九事 ——

謂依雜染品有攝諸行事。

【釋義】：由三種雜染，攝眾生諸行。此即以煩惱雜染、業雜染、生雜染，分別攝眾生一切惑、業、苦行。

【正文】：彼次第隨轉事，即於是中作補特伽羅想已，於當來世流轉因事；作法想已，於當來世流轉因事。

【釋義】：隨順眾生補特伽羅想，此亦即隨順眾生執著於人我，於是說來世流轉因；又隨順眾生執著於法我，於是說來世流轉因。此即說眾生由執人我、法我而成流轉。

【正文】：依清淨品有繫念於所緣事，即於是中勤精進事。

心安住事。

現法樂住事。

超一切苦緣方便事。

【釋義】：此三種宣說，依作為令眾生皈依、信解、發菩提心；及由觀修而得住法樂；且得離苦的方便。

【正文】：彼遍知事。此復三種：顛倒遍知所依處故；依有情想外有情中，邪行遍知所依處故；內離增上慢遍知所依處故。

【釋義】：如實而知：眾生的顛倒、邪行依何而來；眾生離
　　　　增上慢依何而離。以眾生的顛倒、邪行可說為即
　　　　是增上慢。

　　　　「依有情想外」一句，若依藏文，應理解為「依
　　　　人我外」，亦即除了依著個體（自我）外，有情
　　　　的邪行遍知，就是依著他們的心理狀態，而他們
　　　　的心理狀態便即是無明。

【正文】：修依處事。

　　　　作證事。

　　　　修習事。

　　　　令彼堅固事。

　　　　彼行相事。

　　　　彼所緣事。

　　　　已斷未斷觀察善巧事。

　　　　彼散亂事。

　　　　彼不散亂事。

　　　　不散亂依處事。

　　　　不棄修習劬勞加行事。

　　　　修習勝利事。

　　　　彼堅牢事。

攝聖行事。

攝聖行眷屬事。

通達真實事。

證得涅槃事。

【釋義】 ：此種種事，依學人的觀修而宣說，說觀修與現
證。此中攝聖行及攝聖行眷屬，即如觀自成本
尊，觀眾生為眷屬。於觀修中，觀眾生皆成本
尊，即攝聖行眷屬事。

【正文】 ：於善說法毘奈耶中，世間正見超昇一切外道所得
正見頂事。

及即於此不修退事。

於善說法毘奈耶中，不修習故說名為退，非見過
失故名為退。

【釋義】 ：法毘奈耶即是法戒，由戒得定，由定生慧，所以
得「正見頂」，超越一切外道所得見。

退失毘奈耶，不是由於見地錯誤，只是由於不修
習。由此戒、定、慧三者，實以修定為主。

【正文】 ：曼殊室利，若於是處，我依聲聞及諸菩薩，顯示
別解脫及別解脫相應之法，是名調伏。

世尊，菩薩別解脫幾相所攝？

> 善男子，當知七相：一者宣說受軌則事故、二者宣說隨順他勝事故、三者宣說隨順毀犯事故、四者宣說有犯自性故、五者宣說無犯自性故、六者宣說出所犯故、七者宣說捨律儀故。

【釋義】：調伏即是說戒律，此說別解脫戒。別解脫戒是別別解脫的戒律，如不殺生，即於殺生解脫，但如果不殺生卻偷盜，那就只能於殺生解脫，於偷盜未解脫，此即別別的意思。

由制定戒律，得戒律的相應法，依此宣說為七種──1 受持法戒；2 隨順別解脫戒說「他勝」（波羅夷pārājika），此為比丘及比丘尼所受的戒；3 說犯戒過失；4 說犯戒自性，亦即所犯之事，其本質如何；5 宣說不犯戒時，本質如何；6 說犯戒後，如何出離所犯，這是犯戒後的補救；7 說不守律儀的過失。

【正文】：曼殊室利，若於是處，我以十一種相，決了分別顯示諸法，是名本母。

何等名為十一種相？一者世俗相、二者勝義相、三者菩提分法所緣相、四者行相、五者自性相、六者彼果相、七者彼領受開示相、八者彼障礙法相、九者彼隨順法相、十者彼過患相、十一者彼勝利相。

【釋義】：本母（mātikā）即是了別諸法的準則，此處分為十一種。

玄奘繙譯成「決了分別」有點含糊，依藏譯應解作：「我以十一種相，分別諸法性相，解說其義，是名本母。」意思就是，根據十一種相來分別諸法的性相，然後解說其性相。

【正文】：世俗相者，當知三種：一者宣說補特伽羅故、二者宣說遍計所執自性故、三者宣說諸法作用事業故。

【釋義】：說世俗法，即說識境種種。佛以後得智觀察識境，然後依眾生心識宣說，此三者，即說人我。眾生為補特伽羅，即為持業力不斷流轉的生命形態，由身見故，眾生執此為自我，是即人我。既有人我，於是由遍計而安立自性，復由作意思維起種種業相，是即為世俗相。

【正文】：勝義相者，當知宣說七種真如故。

【釋義】：勝義相即七種真如，此前已說。

【正文】：菩提分法所緣相者，當知宣說遍一切種所知事故。

【釋義】：菩提分所緣相，即遍觀一切種事，是即遍觀佛所知事，其行相有八，如下所說。

【正文】：行相者，當知宣說八行觀故。云何名為八行觀耶，一者諦實故、二者安住故、三者過失故、四者功德故、五者理趣故、六者流轉故、七者道理故、八者總別故。

【釋義】：觀菩提分法相，由八種觀而得了知，其了知相，即名行相，因了知必由心了知，亦即由心的行相而得了知，故說為心行相。

　　　　此八種觀行相，下來別別細說。

【正文】：諦實者，謂諸法真如。

【釋義】：諦實相，即七種真如相。

【正文】：安住者，謂或安立補特伽羅，或復安立諸法遍計所執自性，或復安立一向、分別、反問、置記，或復安立隱密顯了記別差別。

【釋義】：即是「人我相」、「法我相」。此外尚有佛所說的因明，即用一向、分別、反問、置記四種方式來討論法義。復有隱密相與顯了相，隱密相即是言說的密意，顯了相即是言說。

【正文】：過失者，謂我宣說諸雜染法，有無量門差別過患。

　　　　功德者，謂我宣說諸清淨法，有無量門差別勝

利。

【釋義】：宣說雜染法相，即顯示種種過患；宣說清淨法相，即顯示種種殊勝利益。

【正文】：**理趣者，當知六種：一者真義理趣、二者證得理趣、三者教導理趣、四者遠離二邊理趣、五者不可思議理趣、六者意趣理趣。**

【釋義】：建立宗義而說，是即理趣。宗義非為究竟，所以建立宗義只是善巧方便。佛所建立，分為六種：依真實義而作言說建立；依佛所現證而作言說建立；為教導而作言說建立；依離二邊而作言說建立；依如來身、智、界不可思議而作言說建立；依佛的意樂而作言說建立。

【正文】：**流轉者，所謂三世三有為相及四種緣。**

【釋義】：生死相續不斷，此由善惡之業而成。由是即有過去、現在、未來相，並依因緣、增上緣、所緣緣、等無間緣而成立眾生的身與心識。

【正文】：**道理者，當知四種：一者觀待道理、二者作用道理、三者證成道理、四者法爾道理。**

【釋義】：道理，即成立法則之理，凡說法則，皆須依四種道理之任一種而成。

【正文】：觀待道理者，謂若因若緣能生諸行及起隨說，如是名為觀待道理。

【釋義】：此依相依而成立法則，佛說為依因緣而生諸行，及隨此因緣所生諸行而說，是即相依，依於因緣。

觀待道理既由相依而成，是即由果可以立因，此如能見外境，即可成立眼與眼識。

【正文】：作用道理者，謂若因若緣能得諸法，或能成辦，或復生已作諸業用，如是名為作用道理。

【釋義】：謂由因緣生起諸法；諸法之成立為有，即為成辦；既成辦，即有業用，是即作用道理。

作用道理是由因生果，此即以因緣為因，成辦諸法及業用為果。

【正文】：證成道理者，謂若因若緣，能令所立、所說、所標義得成立，令正覺悟，如是名為證成道理。又此道理略有二種：一者清淨，二者不清淨。

【釋義】：由因緣證成諸法，即證成道理。其所證成，即由所施設、所言說、所表義而得成立。例如人能見到外境，由依心識而見，即依心識與外境的相依，施設外境為「唯識無境」，此即施設及言說；說一切外境唯藉心識而成顯現，無有不依心識而能成顯現的外境，此即表義。

此又分為清淨及不清淨二種。

【正文】：由五種相名為清淨，由七種相名不清淨。

云何由五種相名為清淨：一者現見所得相、二者依止現見所得相、三者自類譬喻所引相、四者圓成實相、五者善清淨言教相。

【釋義】：由清淨五種相可以證成，七種不清淨相則不成證成。

【正文】：現見所得相者，謂一切行皆無常性、一切行皆是苦性、一切法皆無我性，此為世間現量所得，如是等類是名現見所得相。

【釋義】：今說五種清淨相。

彼相現前，是能現見，名現見所得相，此由世間現量可得，如無常、苦、無我等。所以由無常相，即可證成無常，而此無常相世間皆知，如人自少至老。

【正文】：依止現見所得相者，謂一切行皆剎那性、他世有性、淨不淨業無失壞性、由彼能依粗無常性現可得故。由諸有情種種差別，依種種業現可得故。由諸有情若樂若苦，淨不淨業以為依止現可得故。由此因緣於不現見可為比度，如是等類是名

依止現見所得相。

【釋義】：依止現見所得相，為依比量成立。如依無常，即
　　　　可說一切行皆剎那性等。依種種有情差別，即可
　　　　說種種業等。依有情的苦樂，即可說淨不淨業無
　　　　失壞，如是等類，是名依止現見所得相。

【正文】：自類譬喻所引相者，謂於內外諸行聚中，引諸世
　　　　間共所了知，所得生死以為譬喻；引諸世間共所
　　　　了知，所得生等種種苦相以為譬喻；引諸世間共
　　　　所了知，所得不自在相以為譬喻；又復於外引諸
　　　　世間共所了知，所得衰盛以為譬喻。如是等類，
　　　　當知是名自類譬喻所引相。

【釋義】：引世間共所了知，以成譬喻。此如生死相為世間
　　　　所共了知；種種苦相為世間所共了知；不自在相
　　　　為世間所共了知；盛衰相為世間所共了知，如是
　　　　由生死、苦相等，即可作種種譬喻，如是即為自
　　　　類譬喻。此如由生死相可引伸為常斷相，更可引
　　　　伸為離生死相，即涅槃相。又如由苦相可引伸為
　　　　種種苦，更可引伸為離苦之滅相。

　　　　能對治相實由所對治相引伸而來。如貪，為世間
　　　　所共了知，由此引出離貪，此即以貪為所對治，
　　　　以離貪為能對治。

【正文】：圓成實相者，謂即如是現見所得相，若依止現見

所得相,若自類譬喻所得相,於所成立決定能
成,當知是名圓成實相。

【釋義】:上來三種相,決定能成,是即圓成相。

此如說相礙緣起,謂一切法任運圓成,此中,世
間有種種局限,此即是現見所得相;依止現見所
得相,即能成立對世間種種局限的適應,這適應
並非現量,不為世間所見,但卻可依比量而成
立。例如,我們的世間是三度空間的世間,這是
現量,是故一切情器皆須適應三度空間而成立
體,說其適應即為比量。由此亦可成立自類譬喻
所引相,我們不須細數世間有多少種局限,亦不
須細數一生命形態的顯現,須要適應那一種世間
的顯現,但一定知道,凡成此生命形態的局限
者,必須適應,這便是自類譬喻。所以這對種種
局限的種種適應,便稱為任運圓成。任運即是適
應,圓成即是得由圓成相證成。

【正文】:善清淨言教相者,謂一切智者之所宣說,如言涅
槃究竟寂靜,如是等類,當知是名善清淨言教
相。

善男子,是故由此五種相故,名善觀察清淨道
理,由清淨故應可修習。

【釋義】:清淨言教相,即是一切智相,亦即「一切智者之
所宣說」,經中已舉例言,如涅槃等。

依此五相而成立的道理，即證成道理，由五相證
成故。行者是故可依此五清淨相作觀修時的抉擇
與決定。

【正文】：曼殊室利菩薩復白佛言，世尊，一切智相者，當
　　　　知有幾種。

　　　　佛告曼殊室利菩薩曰：善男子，略有五種：一者
　　　　若有出現世間一切智聲無不普聞；二者成就三十
　　　　二種大丈夫相；三者具足十力，能斷一切眾生一
　　　　切疑惑；四者具足四無所畏宣說正法，不為一切
　　　　他論所伏，而能摧伏一切邪論；五者於善說法毘
　　　　奈耶中，八支聖道四沙門等，皆現可得。

　　　　如是生故，相故，斷疑網故，非他所伏能伏他
　　　　故，聖道沙門現可得故，如是五種，當知名為一
　　　　切智相。

　　　　善男子，如是證成道理，由現量故，由比量故，
　　　　由聖教量故，由五種相名為清淨。

【釋義】：因為說到清淨言教相，即是一切智者之所宣說，
　　　　所以文殊便問有幾種一切智相。佛答為五種。

　　　　一、勝者已出世間，但於一切人天世間無不通
　　　　達，所以其聲世間無不普聞，亦即是說，佛所說
　　　　法，為一切人天世間所能解悟。

　　　　二、佛以宿世功德，由業力成就三十二種大丈夫
　　　　相，此如《寶女所問經》所說。

三、具足十力，此為如來法身功德，於現證如來
智時，同時具足，由此十力，可斷世間種種惑，
如知業報合與不合等。

四、具足四無畏，此亦為如來法身功德，由四無
畏而成言說，無可諍論，是為辯才無礙。

五、於善說中，能成立八正道、四沙門果等。

五者皆非現量，亦非比量，是聖教量。因為此已
離識境的因明。

【正文】：云何由七種相名不清淨：一者此餘同類可得相、
二者此餘異類可得相、三者一切同類可得相、四
者一切異類可得相、五者異類譬喻所得相、六者
非圓成實相、七者非善清淨言教相。

若一切法意識所識性，是名一切同類可得相。

【釋義】：不清淨相即是不成證成道理的相。

佛先說第三種「一切同類可得相」，這即是共
相。凡是依意識而生的一切法，即是一切同類可
得相，同為意識所生故。這即是說識境相，由二
取顯現而成名言顯現。

【正文】：若一切法相、性、業法、因果異相，由隨如是一
一異相，決定展轉各各異相，是名一切異類可得
相。

【釋義】：佛再說第四種「一切異類可得相」，這即是別相，此如由相成立諸法、由性成立諸法、由業法成立諸法、由因果成立諸法，如是別別成立，即成別相。

【正文】：善男子，若於此餘同類可得相及譬喻中，有一切異類相者，由此因緣於所成立非決定故，是名非圓成實相。又於此餘異類可得相及譬喻中，有一切同類相者，由此因緣於所成立不決定故，亦名非圓成實相。非圓成實故，非善觀察清淨道理，不清淨故，不應修習。

若異類譬喻所引相，若非善清淨言教相，當知體性皆不清淨。

【釋義】：佛未說一、二兩種，「此餘同類可得相」、「此餘異類可得相」，此即似同類可得，但實非同類可得；似異類可得，但實非異類可得，故說為「此餘」。如於意識所生相作增上，或於種種別相作增上，所成之相即為「此餘」。此「此餘」相，即是異類相。如由意識所生相，可說為依他，外境依心識而成顯現故，但若以種種名言作增上，於是成為遍計，此遍計相，便是「此餘同類可得相」。佛說，「此餘」相不可成立，所以非圓成相。由自類譬喻所引的相，若為異類，亦不可以成立，所以亦非圓成相。

如是即諸不清淨相已說竟。

【正文】：法爾道理者，謂如來出世若不出世，法性安住法
　　　　　住法界，是名法爾道理。

【釋義】：本來就已存在的道理，非由如來建立而成。

【正文】：總別者，謂先總說一句法已，後後諸句差別分別
　　　　　究竟顯了。

【釋義】：總說一法義，其後更別說差別。此如說空，是總
　　　　　說，更分別說十八空，如是別別顯示空，即是別
　　　　　說。

【正文】：自性相者，謂我所說有行有緣，所有能取菩提分
　　　　　法，謂念住等，如是名為彼自性相。

【釋義】：佛所說法，能緣其所說而行，此即所說自性相。
　　　　　此處以菩提分法為例，如說四念住，其自性相，
　　　　　即可依身觀不淨、依受觀苦、依心觀相續、依法
　　　　　觀因緣生，如是即緣身、受、心、法的自性相而
　　　　　行。

【正文】：彼果相者，謂若世間若出世間諸煩惱斷，及所引
　　　　　發世出世間諸果功德，如是名為得彼果相。

【釋義】：彼果者，為斷世出世諸煩惱，引發世出世諸功
　　　　　德，如是即為彼果相。此如如來藏果，即能令名

言盡，引發悟入智識雙運的功德，是即為如來藏
果相。

【正文】：彼領受開示相者，謂即於彼以解脫智而領受之，
及廣為他宣說開示，如是名為彼領受開示相。

【釋義】：以解脫智領受佛的開示，而非落於凡庸見，始能
名為領受相。此如佛說如來藏有常，樂、我、淨
四德，若落於凡庸見，即可說之為真常，如是即
非領受相。復次，既領受已，尚須對他人宣說，
是名開示相。

【正文】：彼障礙法相者，謂即於修菩提分法，能隨障礙諸
染污法，是名彼障礙法相。

【釋義】：於依自性相觀行時，隨障礙而修，是即此相。如
修身念住應持自身為本尊而修，如是始易知自身
之不淨，若不敢自成本尊，即障礙法相。

【正文】：彼隨順法相者，謂即於彼多所作法，是名彼隨順
法相。

【釋義】：隨順於法，令法多生增長，是即此相。如修身念
住，既自成本尊，復由迎請智慧尊而悟入心法
性，是即隨順法相。

【正文】：彼過患相者，當知即彼諸障礙法所有過失，是名
彼過患相。

【釋義】：由隨順障礙，成過患相。

【正文】：彼勝利相者，當知即彼諸隨順法所有功德，是名
彼勝利相。

【釋義】：由隨順法功德，成勝利相。如前例，悟入法性即
是勝利。

【正文】：曼殊室利菩薩復白佛言：唯願世尊為諸菩薩略說
契經、調伏、本母、不共外道陀羅尼義，由此不
共陀羅尼義，令諸菩薩得入如來所說諸法甚深密
意。

佛告曼殊室利菩薩曰：善男子，汝今諦聽，吾當
為汝略說不共陀羅尼義，令諸菩薩於我所說密意
言詞能善悟入。善男子，若雜染法若清淨法，我
說一切皆無作用。亦都無有補特伽羅，以一切種
離所為故。非雜染法先染後淨，非清淨法後淨先
染，凡夫異生於粗重身執著諸法，補特伽羅自性
差別，隨眠妄見以為緣故，計我我所，由此妄
見，謂我見、我聞、我嗅、我嘗、我觸、我知、
我食、我作、我染、我淨，如是等類邪加行轉。
若有如實知如是者，便能永斷粗重之身，獲得一
切煩惱不住，最極清淨離諸戲論，無為依止無有

加行。善男子，當知是名略說不共陀羅尼義。

【釋義】：陀羅尼非佛家所獨有，凡記憶文句、通達法義、
禪定咒術，印度諸宗派皆有陀羅尼修持。此處文
殊所問，即問佛之言說，說為契經、調伏、本母
三科，是則其所說的法義，究竟與外道修陀羅尼
而得的法義有何不同。

佛以不共陀羅尼義作答。佛家陀羅尼共有四科：
一，法陀羅尼，能記憶文句不忘；二，義陀羅
尼，能通達法義不忘；三，咒陀羅尼（聲音陀羅
尼），依禪定而修聲音，能得法義光明；四，忍
陀羅尼，能悟入諸法離言實相，了知諸法本性自
性，且能得法忍。

此中聲音陀羅尼的修習，與外道不同，外道建立
為「聲常」，佛家則說聲非恆常，所以外道為雜
染法，佛家為清淨法。又如忍陀羅尼，佛家所悟
入者，為諸法離言實相，外道所悟入者，未離名
言，亦未離識境，如所說之梵，梵亦在識境中
內。

此段經文，佛先說以密意言詞令菩薩得悟入，所
以不能由佛的言說，來與外道陀羅尼作分別，必
須由密意始能作此分別。此分別有三——

一、雜染與清淨的分別。雜染與清淨皆是本性，
所以不是原來清淨，因受雜染即成雜染；亦不是
原來雜染，因加以清淨即成清淨。以此之故，由
雜染法成立的外道陀羅尼，無論如何皆不能轉為

清淨，反之，本來清淨的佛家陀羅尼，無論如何
皆不受雜染，這是最基本的分別。

二、外道成立自我，且以為梵我一體，於是自我之
外，還有梵我，佛家說補特迦羅無我（人無我），
因此，即無種種邪加行，如說我與我所，並由是建
立我見、我聞等。所以佛家即能建立離煩惱、離戲
論，且離作意的陀羅尼門，尤其是聲音陀羅尼門與
忍陀羅尼門，此二絕非外道所能比擬。

三、外道依大梵成立陀羅尼門，佛家既離作意，
是即無有依止，且無加行，由觀修陀羅尼，能悟
入諸法離言實相。

【正文】：爾時，世尊欲重宣此義，而說頌曰 ——

> 一切雜染清淨法　皆無作用數取趣
> 由我宣說離所為　染污清淨非先後
>
> 於粗重身隨眠見　為緣計我及我所
> 由此妄謂我見等　我食我為我染淨
>
> 若如實知如是者　乃能永斷粗重身
> 得無染淨無戲論　無為依止無加行

【釋義】：若離識境（例如數取趣），則無論雜染法與清淨
法皆無作用，因雜染與清淨皆依識境而建立。是
應了知，非能將染污法清淨，清淨法亦非先染後
淨，是故無所為，亦無所得。

緣粗重身隨眠見，即有我及我所，並由此而起種

種我見，如我見、我聞等，以至我染、我淨。若知我及我所皆為隨眠（潛伏的煩惱）則能斷粗重身，由是無淨、無染，得離識境的名言句義成無戲論。如是於識境中即無依止，亦無加行。

此三頌可與上段經文合參。

【正文】：爾時，曼殊室利菩薩摩訶薩復白佛言：世尊，云何應知諸如來心生起之相？

佛告曼殊室利菩薩曰：善男子，夫如來者非心意識生起所顯，然諸如來有無加行心法生起，當知此事猶如變化。

曼殊室利菩薩復白佛言：世尊，若諸如來法身遠離一切加行，既無加行，云何而有心法生起？

佛告曼殊室利菩薩曰：善男子，先所修習方便般若，加行力故，有心生起。善男子，譬如正入無心睡眠，非於覺悟而作加行，由先所作加行勢力而復覺悟；又如正在滅盡定中，非於起定而作加行，由先所作加行勢力還從定起。如從睡眠及滅盡定心更生起，如是如來由先修習方便般若加行力故，當知復有心法生起。

【釋義】：文殊師利問如來心生起相，即問佛有無心行相。凡夫藉心行相而知識境，若佛有心行相，是則如何能智識雙運而不落於識境；若說佛無心行相，是則又如何能見識境相。這是一個很重要的問

題。

佛答：佛已離心意識，是故不可以說有心行相，
然則如何能見，佛說為有「無加行心法」生起。
所謂「加行」，即由心意識所起的心行相，無加
行心法，即離心意識而起的心法。此境界難被識
境認識，所以佛補充說，此「事猶如變化」。

文殊菩薩追問，若遠離加行，如何能有心法生
起？

佛以兩個比喻作答，說此兩比喻前，先說甚麼是
加行生起的心法，如修般若，先修加行，由加行
力，有心生起。此心的生起，即藉加行力而成。
其實凡夫心行相的生起，亦可以說是由加行力生
起，例如，慣住於名言句義，則其心必以住名言
句義為加行力，由是即依名言句義而起心行相。
佛的心有「無加行心法」，所以，即與凡夫不
同，亦與修般若的加行力不同。這種心法，難以
言說，所以只有用比喻來令人理解。

第一個比喻，喻如睡眠，何以能夠睡醒呢？是不
是有一個睡醒的心生起？當然不是，並不是有一
個睡醒的加行，由加行力令人醒覺。這即可以喻
為「無加行力心法」。

第二個比喻，喻如入滅盡定，於定中已無心行，
但卻可以起定，這亦不是因為修起定的加行，由
加行力令人起定，所以這亦是「無加行力心
法」。

無加行即是名言盡，一切名言句義自然而盡，是
即離言說、離戲論，若須由加行而離名言句義，
那便必須有作意、有功用，要成立種種觀修來捨
離，如是即有所為、有功用、有所得、有分別，
是即不能通達離言法性，更不能無分別而證涅
槃，無所得而證正等覺。由是可知，無上瑜伽的
觀修，必須是無加行的觀修，亦即名言盡的觀
修。

【正文】：曼殊室利菩薩復白佛言：世尊，如來化身，當言
有心為無心耶？

佛告曼殊室利菩薩曰：善男子，非是有心亦非無
心，何以故？無自依心故，有依他心故。

【釋義】：上來只說如來法身，所以文殊便問及如來化身，
有心、無心？

佛言：無自依心，有依他心。此即說無自生心
法，心法唯依外境而成。

這便即是《入楞伽經》所說的「唯心所自見」，
由自見而成心法。

這裡說的心法，即是佛後得智所起的心法。

【正文】：曼殊室利菩薩復白佛言：世尊，如來所行如來境
界，此之二種有何差別？

佛告曼殊室利菩薩曰：善男子，如來所行，謂一切種如來共有不可思議無量功德，眾所莊嚴清淨佛土。如來境界，謂一切種五界差別。何等為五？一者有情界、二者世界、三者法界、四者調伏界、五者調伏方便界。如是名為二種差別。

【釋義】：文殊問：如來所行與如來境界有何差別？佛答：如來功德即是如來所行，所以不同如來境界。

如來境界攝五界，即情、器世間，法界，佛所調伏的世間，佛以方便作調伏的世間。此五，稱為無量界，以皆無量故。

【正文】：曼殊室利菩薩復白佛言：世尊，如來成等正覺，轉正法輪，入大涅槃，如是三種當知何相？

佛告曼殊室利菩薩曰：善男子，當知此三皆無二相，謂非成等正覺非不成等正覺，非轉正法輪非不轉正法輪，非入大涅槃非不入大涅槃。何以故？如來法身究竟淨故，如來化身常示現故。

【釋義】：文殊問成等正覺相，轉正法輪相，入大涅槃相。

佛答三者皆無二相。「何以故？如來法身究竟淨故，如來化身常示現故。」此即是說智識雙運，如來法身為智境，如來化身則住於識境，法身與化身不相異離，故成智識雙運，由雙運即可說為「非成等正覺非不成等正覺，非轉正法輪非不轉正法輪，非入大涅槃非不入大涅槃」。

【正文】：曼殊室利菩薩復白佛言：世尊，諸有情類但於化身見聞奉事生諸功德，如來於彼有何因緣？

佛告曼殊室利菩薩曰：善男子，如來是彼增上所緣之因緣故，又彼化身是如來力所住持故。

【釋義】：文殊問：有情只於化身佛處得見聞奉事，是則如來法身對有情又有何關係？

佛答：如來是有情增上所緣之因緣，因為「化身是如來力所住持故」，如來力所住持，即是增上緣，此住持力由如來而來，所以如來是增上緣的因緣。

【正文】：曼殊室利菩薩復白佛言：世尊，等無加行，何因緣故，如來法身為諸有情放大智光，及出無量化身影像，聲聞、獨覺解脫之身無如是事。

佛告曼殊室利菩薩曰：善男子，譬如等無加行，從日月輪水火二種頗胝迦寶放大光明，非餘水火頗胝迦寶，謂大威德有情所住持故、諸有情業增上力故。又如從彼善工業者之所雕飾末尼寶珠出印文像，不從所餘不雕飾者。如是緣於無量法界，方便般若極善修習，磨瑩集成如來法身，從是能放大智光明，及出種種化身影像，非唯從彼解脫之身有如斯事。

【釋義】：文殊師利問：何以如來法身能放大智光明，出無

量化身,何以聲聞獨覺解脫身則不能?

佛答:此如水火琉璃寶,唯日月輪水火琉璃寶能放大光明,餘水火琉璃寶則不能,所以只有具大威德,始能為有情所住持,由是如來法身能為有情放大智光,成種種化身。解脫身非日月輪水火琉璃寶,只能喻為水火琉璃寶,是故無此大威德。

【正文】: 曼殊室利菩薩復白佛言:世尊,如世尊說,如來菩薩威德住持,令諸眾生於欲界中,生剎帝利婆羅門等大富貴家,人身財寶無不圓滿,或欲界天色無色界,一切身財圓滿可得。世尊,此中有何密意?

佛告曼殊室利菩薩曰:善男子,如來菩薩威德住持,若道若行於一切處,能令眾生獲得身財皆圓滿者,即隨所應,為彼宣說此道此行。若有能於此道此行正修行者,於一切處所獲身財無不圓滿。若有眾生於此道行違背輕毀,又於我所起損惱心及瞋恚心,命終已後於一切處,所得身財無不下劣。曼殊室利,由是因緣,當知如來及諸菩薩威德住持,非但能令身財圓滿,如來菩薩住持威德,亦令眾生身財下劣。

【釋義】: 此本品第三分,問如來菩薩威德,能利益眾生福德,有何密意?

佛答:如來菩薩威德可令眾生富貴、身財圓滿,

是由於眾生「於此道此行正修行」，是故與如來菩薩的威德相應，若眾生違背此道、毀謗此道，則「所得身財無不下劣」，以與如來菩薩的威德不相應故。所以如來菩薩的威德，不但能令身財圓滿，亦可令身財下劣。由是而知，欲得加持，先須相應。

【正文】：曼殊室利菩薩復白佛言：世尊，諸穢土中何事易得何事難得？諸淨土中何事易得何事難得？

佛告曼殊室利菩薩曰：善男子，諸穢土中八事易得，二事難得。

何等名為八事易得？一者外道、二者有苦眾生、三者種姓家世興衰差別、四者行諸惡行、五者毀犯尸羅、六者惡趣、七者下乘、八者下劣意樂加行菩薩。

何等名為二事難得？一者增上意樂加行菩薩之所遊集、二者如來出現于世。

曼殊室利，諸淨土中與上相違，當知八事甚為難得，二事易得。

【釋義】：如來有兩種色身，報身所住為淨土，化身所住為穢土，此二者何事易得，何事難得？

文殊師利菩薩此問，實即表明淨土亦為識境，與穢土平等，僅以淨穢不同，所以顯現為易事難事即有不同。所謂易事，即令有情易入道之事；所

謂難事，即令有情難入道之事。經中所說易事難
事，隨文易知。

【正文】：爾時，曼殊室利菩薩白佛言：世尊，於是解深密
法門中，此名何教，我當云何奉持？

佛告曼殊室利菩薩曰：善男子，此名如來成所作
事了義之教。於此如來成所作事了義之教，汝當
奉持。

說是如來成所作事了義教時，於大會中有七十五
千菩薩摩訶薩，皆得圓滿法身證覺。

【釋義】：此為囑咐品。

如來囑咐文殊，本經所說，「名如來成所作事了
義之教」，此亦即現證法身之了義教，由此可知
本經宣說密意，至應珍重。

吉祥

主編者簡介

談錫永，廣東南海人，1935年生。童年隨長輩習東密，十二歲入道家西派之門，旋即對佛典產生濃厚興趣，至二十八歲時學習藏傳密宗，於三十八歲時，得甯瑪派金剛阿闍梨位。1986年由香港移居夏威夷，1993年移居加拿大。

早期佛學著述，收錄於張曼濤編《現代佛教學術叢刊》，通俗佛學著述結集為《談錫永作品集》。主編《佛家經論導讀叢書》並負責《金剛經》、《四法寶鬘》、《楞伽經》及《密續部總建立廣釋》之導讀。其後又主編《甯瑪派叢書》及《大中觀系列》。

所譯經論，有《入楞伽經》、《四法寶鬘》（龍青巴著）、《密續部總建立廣釋》（克主傑著）、《大圓滿心性休息》及《大圓滿心性休息三住三善導引菩提妙道》（龍青巴著）、《寶性論》（彌勒著，無著釋）、《辨法法性論》（彌勒造、世親釋）、《六中有自解脫導引》（事業洲巖傳）、《決定寶燈》（不敗尊者造）、《吉祥金剛薩埵意成就》（伏藏主洲巖傳）等，且據敦珠法王傳授註疏《大圓滿禪定休息》。著作等身，其所說之如來藏思想，為前人所未明說，故受國際學者重視。

近年發起組織「北美漢藏佛學研究協會」，得二十餘位國際知名佛學家加入。2007年與「中國人民大學國學院」及「中國藏學研究中心」合辦「漢藏佛學研究中心」主講佛學課程，並應浙江大學、中山大學、南京大學之請，講如來藏思想。

離言叢書01

《解深密經密意》

作　　者　談錫永
美術編輯　李　琨
執行編輯　莊慕嫻
封面設計　張育甄
出　　版　全佛文化事業有限公司
　　　　　訂購專線：(02)2913-2199
　　　　　傳真專線：(02)2913-3693
　　　　　匯款帳號：3199717004240 合作金庫銀行大坪林分行
　　　　　　　戶名／全佛文化事業有限公司
　　　　　全佛文化圖書網址：www.buddhall.com
　　　　　全佛門市：覺性會舘・心茶堂／新北市新店區民權路88-3號8樓
　　　　　　　門市專線／(02)2219-8189
行銷代理　紅螞蟻圖書有限公司
　　　　　台北市內湖區舊宗路二段121巷19號（紅螞蟻資訊大樓）
　　　　　電話：(02)2795-3656
　　　　　傳真：(02)2795-4100
製　　版　瑞豐實業股份有限公司

初版一刷　2012年03月
初版三刷　2021年12月
定　　價　新台幣390元
ISBN　978-986-6936-61-6(平裝)

版權所有・請勿翻印

國家圖書館出版品預行編目資料

解深密經密意 / 談錫永著；
-- 初版. -- [新北市]：全佛文化, 2012.03
面；　公分. -- (離言叢書；01)

ISBN 978-986-6936-61-6(平裝)

1.經集部
221.761　　　　　　　　　101003799

BuddhAll

All is Buddha.

BuddhAll.

BuddhAll